教 育 原 点 丛 书

Jiaoyu Lilun de Shijian Yingyong Yuanli

教育理论的实践应用原理

余清臣 / 著

北京师范大学出版集团
BEIJING NORMAL UNIVERSITY PUBLISHING GROUP
北京师范大学出版社

图书在版编目(CIP)数据

教育理论的实践应用原理 / 余清臣著. —北京：北京师范大学出版社，2024.6
（教育原点丛书）
ISBN 978-7-303-29511-1

Ⅰ.①教… Ⅱ.①余… Ⅲ.①教育理论－研究
Ⅳ.①G40

中国国家版本馆 CIP 数据核字（2023）第 211504 号

图书意见反馈：gaozhifk@bnupg.com 010-58805079
营销中心电话：010-58802755 58800035
北师大出版社教师教育分社微信公众号 京师教师教育

出版发行：北京师范大学出版社 www.bnupg.com
北京市西城区新街口外大街 12-3 号
邮政编码：100088
印　　刷：北京虎彩文化传播有限公司
经　　销：全国新华书店
开　　本：787 mm×1092 mm　1/16
印　　张：17.75
字　　数：300 千字
版　　次：2024 年 6 月第 1 版
印　　次：2024 年 6 月第 1 次印刷
定　　价：68.00 元

策划编辑：郭兴举　鲍红玉　　　责任编辑：安　健　钟　慧
美术编辑：焦　丽　　　　　　　装帧设计：焦　丽
责任校对：梁　爽　　　　　　　责任印制：马　洁

国家社会科学基金教育学一般课题"基于实践立场的教育理论实践应用机制研究"（批准号 BAA170021）项目成果

目 录/

/导 言 教育理论的实践价值问题 / ······················· 1

一、"教育理论脱离实践"的时代反思与核心问题 ··········· 1

二、教育理论实践价值的探索 ························· 4

三、教育理论实践价值研究的核心议题与思路 ············· 15

/第一章 教育理论的内涵与发展 / ····················· 19

一、理论与教育理论的内涵 ························· 19

二、教育理论的历史形态与评价标准 ················· 30

三、现代教育理论发展的实践取向 ··················· 49

/第二章 教育实践的内涵与发展 / ····················· 61

一、教育实践的内涵与现代特征 ····················· 61

二、教育实践的要素与逻辑 ························· 67

三、教育实践的核心领域与认识立场 ················· 73

四、教育实践的技术化趋势与限度 ··················· 81

/第三章 教育理论的实践价值与实现途径 / ··············· 97

一、教育理论的实践价值体系与实现逻辑 ··············· 97

二、教育理论实践化的技术—艺术机制 ······ 111

三、基于哲学咨询的教育理论实践应用 ······ 124

/ 第四章　面向实践应用的教育理论转化 / ······ 137

一、面向实践应用的教育理论实践化改造思路 ······ 137

二、人性假设维度上的教育理论实践化改造 ······ 146

三、通达教育实践的教育理论话语转化 ······ 156

四、面向实践应用的教育理论语言转换 ······ 168

/ 第五章　教育理论实践应用者的素养基础 / ······ 175

一、教育理论实践应用者的教育理论理解力 ······ 175

二、教育理论实践应用者的问题意识 ······ 186

三、教育理论实践应用者的消费思维 ······ 196

四、教育理论实践应用者的教育实践目光与视野 ······ 201

五、教育理论实践应用者的教育实践判断力 ······ 211

/ 第六章　面向实践应用的教育理论研究创新 / ······ 220

一、教育思辨研究的时代挑战与创新 ······ 220

二、教育研究问题意识的反思与澄清 ······ 234

三、教育学概念创新的问题与机制 ······ 244

四、教育事件研究方法的逻辑探索 ······ 257

/ 结　语　实践价值视野下的教育理论发展 / ······ 273

/导　言　教育理论的实践价值问题 /

独立形态的教育理论体系和学科发展可以说有近四百年历史，但相较数学、哲学、物理学等学科而言，教育学的学科历史并不算太长，总体还算是比较年轻的学科。在教育学发展的历程中，有一些主题是所有致力于教育学探索的人都不容回避的基本问题，因而它们构成了理解教育学发展的基本线索。教育理论与教育实践的关系问题就是其中非常重要的一个问题。

一、"教育理论脱离实践"的时代反思与核心问题

在教育学的学科发展中，困扰很多人的教育理论与教育实践的关系问题可以表现为很多形式，其中最让教育学人难受的形式是"教育理论脱离实践"。正如陈桂生先生所言，作为教育理论工作者，长期以来同诸多同行一样，一直背着"理论脱离实际"的包袱，很不是滋味。[①]

可以说，教育学历史发展中的很多进步是对"教育理论脱离实践"问题的回应和努力解决，特别是在教育事业亟须发展且这种需要被教育研究者接纳的时代。按照这种"惯例"，似乎今天的教育学发展也可以从继续探索如何解决"教育理论脱离实践"的问题开始，进而创造出贴近于教育实践的教育理论。但是，这里可以停留一下。当我们反观今天的教育学是否真正存在"教育理论脱离实践"的问题时，可以发现还真不能轻言当今的教育学脱离教育实践。通过对当代教育实践世界进行观察，我们可以发现：不少教育实践者在日常工作中积极使用教育理论，并取得了不错的

---

① 陈桂生. 教育学的建构：增订版[M]. 上海：华东师范大学出版社，2009：212.

效果；在很多成功教育实践者的著作和经验之谈中出现了大量的教育理论；不少教育实践者邀请理论研究者一起参与自己的工作，并一道探索改进教育实践工作的途径；一些关于教育理论的著作和讲座得到当代教育实践者非常普遍的欢迎。基于上述现象，可以认为"教育理论脱离实践"的说法在当代很难完全成立，因为以上现象能够直接表明教育理论在一定程度上在某些维度上与教育实践很好地交融，能够很好地帮助教育实践者完成工作。但是，是否就可以认为当代的教育理论已经很好地和实践融合了呢？事实不会那么理想。

作为一种质疑和批评，"教育理论脱离实践"的说法主要是站在教育实践的角度来说的。虽然说这种话的既有教育实践者又有教育理论研究者，但是这些言说者都是以"教育理论应该促进教育实践发展"的立场来质疑和评判教育理论的。因此，如果说当代存在"教育理论脱离实践"的问题，那么这种问题的理解在很多时候还是以教育实践这一方的立场来进行的。从当代教育实践发展的总体情况来看，"教育理论脱离实践"的情况主要有以下三种。

第一，当代教育理论研究的不少主题与教育实践的需求不对应。这是很多教育实践者在遇到困难寻求帮助的时候会出现的情况。当一位教育实践者遇到难题想看看教育理论能否给予启发的时候，他经常会发现教育理论的书刊很少探讨使自己困惑的问题，如怎样教育某个学生、如何与"不支持工作"的父母沟通。同时，当代教育理论的书刊经常讨论的是令一线教育实践者不明所以的主题，且其中常出现太多的专业概念。很多教育实践者发现，与其求助于教育理论研究，还不如求助于教育实践的同行，同行发表的文章和所做的经验介绍是很多实践者得到实际有效支持的主要途径。

第二，当代教育理论研究的思路和逻辑经常与教育实践的现状不符。这是很多教育实践者在阅读教育理论或听教育理论讲座时会遇到的情况。教育实践者不少时候会发现即便教育理论的主题是自己所需的，但关于这些主题的思考经常使用非常规范化的思路或逻辑。这种规范化的思路或逻辑在深化对主题的探讨的同时，不时出现脱离教育实践现实的问题，教育实践现实中的很多特别情况不会在这种思路或逻辑中得到重视，但有时恰恰是这些特别情况会对教育实践产生重要影响。

第三，针对教育实践问题的当代教育理论应用不能令人信服地对教育实践产生积极作用。这是很多教育实践者使用教育理论指导自身实践时经常遇到的情况。当前，很多教育实践者尝试通过应用特定的教育理论来改进自身的工作，但在这种应用中经常发现不能产生预期的积极效果。例如，很多教师在尝试探究性教学模式时，经常发现自己的学生并没有在自主性和创造性方面产生明显提升，有时反而影响了基础知识的掌握。

上述三种情况分别从主题、思路和应用结果上表明当代教育理论在一些方面会产生"教育理论脱离实践"的问题，而且这个问题能够比较直接地让教育实践者感受到，站在教育实践者立场上的教育研究者会有同感。那么，这些情况能否说明当前的问题确实是"教育理论脱离实践"呢？结合我们已经对教育理论与实践进行的认识和分析，可以认为当前不能得出"教育理论脱离实践"或"教育理论不脱离实践"的简单结论，当前的教育理论既有与教育实践紧密结合的时候与层面，又有与教育实践"远离"的时候与层面。因此，对"教育理论脱离实践"的分析应该更进一步，超越两者之间的静态距离远近的问题，单纯的"教育理论是否远离实践"问题确实会误导研究的方向。前面提到的教育理论研究主题经常与教育实践者的需要不对应的情况，或许是一个正常现象，因为教育理论研究可以对问题进行必要的概括和提炼。虽然概括和提炼后的主题在一定程度上脱离了教育实践的直接形式或状态，但这并不等于不可以应用在实践之中，只是需要一个转化、应用或加工的过程。其他两种情况也如此，如果教育理论在自身的思路和应用方式上进行一些必要的转化或再加工，那么教育理论在这两种情况下不适应教育实践的问题或许就会得到很大缓解。

至此，我们可以看到，当前对"教育理论脱离实践"问题的反思可以在追问"教育理论到底为什么要走入实践"的问题上得到进一步深入，这个问题的实质就是教育学的实践价值问题。"教育理论脱离实践"的质疑背后正是言说者对教育学的实践价值的关切，如果这种关切得不到确切的回应，以"教育理论脱离实践"的声音来对教育学的发展进行"督促""施压"就是自然的选择了。因此，"教育理论脱离实践"这一声音所反映的基础问题——教育理论与教育实践的关系问题——需要从探索当代教育理论的实践价值问题入手得到进一步深化，相信在明晰教育学应该具有哪些实践价值以及教育学应该怎样实现这些实践价值等核心问题之后，教育理论与实践的关系问题会有清晰的定位。

二、教育理论实践价值的探索

很多教育学家在创立教育理论的过程中，会有对教育学学科本身的思考，只是早期的教育学家倾向于把这种思考具体体现在他们自己的教育学体系之中。[①] 就本书的主题而言，教育学在实践中应该发挥什么价值以及怎么实现这些价值，在教育学的长期发展中并不是经常得到专门关注的问题。无论是教育学成为独立学科之前的教育思想家，还是教育学学科独立后相当一段时期内的教育学家，都很少特别关注这个问题，只是在具体的教育理论建构中渗透着相关思想。从教育学发展历史来看，对该问题的直接关注开始于 19 世纪末 20 世纪初教育学家对不同取向教育学专业发展方向的调和。

(一)面对教育学学科专业化发展取向争议的教育理论实践价值反思

在教育学发展的过程中，对教育学实践价值问题的有意识关注主要源于教育学界对教育学自身发展问题的关注与反思。自 17 世纪以后，专业教育学在科学、人文、艺术等方面都得到了进一步的发展，但是教育学的实践价值并没有自然而然地实现或大幅度提升。因此，一些教育学家意识到，关注与反思教育学的发展问题，应该关注教育学理论对教育实践的积极作用，应该充分考虑到科学化与对实践的影响两个方面。德国的威尔曼、洛赫纳以及法国的涂尔干在 19 世纪末到 20 世纪中期之前对此问题进行了比较深入的思考和探索。

威尔曼认为教育科学是有关规律的理论，而教育实践需要的是规则，因此教育学的实践价值主要体现在为教育实践提供有关行动的规则与规范系统上。威尔曼提出要发展教育性教学理论(也被译为教育学说)。教育学要能够详细说明在特定历史条件下教育是如何在特定社会中实施的，最终实现为教育者提供指导以使他们正确、有效地行动。[②] 洛赫纳对教育科学与教育性教学做出了区分，在这种区分中他认为应该重视教育性教学的发展，因为教育性教学的最终目的不在于提供事实性知识，而在于行动。教育性教学建立在科学基础上，任务是决定"应当是什么"，是确立并理解教

---

① 瞿葆奎. 元教育学研究[M]. 杭州：浙江教育出版社，1999：25.
② 布列钦卡. 教育知识的哲学[M]. 杨明全，宋时春，译. 上海：华东师范大学出版社，2006：207.

育目的，是判断和指示行动方法。①

法国社会学家涂尔干同时是一位教育学家，对教育作为一种社会事实的关注以及长期的教育学教学实践促使他对教育学的性质、价值与发展问题有深入的思考。从确定教育学的性质出发，他认为教育学从性质上来说应该是介于艺术与科学之间的实践理论，这种实践理论有非常明显的行动反思性。具体来说，教育学作为一种实践理论，其主要特征是没有以一种明确的方式对事物或存在产生作用，而是去反思人们采取的行动过程，这不是为了理解和解释这些行动过程，而是为了评价它们所具有的价值：它们是否是其所应是，人们是否不再有必要去改变它们，甚至人们究竟采取什么样的方式用全新的程序来替代它们。② 可以说，涂尔干认为教育学的主要价值是实践价值，教育学的角色不是代替实践，而是指导、启发和帮助实践，如果有必要的话，消除实践带来的分歧，纠正实践的不足之处。③

虽然威尔曼、洛赫纳来自德国，涂尔干来自法国，而且所处的年代有差异，但是他们的观点有非常多的一致性，这主要是因为他们面临一样的形势和问题。在推进专业教育学的过程中，此前的很多教育学家各自做出了不同思路的探索，有科学，有实用，还有人文，多样取向的教育学发展思路之间产生了冲突。此时，教育学在学科发展上面临方向性的争议，面对争议，三位教育学家给出了思路大体一致的解决方案：教育学应该分类发展，重新重视发展已经被科学或专业教育学遮盖的实践教育学；教育学应该为教育实践提供行动规则与规范，判断和指示行动方法，指导和帮助实践。可以说，这个阶段是教育学理论价值问题被有意识提出的阶段。

（二）分析教育哲学家关于教育理论性质辩论的意涵

19 世纪末 20 世纪初期，以本体论和认识论为核心的传统哲学因现代自然科学和心理学的发展而产生了失去研究对象的巨大危机。为了应对这种危机，以语言学转向为基本特征的分析哲学流派出现了。分析哲学与传统哲学最大的不同是分析哲学以语言分析为基本方法和途径来探讨哲学问题。到了 20 世纪中期，分析哲学的精神和方法深刻影响到了教育学界，分析教育哲学在英美的教育学界出现了。分析教育

---

① 布列钦卡. 教育知识的哲学[M]. 杨明全，宋时春，译. 上海：华东师范大学出版社，2006：209.
② 涂尔干. 道德教育[M]. 陈光金，沈杰，朱谐汉，译. 上海：上海人民出版社，2006：255.
③ 涂尔干. 道德教育[M]. 陈光金，沈杰，朱谐汉，译. 上海：上海人民出版社，2006：258.

哲学家在对教育问题的关注中，一方面关注基本概念与命题的语言分析，另一方面对教育理论性质问题进行了专门探讨并产生了激烈的辩论。这场关于教育理论性质问题的辩论开始时的主要参与者是奥康纳、赫斯特和穆尔，后来还有迪尔登和卡尔等人。这些教育学家有关教育理论性质的观点本身包含着他们对教育理论实践价值的丰富认识与理解，由此带来了对这个问题的深化。

作为一位严谨的逻辑实证主义者，奥康纳在 1957 年发表的《教育哲学导论》中专门对教育理论问题进行了考察，他对教育理论性质的思考主要从对教育理论的严谨性的质疑开始。奥康纳认为理论一词在教育中经常是随便使用的，并没有很强的严谨性，这与很多人对理论一词的理解越来越追求科学性的取向不一致。奥康纳特别指出，当时的教育理论主要包括不同成分的教育实践基础陈述，有形而上学、价值判断和经验型三种成分，由此认为当时的教育理论不过是个"尊称"，只有在我们把心理学或社会学上充分确立了的实验发现应用于教育实践的地方，才有根据称得上理论。[①] 这些考察背后是奥康纳的教育理论实践价值定位，他认为真正的教育理论在实践价值上主要是提供有效的教育方法。这种观点可以说是理论对实践的科学价值观。

与奥康纳不同，赫斯特在 1966 年发表的《教育理论》一文中认为教育理论不必以严格的科学理论范式为标准，教育理论需要包括混淆不清的价值观成分和经验型观念。赫斯特认为，有价值的教育理论不是要建立在科学的心理学和社会学之上，而是要通过考察当前的教育实践来获得在教育实践中有效的原则。赫斯特之所以这样认为教育理论的性质与发展方法，是因为他对教育理论功能或实践价值的定位。在教育理论的功能上，赫斯特认为教育理论主要用来改进和指导实践活动，而且这种改进和指导并不仅仅在技术层面。总体来说，赫斯特认为"教育理论主要在于为教育实践制定理性的原则"。[②] 从赫斯特的这些观点中可以看出，赫斯特与奥康纳关于教育理论性质与发展方式的分歧与他们对教育理论价值或实践价值的定位联系在一起：奥康纳对教育理论实践功能的技术定位必然要求教育理论向科学化的方向发展，赫斯特对教育理论实践功能的理性原则定位则要求教育理论在考察实践中的有效的行

---

①　瞿葆奎. 教育学文集：第 1 卷　教育与教育学[M]. 北京：人民教育出版社，1993：467-484.
②　瞿葆奎. 教育学文集：第 1 卷　教育与教育学[M]. 北京：人民教育出版社，1993：441-466.

动准则的过程中积累。

穆尔对教育理论实践价值的分析相对来说更加具体，他对教育理论实践价值的思考放置在教育理论的结构分析层面。在1974年发表的《教育理论的结构》一文中，穆尔认为广义的教育理论提供了为了培养某种类型的人，教学条件应该怎样以及特定社会应该怎样的建议。再进一步分析，穆尔认为这种教育理论在性质上是实践性的或"处方性"的，其基本内容是提供要达到的目的，建议把这些各种各样的手段作为实现目的的方式。[①] 可以说，穆尔对教育理论的分析事实上切入了教育理论的实践价值问题，他开始把建议作为教育理论影响实践的形式，这相对于原则、规范、指导等定位来说是一种软性的教育学实践价值观。

在奥康纳和赫斯特不同观点的影响下，英国教育学者迪尔登在1984年出版的《教育领域中的理论与实践》中提出了自己对教育理论的认识，特别谈了教育理论对教育实践的具体价值和作用。迪尔登认为教育理论是理智而深沉地理解教育实践的产物，教育理论可以分为主题取向和实用取向两种形式。主题取向的教育理论主要关注教育实践如何发生，而实用取向的教育理论主要关注教育实践问题的解决。迪尔登最后特别关注了教育理论的应用问题，他认为教育理论的应用本身是一个非常复杂的过程，非理论性问题的大量存在以及理论思考的概括性都会让教育理论的应用过程变得比较困难。迪尔登认为教育理论应用于教育实践可以追求的效果有：对学习与教育有深刻认识、形成教育价值观、理解教育实践背景、获得自由想象能力、对理论进行批判和控制实践。[②]

教育学者卡尔是在奥康纳和赫斯特的辩论影响下，又一个把教育理论性质和实践功能问题向前推进一步的教育学者。卡尔是从20世纪80年代开始就深入思考教育理论性质特别是教育理论与实践关系问题的学者，他在1986年发表的《教育理论与实践的理论》一文经修改后收入他在1995年出版的《新教育学》一书中。卡尔通过案例列举出四种理论取向，包括常识取向、运用科学取向、实践取向和批判取向。在对这些取向的分析中，卡尔认为批判取向是教育理论应该具有的对教育实践的姿态。

---

① 瞿葆奎. 教育学文集：第1卷 教育与教育学[M]. 北京：人民教育出版社，1993：485-501.
② 瞿葆奎. 教育学文集：第1卷 教育与教育学[M]. 北京：人民教育出版社，1993：532-556.

具体来说，批判取向的教育理论在解释教育实践作为一种历史性和文化性社会实践如何被意识形态扭曲的基础上，强调对教育实践者自我反思的促进，进而提升教育实践者的理性实践水平。[1] 根据这种思路，卡尔提出要促进批判性教育科学的发展。[2] 由卡尔的这些观点可以看出，卡尔认为教育理论的实践价值主要是对教育实践者理性反思的促进价值，这是尊重教育实践者主体性的直接体现。

可以说，分析教育哲学家有关教育理论性质和实践价值的思考和辩论，把教育理论的实践价值问题推上了一个新的认识水平。奥康纳和赫斯特的辩论让我们看到了不同实践价值取向的深刻分歧，而穆尔对实践价值的"建议"定位增加了对此问题的新思路，迪尔登对教育理论实践功能的具体分析把对此问题的分析变得细化和具体，卡尔的观点带领人们进入尊重教育实践者的主体性层面。总体来看，我们可以从以上观点中看到不同取向的深刻分歧，也能看到对教育理论实践价值的具体分析和深入理解。因此，这个阶段可以看作教育学实践价值问题被深入探讨的阶段。

(三)教育学学科知识体系探索中的教育学理论实践价值定位

对元教育学问题的探讨在当代进入了一个新的时期，这个时期对教育学学科知识体系的认识承认教育学知识的多样性，并在此基础上追求深化对不同教育学知识板块关系的理解。在元教育学认识不断发展的过程中，当代教育学的实践价值得到了具体的分析和定位，对这个问题的探讨由此达到了新的高度。这个方面的代表性研究是德国教育学者布列钦卡对教育知识的哲学分析。

以往很多教育学家认为教育学只有一种或两种，他们对教育学性质与价值的思考主要针对他们心目中最为"正宗"的教育学而言，而布列钦卡对教育学的理解超出了这个水平。布列钦卡的《教育知识的哲学》一书代表了他对教育学的整体理解。布列钦卡认为教育学知识领域是由多个知识板块构成的，它们各有任务又相互联系，共同构成了教育学知识的整体。具体来说，教育学知识主要由教育哲学、教育科学和实践教育学三个板块构成。在对三者的具体分析中，布列钦卡认为教育科学的核心主题是探讨受教育者达到的人格状态(目的)和特定教育活动、教育制度(手段)之

---

[1] 朱晓宏. 教育领域中的理论与实践：兼评"理论脱离实际"说[J]. 教育理论与实践，1998(6)：7-12.
[2] 程亮. 教育学的"实践"关怀[D]. 上海：华东师范大学，2006：98.

间的关系，教育哲学主要探索对教育目的、教育者、教育内容、教育组织的规范，而实践教育学的目的是全面地指导行动。① 实际上，布列钦卡对教育学实践价值的论述直接反映在他对实践教育学任务的表述中，他认为实践教育学的任务是为教育者提供解释、列举目的、多方面支持行动与制度建构、明确与强化价值取向与意向。② 从这种任务的陈述中可以看出，布列钦卡对教育学实践价值的定位充分借鉴了批判理论的批判功能观，并把它融合到了教育实践者具体的实践决策和实施过程中。在分析实践教育学具体任务的基础上，布列钦卡还概括了实践教育学发展的具体要求，其中特别指出了经验性信息、规范性取向、清楚的教育陈述意义、对逻辑规则的坚持、可识别的基础价值原则、容易理解的语言、清晰表述的规范和情感性语言的使用等要点。③

总体上看，布列钦卡基于对教育学知识体系结构认识之上的教育学实践价值分析，相对于以前的研究更加深入和具体，把对这个问题的认识提高到了一个新的水平。其中，布列钦卡结合教育实践的要素具体分析出的教育学实践价值要点以及实践教育学的要点是富有启发意义的，这将为教育学实践价值的生成和提升做出方向性贡献。

(四)加速发展的我国教育学界对教育学实践价值问题的关注与探索

我国现代教育学的发展开始于清末民初对西方教育学的引入，由此算起我国现代教育学的发展在时间上晚于西方，我国现代教育学的发展是加速赶超的过程。我国教育学的这种发展特征决定了西方关注的教育学问题经常会被我国教育学研究者引入，然后我国教育学界对这些问题进行自己的探讨，而且在探讨中，西方对这些问题进行探讨的多种思路经常会被我国教育学者借鉴和使用并进行进一步的本土创新。总体来看，我国教育学界对教育学实践价值问题的认识符合以上描述，此外还深受我国教育实践发展形势的影响。特别是我国教育实践发展急迫需要教育学支持的压力，使我国教育学界对教育学实践价值的关注增加了教育学与教育学者的社会

① 布列钦卡. 教育知识的哲学[M]. 杨明全，宋时春，译. 上海：华东师范大学出版社，2006：19-28.
② 布列钦卡. 教育知识的哲学[M]. 杨明全，宋时春，译. 上海：华东师范大学出版社，2006：219.
③ 布列钦卡. 教育知识的哲学[M]. 杨明全，宋时春，译. 上海：华东师范大学出版社，2006：231-232.

使命因素，促使很多教育学研究者关注并参与这个话题的讨论。

通过对我国教育学发展历史的考察，可以发现，我国教育学界同样在最初的发展阶段中并不专门关注教育学的实践价值问题，只有一些教育学研究者在阐述自己的教育理论时渗透或提及自己对此问题的看法。直到 20 世纪 80 年代，我国教育学界出现了反思教育学自身发展的元教育学研究，随后在华东师范大学的瞿葆奎和陈桂生等学者的引领下，在 20 世纪 90 年代掀起了元教育学研究热潮，对教育学实践价值问题的研究是其中的一个重要方面。进入 21 世纪之后，我国教育学界出于本国教育实践发展的迫切需要，一直没有停止对教育学实践价值问题的研究，很多研究者从不同的角度切入这个问题，使教育学实践价值问题成为一个虽没有形成浪潮但又不乏持续研究的基本问题。在对教育学实践价值研究的过程中，我国很多学者的观点是值得特别关注的，对此问题的进一步思考具有启示意义。

陈桂生是我国教育学界长期关注元教育学问题的研究者，他在 1989 年发表的《教育学的迷惘与迷惘的教育学》一文对教育学界产生了广泛的影响，后来出版的《"教育学"辨——"元教育学"的探索》《历史的"教育学现象"透视——近代教育学史探索》和《教育学的建构》等著作全面展现了他对元教育学问题包括教育学的实践价值问题的思考。通过对教育学理论体系的研究，陈桂生认为教育学的实践价值主要体现在实践教育学上，实践教育学可能而且应该对实践提供的指导，主要是一套有别于教育实践规范的规范理论，它诉诸实践者的理性，主要以价值理论、价值原则和有关规范的知识来启发实践者的思考。[①] 由此可以看出，陈桂生认为实践教育学对实践的价值其实是综合各类教育学知识的结构，因为价值理论、价值原则和有关规范的知识主要是理论教育学的成果。从思路上可以看出，陈桂生对教育学实践价值的思考主要关注对实践者理性思考的影响，这与分析哲学、批判理论是非常一致的。

叶澜很早就关注到对教育学自身发展的反思问题，她在 1987 年发表的《关于加强教育科学"自我意识"的思考》一文中，特别关注解决"教育理论脱离实践"的问题。叶澜认为"教育理论脱离实践"的根本原因在于"现有的教育理论尚未深入地研究教育

---

① 陈桂生. 教育学的建构：增订版[M]. 上海：华东师范大学出版社，2009：78.

实践，缺乏对教育活动规律的深刻揭示"。她认为，想让教育理论发挥对教育实践的指导作用：一方面需要提升教育学的基础理论水平，提升解释能力和预测能力；另一方面，教育学应该加强"应用研究的'操作化'"，"使人们获得一套把理论成果转化为实践行为的指示或工具"。① 通过这些观点可以看出，叶澜对教育学实践功能的定位是"指导"，具体是提供"实践行为的指示或工具"。这样的一种教育学实践价值理解，最终构成了她进行"新基础教育"实验和创建"生命·实践"教育学派的基础观念。

在 20 世纪 90 年代我国元教育学研究中，周浩波是一位非常关注教育理论与教育实践关系的研究者，他在《教育理论与教育实践》一文中提出了对教育理论实践价值的分类认识。在辩证唯物主义的指引下，周浩波强调教育理论对教育实践的指导。具体来说，教育理论对教育实践的诠释和规范主要在三个层面进行：制度层面、技术层面和理性批判层面。在制度层面，教育理论的具体作用是"为教育的决策、行政管理人员的行为提供'意见'或建议"；在技术层面，教育理论主要提供"职业性的行为技术规范"；在理性批判层面，教育理论有劝导和告诫的功能，以促进教育实践者的自我反省和完善。② 可以说，周浩波对教育理论实践价值的看法比较有层次性和全面性，从行动到思想，从政治到技术、意识。

与很多研究者不同，石中英对教育理论实践价值的论述是从解读教育实践自身的逻辑开始的。通过对教育实践各方面要素的研究，石中英认为教育实践不管具体内容如何，"都有其自身的一般结构或生成原则，亦即都有其自身的逻辑——受事先习得的习性的支配；受虽有所准备但仍不断被情境因素所修正或改变的意向的支配；受固定的、单向的时间结构的支配；受身体—心理—社会构成的三维空间结构的支配；受上述各因素的共同、交互与重叠的支配"。在这个认识的基础上，事实上他认为，教育学研究者需要看到教育实践的自在性，需要深入实践才能很好地"理解实践、解释实践、为实践服务"，要尊重实践逻辑。这样之后，教育理论者对教育实践能做到的是提出建议和当伙伴，不能作为指导者或导师来摆出俯视性的指导姿

---

① 叶澜. 关于加强教育科学"自我意识"的思考[J]. 华东师范大学学报(教育科学版)，1987(3)：23-30.

② 瞿葆奎. 元教育学研究[M]. 杭州：浙江教育出版社，1999：195-198.

态。① 根据这些说法，可以看出石中英对教育学实践价值的理解是在承认教育实践自在性的前提下进行的，这个前提决定了教育学对教育实践只能做到提议和互助合作。这种提议观和前面提到的一些教育学家的观点一样，是一种软性的教育学实践价值观。

李政涛对教育学实践价值问题的涉入主要来自他对教育理论与教育实践之间转化关系的思考。在 2007 年发表的《论教育理论主体和教育实践主体的交往与转化》一文中，他认为教育理论与教育实践之间的理想关系应该既是一种相互转化的关系，又是教育理论主体和教育实践主体交流与转换的关系。在由交流与转化构成的体系中，教育理论研究的活动与成果转化成教育实践的活动与成果，教育实践的活动与成果转化成教育理论的活动与成果。在这种分析中，教育学理论的实践价值主要体现在教育理论研究的活动与成果转化成教育实践的活动与成果方面。在这个方面，李政涛认为可以转化到教育实践中的教育理论主体元素是"各种或传统或现代的有关教育的系统的学说，包括概念、术语、命题、范畴和观点；各种蕴藏于学说中的理解教育和人的发展的思维方式和视角；理论人自身的研究经验、生命成长体验、人格特质或人格魅力等等"。这种转化在教育实践者那里的理想效果是"实践人已经学会如何把理论人的理论化为生产力，化为自己具体细致的行动"。② 在这些论述中，虽然没有具体的阐释，但是李政涛对教育学实践价值的转化观点可以概括为以教育学的系统学术、思维方式和视角以及理论者主体因素促进教育实践者提升实践能力、掌握实践技术、深化自我反思。

以上只是我国教育学界关于教育学实践价值的一部分观点，还有很多研究者在这个方面有过研究并提出过自己的看法。仅就上述研究来看，我国学界从多个层面和角度对教育学实践价值问题进行了丰富的研究，最终提出了不少教育学实践价值观：启发、指导、诠释、规范、提议、转化。这些观点既有对西方教育思想的借鉴，又有教育学者个人的本土探索，在总体上都进一步丰富和深化了教育理论的实践价值研究。

① 石中英. 论教育实践的逻辑[J]. 教育研究，2006(1)：3-9.
② 李政涛. 论教育理论主体和教育实践主体的交往与转化[J]. 高等教育研究，2007(4)：45-50.

（五）教育理论实践价值问题探索的基础与发展

对教育理论实践价值问题的探索开始于对教育学自身发展的反思。自教育学学科独立之后，教育学研究者不断丰富知识体系，不断探索新的发展方向，随之而来的是对教育学学科到底应该怎么发展或教育学学科到底应该追求什么的疑问，这些问题构成了教育学学科反思的基本主题和元教育学研究的基本问题。在追问教育学学科性质的过程中，研究者不可避免地会涉及教育学学科作为一门理论对实践的价值问题。已有的研究为教育学学科实践价值问题研究奠定了三个方面的基础。

第一，把教育学学科实践价值问题当作探索教育学学科性质的核心问题。从已有的研究来看，对教育学学科实践价值问题的关注从根本上多来自对教育学学科性质的探索，这类探索的基本思路是教育学的知识从根本上应该指向教育实践的改进。这一点为教育学学科实践价值问题研究提供了非常重要的基础，这一基础指示这个问题的研究应该放在教育学学科性质研究的大局之中，应该在思考整个教育学学科体系的属性中确定其对教育学学科实践的价值。同时，这种研究倾向提示着对教育学学科实践价值问题的研究将有助于深化对教育学学科性质的认识和理解，这是教育学学科实践价值问题研究的重要价值。

第二，提出了很多教育学学科实践价值观。对教育学学科实践价值的研究到目前为止非常多样，相关研究者提出了有关教育学学科实践价值的很多观点，有规范、指导、方法、建议、启发、提议等。这些多样化的观点一方面表明这个问题实际上已经成为一个可以持续研究的领域，另一方面为继续深入探索这个问题提供了具有启发和借鉴意义的观点和资源。

第三，为提升教育学学科实践价值提出了不少针对性的教育学体系建设建议。已有的不少研究在论述教育学学科实践价值之后，进一步提出了教育学的发展建议。有研究认为教育学发展的根本方向应该是规范和指导教育实践，有研究认为教育学应该特别发展专门针对指导教育实践的实践教育学，也有研究认为提升教育学实践价值应该做好教育理论向教育实践的转化工作……这些建议都是从提升教育学实践价值出发，建设有实践价值的教育学可以参考的理论观点。

从研究状况来看，对教育理论实践价值问题的探索还可以继续，也需要继续。

这主要是因为众多的教育理论实践价值观还存在分歧，这些分歧会导致教育学体系建设建议上的矛盾。因此，从建设有实践价值的教育学学科来看，对教育学实践价值问题的研究还要继续，新的研究应该注重以下三个方面。

第一，对教育理论实践价值问题进行更系统的原理研究。以往很多研究对教育理论实践问题的涉入主要出于对其他问题的探求，如对教育学属性的追问、对教育学体系建设的思考、对教育学研究方式的改进以及对教育理论与教育实践关系的探索。已有研究的这些主题虽然与教育理论实践价值问题有比较紧密的联系，但是这些研究对教育理论实践价值问题的思考在根本上属于对自身核心问题的关注，已有的研究对教育学实践价值问题的关注还有进一步系统化和原理化的可能。由于教育理论实践价值问题越来越显示出其在教育理论发展和教育实践发展中的重要价值，对其进行系统化和原理化的研究越来越必要。这种系统化和原理化的研究将以理解教育理论实践价值问题为核心，从教育理论与实践各自的内涵、教育理论实践价值体系、教育理论实践应用机制等方面进行探索。

第二，在已有的多样化教育学学科实践价值观的基础上系统定位教育理论实践价值。以往的研究对教育学学科实践价值提出了很多不同形式的定位，这些定位既有规范、原则、指导、指示等硬性的形式，又有建议、提议、启发等软性的形式。在当前形势下，这些内在取向不一的教育理论实践价值观应该得到进一步比较和分析，应该在新的研究中明确：这些价值观定位的核心差异是什么？到底哪一个或哪些价值类型应该是教育理论对教育实践所具有的，为什么？只有明晰了这些问题，对教育理论实践价值问题的研究才能有坚实的内核。

第三，基于教育理论实践价值系统定位和阐释教育理论实践应用的机制，并提出对教育理论研究的重要建议。以往的研究确实给出了不少教育理论如何在实践中应用的重要建议，但是这些建议是相对分散的，多反映这个主题的一个或少数方面或具体问题。因此，在机制层面对教育理论实践应用主题进行系统关注是非常必要的，这个机制至少要涉及途径、策略、技巧和能力素养需求等核心方面。此外，面向教育理论如何在实践中有效应用的问题，不少研究者给出了教育理论研究方面的改进建议，只是这些改进建议在教育理论实践应用机制的映照下还缺失一些深度和广泛的主题，这些缺失的方面是特别需要探索的。对教育学实践价值的系统定位必然会产生教育理论研究发展的新思路，这种新思路既可能涉及传统研究方式的改造，又可能涉及关键研究环节的突破，还可能涉及新研究思路的开发。无论会涉及多少方面，这些建议都将围绕如何实现和提升教育理论实践价值的核心问题。

三、教育理论实践价值研究的核心议题与思路

探讨教育学实践价值是一个复杂的研究工作。当代教育学已经不是一本书、一门课或一种知识，它本身包括了几百年来众多教育学者生产出来的各种类型、各种层次、各种内容的理论知识。同时，当代教育实践非常复杂，涉及多样的形式、多样的内容、不断发展的实践主体。复杂的理论与复杂的实践本身就意味着教育学的实践价值问题并不简单，这个问题肯定需要经过系统化的思考和研究才能说得清楚。

在教育理论和实践越来越复杂化的背景下，以教育学实践价值为核心问题的本书需要明确到底有哪些因素会影响教育学实践价值，也要明白哪些方面会受教育学实践价值的影响，对这些问题的回答应该充分参考已有的相关研究。根据已有的相关研究，我们可以发现影响教育学实践价值的因素主要有教育学理论的属性与研究方式、教育学理论的发展水平与积累、教育实践的特性与发展需求等。在确定教育学实践价值的形式与内容之后，教育学的研究方式、教育学的体系建设、教育学的实践应用方式、指向教育实践的专门教育学领域建设等方面都要受其影响做出相应的调整。这里可以逐渐明确系统研究教育学实践价值问题的核心议题，这些议题应该包括：教育理论的内涵与当代发展、教育实践的内涵与当代发展、教育理论的实践价值与实现途径、教育理论实践应用的策略和技巧、教育理论实践应用者的素养基础、教育学研究的实践化创新等。

本书关注教育理论的发展演变，主要为了考察作为实践价值主体的教育学的发展过程与历史积淀。教育学实践价值问题从根本上受制于教育理论的发展。只有教

育学有了比较充分的发展，具有了比较确定的形式和内容，才可能谈得上拥有实践价值。因此，本书要明确教育学发展历史中到底积淀了哪些教育理论，这些教育理论是什么样的形态。教育学在理论发展中呈现出比较明显的阶段性特点，即在一定时期内形成了不同的教育学范式。对教育理论发展的考察一方面需要考察发展了什么，另一方面需要考察到底在什么标准上实现了发展。这部分内容要考虑什么样的教育理论体系是完善的。

本书关注教育实践的内涵与理论需求问题，主要是为考察教育理论实践价值问题并阐明价值主体的状况。教育学实践价值，简言之，就是教育学能够满足教育实践发展的效应。分析教育学实践价值要清楚教育实践的内涵和需要。虽然教育实践表面上看是非常确定的，但细看下却可以发现还存在很多不确定或不断发展和变化的地方。比如，那些"边缘性"教育实践是否永久是"边缘"的，这类实践的需求是否值得关注。此外，教育实践的发展也是特别值得关注的。又如，教育实践从发展上来说到底呈现出什么样的根本趋势，这种趋势到底有什么样的内涵，这种路向的教育实践变化有没有限度，等等。可以说，教育实践的内涵和发展问题在教育理论实践价值分析中占据了非常重要的位置，它为直接探索教育学实践价值问题提供了一个前提条件。

本书关注教育理论体系的实践价值定位，主要是为系统而专门地阐明整个教育学体系如何服务于教育实践的需要。以往，关注教育理论实践价值问题的研究多把教育学作为一个整体来论述其对教育实践的价值，或者只关注与教育实践直接对应的部分怎么与教育实践相关。但是，当代的教育学已经具有明显的板块分化的体系特征，教育学学科或教育理论具有不同的知识板块，而不同的知识板块又相互联系。这种体系化的特征要求本书不能只对教育学实践价值做单纯的定位。这种定位只是研究的第一步，还要做的是具体分析教育理论整体担负的实践价值怎样在教育学体系内部得到保障。只有具体分析了教育学体系内部如何保障实践价值，对教育学实践价值的阐释才算深入了一步。

本书关注教育理论的实践应用问题，主要在教育理论与实践需求的核心对应后，进一步探索实现教育理论实践价值的重要途径及基本操作方式。教育理论实践价值的实现和提升需要特别关注教育理论如何进入教育实践的过程，这个过程的顺畅程度将影响到最终的效果。在以往的研究中，对教育理论进入教育实践的基础和途径的探索还不太多，经常从教育理论实践应用者的角度来阐释多样化途径问题。总体来看，教育理论的实践化应用应该是一个比较深入的过程，需要在精准定位教育理论对应的教育实践元素的基础之上加以探索。只有把这些方面阐述得清晰明了，教育理论的实践应用途径才能得以明确，与之相关的教育理论实践应用操作方式等问题才能得到进一步的探索。

本书关注教育理论实践应用中的理论转化和应用者素养基础问题。教育理论的实践应用应该是一个"技术活"，这个说法并不是说这项事务是机械的，而是想表明这项事务是需要技巧和能力的。从日常状态来看，并不是每个教育理论在应用上的效果都是一样的，这就意味着教育理论的实践应用有对技巧和素养的要求。事实上，本书特别关注教育理论实践转化的核心技巧，也特别关注高品质的教育理论实践应用者的素养状况。本书从值得关注的主要方面揭示教育理论的实践转化思路和核心技巧，同时特别关注教育理论实践应用者应该具备什么样的核心认识、思维、意识、视野和能力。

本书关注教育学研究的实践化创新，主要为了从教育理论生产方面探索实现和提升教育学实践价值的方式。教育理论实践价值的实现和提升有一个非常重要的背景，即教育理论本身不是一成不变的，而是不断创新的。只有不断创新和改造后的教育理论，才能从根本上确保教育理论拥有高水平实践价值的内在基础。教育理论的生产方式已经形成了一个系统，现在要关注的问题是如何创新或升级教育理论的生产方式，本书要从教育理论生产系统中具有普遍性和针对性的方面和环节来筹划创新或升级的问题。

根据本书所要关注问题的内在关系，本书的基本思路可以概括为：在分别分析教育理论与教育实践的内涵与发展的基础上，形成对教育理论的实践价值的系统理解，并以此为目标探索教育理论的实践价值与实现途径、面向实践应用的教育理论转化、教育理论实践应用者的素养基础、面向实践应用的教育理论研究创新（见图 0-1）。

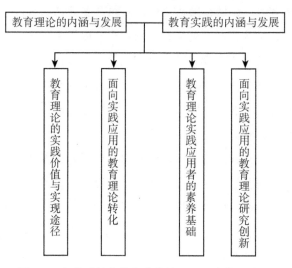

图 0-1　本书对教育学实践价值问题研究的思路图

　　最后，特别需要说明的是，本书是国家社会科学基金教育学一般课题"基于实践立场的教育理论实践应用机制研究"（批准号 BAA170021）的主体成果，在内容上包含了本课题的核心前期成果和阶段性成果。本书吸收了 18 篇已经发表的文章，并在相应位置做了标注，敬请读者朋友批评指正。

/ 第一章　教育理论的内涵与发展 /

教育学作为一个学科领域和理论体系，其基本构成是各种类型的教育理论。对教育学实践价值的考察在实质上就是对教育理论实践价值的考察，因此可以说，这一探讨的核心问题是教育理论能够对教育实践起什么作用。在具体探讨教育理论的实践价值之前，这里需要探讨两个前提性问题，教育理论的真正内涵是什么，教育理论有哪些形态以及发展的历史脉络如何。回答什么是教育理论的问题需要从探索理论的内涵入手，确定教育理论的内涵的基本要点需要从分析、澄清词源和已有定义入手，回答教育理论的形态和发展脉络需要有历史的视野。本章对教育理论内涵的回答主要从概念与命题分析的角度进行，对教育理论形态及其发展脉络的追问主要基于历史的追溯视角。

一、理论与教育理论的内涵

在学术研究不断繁荣的背景下，虽然各种理论的研究者众多，但是对理论本身的研究和探索并不算太多。理论的定义是什么，理论到底是什么，理论如何产生，这些都是在内涵理解的层面上开启本书核心主题探索的必要的前提性问题。对理论的考察主要从理论一词的词源和各种对理论的定义入手。

（一）关于理论的多种定义

在中文环境中，我们常听到的有关理论一词的使用主要有"这是一本理论书"和"我要找他理论一下"等情形，这两种说法明显体现了理论的两种不同含义。《辞海》对这两种含义有比较细致的解释：①概念、原理的体系。是系统化了的理性认识。具有全面性、逻辑性和系统性的特征。理论的产生和发展既由社会实践决定，又有自身的相对独立性。理论必须与实践相结合，离开实践的理论是空洞的理论。科学的理论是在社会实践基础上产生并经过社会实践的检验和证明的理论，是客观事物的本质、规律性的正确反映。②说理立论；依理评说。亦指据理争论、讲理。① 根据这种解释，"这是一本理论书"使用了理论的第一种含义，而"我要找他理论一下"使用的是第二种含义。在详细解释的第一种含义中，可以看到理论的意义是和概念、科学、本质、规律、原理、实践、证明等概念紧密联系的，很明显具有源自西方的现代学术风格。因此，追溯理论一词的词源需要深入这个概念的西方词源中。

根据威廉斯的考察，英语中 theory(理论)一词的古英语形式是 theorique，词源主要是古希腊语 theoria，意思是"沉思、景象、心里的想法"。这个考察进一步提出，theory 在 17 世纪有四种含义：①景象；②冥想中所浮现的景象；③(思想的)体系；④用以解释的体系。威廉斯还认为，理论本身还有"推测、思索"的意味，因为"在 theory 与 speculation(思索、推测)，theoretic(al)与 speculative(思索的、推测的)两组词里，均可以互相替代，它们具有同样的词根意涵"。② 可以说，威廉斯的考察比较系统地揭示了 theory 一词的词源演变，即从古希腊语原初的"沉思、景象、心里的想法"到现代英语比较强调的"思想和解释的体系"。

哲学家伽达默尔(亦译作加达默尔)在构建哲学解释学体系的过程中，考察了理论一词的原初意义和内涵。伽达默尔认为古希腊的 theoria(理论)概念主要来源于宗教里的共享概念，theoros(理论研究者)就是节日代表团的参加者，可以理解为本初性的观看者或观赏者。他通过同在(即个人与他人在同一时空中的关联互动)而参与了庆典活动，并且由此赢得了神圣合法的称号，如赢得了他的不可侵犯性。根据这种理解，伽达默尔进一步认为从事理论活动的能力是这样被定义的，即我们能在某个事物上忘掉我们自己的目的。③ 相对而言，伽达默尔具体地复原了理论在西方的原初意义，他认为理论应该来自一种专心的观赏，是通过与事物同在而在参与中获得的结果。

---

① 陈至立. 辞海[M]. 7 版. 上海：上海辞书出版社，2020：2603.
② 威廉斯. 关键词：文化与社会的词汇[M]. 刘建基，译. 北京：生活·读书·新知三联书店，2005：486-487.
③ 加达默尔. 真理与方法：哲学诠释学的基本特征(上卷)[M]. 洪汉鼎，译. 上海：上海译文出版社，2004：162.

借助威廉斯和伽达默尔对理论一词的西方词源的考察，可以发现理论一词在西方主要起源于古希腊时代，那时的理论主要是指观赏或沉思的结果。后来，随着理论的发展，理论一词开始转变为解释性的思想体系，这是现代对理论的主要理解之一。

中外很多研究者对理论一词的内涵进行了研究，并提出了很多角度不同的理论定义。在对理论定义的专门探索中，哲学是特别需要关注的领域。虽然各个学科都在努力建构和理解自己的理论，但哲学对理论的研究还是凸显出整体把握的特征。在西方哲学界，伽达默尔对理论的探索是比较有代表性的。他在充分考察了理论的历史发展逻辑之后，最终选择以理论的观看内涵来定义理论："如果它是人类的实践，那它不就是从自身出发看到他人，不就是对自身的观看和对他人的倾听吗？"[①]在对实践内涵的探讨中，伽达默尔提出了关于理论的过去与现在的两个含义："理论过去是观察力，它所受的严格训练足够使它识别不可见的、经过构建过的秩序，识别世界和人类社会的秩序。理论现在已没有它过去这种意义了。它已变成了一种用来研究真理(真实)和搜集新知识的工具性观点。"[②]由此看来，伽达默尔比较认可理论的古典内涵，深刻地理解了理论的现代含义，他对理论的定义明显综合了这两个方面。

在我国哲学界，学者陈嘉映对理论内涵的思考与研究是非常宏观且有深度的。由于深受语言转向的分析哲学影响，陈嘉映主要从理论的逻辑来关注理论的形态、演变与内涵。在《无法还原的象》一书中，陈嘉映从亚里士多德的观点"人天生求理解"开始探讨理论的特征和形态。他认为：理论是一种抽象概括，也是一种推论断言；借助于五行，特别是数的复杂理论，可以揭示现实背后的隐秘结构，甚至是原理意义上的原因；理论提供的解释不同于就事论事的解释，而是对实在的直陈，是对实在的普遍机制的揭示。[③] 根据这些主要观点，可以概括地把陈嘉映对理论的核心理解表述为：理论是对事物的概括和推断，当前已经成为对实在普遍机制的揭示系统。可以说，陈嘉映的这个理解兼顾了古代和现代的理论意义，是在历史的追溯中探寻理论的内涵。此外，我国哲学界对理论还有很多其他的研究和对理论的不同定

① 伽达默尔. 赞美理论[M]. 夏镇平，译. 上海：上海三联书店，1988：45.
② 伽达默尔. 科学时代的理性[M]. 薛华，高地，李河，等译，北京：国际文化出版公司，1988：61.
③ 陈嘉映. 无法还原的象[M]. 北京：华夏出版社，2005：90-112.

义。例如，以现代学术中成功的知识理论和科学理论为考察对象，何秀煌认为"理论是由一系列的命题所构成的逻辑体系"[1]。

除哲学外，其他人文学科也有学者积极地关注了理论内涵的问题，从反思自身学科发展的角度探索了理论的定义。文艺学者吴炫在反思我国学术发展现状的基础上，对理论进行了多个方面的反思，提出理论在根本上是"理论家出于自己独特的现实问题和理论问题展开对与这些问题相关的既有理论批判，从而创造能够面对并解决这种问题的独特概念、范畴和理解的观念系统"[2]。文艺学者邢建昌从辨析理论与常识、理论与反思、理论与实践、理论与体系、解释与预测出发，认为"理论，来源于人对世界深层把握的欲望。理论不同于常识，而是常识的好斗的批评家"，"理论也是一种有组织的叙事，体系性是其基本特征。理论的基本功能是解释和预测"。[3]

总体上看，关于理论的内涵，学者已经有很多理解，这些理解是从不同角度对理论概念进行认识的结果，因而这些理解在一些共识的基础上呈现出明显的差异性。到底应该如何来把握理论的内涵，需要进一步分析各种不同的理解，在此基础上确定理论内涵的基本要点。

（二）理论内涵的基本要点

在以上对理论的各种解读中，理论主要从生产方式、实质、功能等方面得到理解，这些方面构成了我们整体把握理论概念的基本维度。在这些方面，虽然形成了一些基本的共识，如"理论是一种体系"的观点，但还是有很多的差异和分歧，对这些差异和分歧的厘清是确定理论内涵的必经之路。总体来说，关于理论的已有定义还存在以下分歧：理论的生产到底是专心的观赏还是规范的建构，理论到底是思想观念体系还是概念、逻辑或命题的体系，理论到底是解释实在的体系还是解决问题的工具。下面就一一对这些差异和分歧进行进一步的梳理。

第一，理论到底来自专心的观赏还是规范的建构？这是有关理论产生方式的问题，也是有关理论生产者在理论生产中的姿态问题。专心的观赏主要来自理论一词的古希腊文词源，这说明这种生产方式出现于古希腊时期。专心的观赏主要指理论

---

① 何秀煌. 理论是什么[J]. 现代哲学，1986(4)：24-26.

② 吴炫. 什么是真正的理论？[J]. 文艺理论研究，2010(4)：2-8.

③ 邢建昌. 理论是什么？——反思视野中的文学理论[J]. 燕赵学术，2012(1)：144-158.

生产者全身心专注地投入对事物的观看之中，不带有自身的目的，在忘我的状态中来实现对实在的理解和解释。理性的建构是理论近代以来的主要生产方式，在科学主义和工具理性主义的推动下，理论生产者开始带着自己明确的目的和功利追求，并通过理性化或规范化的框架来进行理论生产。从两种生产方式的对比中不难看出：专心的观赏体现出一种专注与投入的姿态，是一种虔敬的态度；规范的建构体现出一种占有和控制的姿态，是一种俯视的支配态度。不可否认，这两种生产方式都能产生理论，但是两者的不同主要在于是否存在明确的框架和功利性目的，是否能够接受超过框架的存在，是否对未知保持开放。到底哪一种理论产生方式或理论生产者姿态更好？这是一个价值比较问题，但无论怎么回答这个问题，现在都不能改变两种方式或姿态都是理论内涵的一部分，它们统一在对世界的理解之中，只是选择不同。当然，这里的世界是广义的概念，具体指围绕着理论对象的一切相关事物。

第二，理论是思想观念体系还是概念、逻辑或命题的体系？这是有关理论实质的问题，对这个问题的梳理有利于我们确定理论的基本成分。认为理论是思想观念体系的观点，主要看到了理论的非物质性和非行动性的特征，因此可以说这种观点主要表述的是理论成分的基本性质。认为理论是概念、逻辑或命题的体系的观点，主要看到了理论作为一种语言表述的核心成分，这种成分可以包括概念、逻辑或命题。从对两种观点的解读来看，虽然思想观念体系和概念、逻辑或命题的体系在表述上有角度和层次的差别，但并没有直接的冲突或矛盾，两种观点完全可以通过内涵层次的确定而达到调和。具体来说，概念、逻辑或命题无非是表达思想观念的一种逻辑语言工具，思想观念无非是概念、逻辑或命题的表达内容。因此，在理论实质的问题上，可以认为理论是可以由概念、逻辑或命题构成的思想观念体系。

第三，理论到底是解释实在的体系还是解决问题的工具？这是有关理论功能的问题，对这个问题的明确将能够确定理论的发展方向。从理论一词的词源来看，理论在出现时是一种解释实在的体系，因为词源意义中的沉思或专心的观赏本身意味着对实在的投入。但是，从理论的功能来看，特别是在理性主义、科学主义和工具主义盛行的背景下，理论越来越演化为改造世界的工具，解决问题就是这种改造世界的具体内容。综合这两种观点来看，两者在一定程度上不存在必然的矛盾，因为解释实在作为理论的原初功能本身可以视为理论的基础功能。正是因为理论能够解释实在，才能真正发挥改造世界、解决问题或生产知识的功能。从这个角度可以认为，解决问题是理论基础功能的应用，是理论在理性主义、工具主义和科学主义思想下的功能拓展。因此，在功能上，理论具有解释实在的基础功能和解决问题的拓展功能。

从以上分析中可以看到，已有的理论定义确实出现了相互的差异和分歧，面对这种差异和分歧我们需要厘清理论各方面内涵的具体层次，在层次整理和板块划分中实现对差异和分歧的调和。通过梳理，在这里可以整体地认识理论：在产生方式上，理论来自对世界的理解；在实质上，理论是思想观念体系；在功能上，理论具有解释实在的基础功能和解决问题的拓展功能。

（三）关于教育理论的多样化界定

自夸美纽斯的《大教学论》问世以来，教育理论如很多人所说进入独立发展的阶段。时至今日，教育理论研究作为一个专门的领域已经经历了近 400 年的独立化发展。教育理论经过长期的专门发展，已经形成了多层次、多领域、多角度的丰富内容体系，为人们认识、理解和创新教育做出了贡献。然而，教育世界的不断发展需要教育理论的不断发展，对教育理论以往发展的回顾和反思是发展教育的基础。特别是在教育理论经常面临脱离实践、缺少理论品质等诸多方面质疑的情况下，对教育理论进行元思考，追问教育理论的确切内涵是探索教育理论发展方向的必经之路。在教育研究领域，教育理论是元教育学研究发展到一定阶段之后才被人们直接界定的概念，但是对教育理论进行的相关思考从教育学独立化发展时起就明显开始了。

从教育学的发展历史来看，一些思想家很早就开始直接思考对教育理论的理解，主要涉及教育学或教育理论的这些典型问题：科学性与艺术性，规范性与经验性，理论性与应用性，普遍性与文化性，社会性与个人性，理论基础与地位，构成与分类、方法等。[①] 对于这些问题，无论是夸美纽斯、赫尔巴特、乌申斯基还是后来的维尔曼、涂尔干、拉伊等人都有过或直接或间接的回答，这些回答从宏观上丰富了对教育学学科性质和基础的理解。虽很少直接阐述教育理论是什么，但他们的回答对

---

① 瞿葆奎. 元教育学研究[M]. 杭州：浙江教育出版社，1999：8.

理解教育理论的总体属性和来源做出了贡献。

20世纪中叶以来，教育理论的丰富促进了教育学研究者对教育理论本身的反思与理解。这个时期的教育学研究者在继续关注教育理论属性与来源的基础上，开始对教育理论的实质、特征、功能问题进行进一步探讨，可以说这些探讨已经开始具体到教育理论概念的内涵层面了。在对教育理论内涵的研究中，中外都有很多有影响力的观点。在西方，奥康纳、赫斯特、穆尔、迪尔登、卡尔等人的观点具有非常广泛的影响力。奥康纳探索教育理论的发展取向问题的出发点是把理论看作"一个确立了的假设，或者，更常见一些，乃是一组逻辑地联系着的假设，这些假设的主要职能在于解释它们的题材"，教育理论应该来自把心理学或社会学上充分确立了的实验发现应用于教育实践的地方。① 在与奥康纳的辩论中，赫斯特提出了他对教育理论的基本理解：教育理论是一种实践性理论，即有关阐述和论证一系列实践活动的行动准则的理论，教育理论主要在于为教育实践制定理性的原则。② 穆尔专门探讨了教育理论的内涵结构，他认为教育理论主要包括关于要达到的目的、受教育的人以及在教育他们时所采用的方法的某些假定。③ 迪尔登认为，教育理论是一种独特努力的产物，这种努力是要去获得教育实践的理智而深沉的理解。④ 卡尔认为，教育理论的本质应是实践活动所具有的原理、原则的统整，是可提供教师处理其实际问题或改进教育实际活动的方法，教育理论并非一种自哲学、社会科学或任何形式之知识中抽离出来的应用型理论，而是通透地批判实际教育活动所依循之理论。⑤ 可以说，通过对丰富的教育理论进行考察以及相互借鉴、批判，西方当代学者对教育理论的定义进行了较为细致的分析。这些定义的角度主要包括生产方式、实质和功能，与学界对理论的定义情况类似。在进行定义的过程中，他们非常关注教育理论的教育性，很多具体观点的差异从根本上来自对教育理解的不同，如奥康纳眼中的科学化教育就与赫斯特、卡尔等人的实践化教育有很大差异。

在国内教育研究界，教育理论有多种不同的界定。在《教育大辞典》中，教育理

① 瞿葆奎. 教育学文集：第1卷 教育与教育学[M]. 北京：人民教育出版社，1993：467-484.
② 瞿葆奎. 教育学文集：第1卷 教育与教育学[M]. 北京：人民教育出版社，1993：441-466.
③ 瞿葆奎. 教育学文集：第1卷 教育与教育学[M]. 北京：人民教育出版社，1993：492-494.
④ 瞿葆奎. 教育学文集：第1卷 教育与教育学[M]. 北京：人民教育出版社，1993：539.
⑤ 唐莹. 元教育学[M]. 北京：人民教育出版社，2014：355-359.

论从综合的角度来进行的解释主要有：教育现象和教育规律的理性认识的成果。表现为以独特的范畴、术语、逻辑，描述教育事实或教育现象，揭示教育特征或教育规律，论述教育的价值取向或行为规范。[①] 此外，教育研究者在自己的研究中专门界定了教育理论这一概念，主要有："通过一系列教育概念、教育判断或命题，借助一定的推理形式构成的关于教育问题的系统性的陈述"[②]；"尽管教育理论总是试图为教育实际工作者提供规则性、技术性的知识，但它的深层的目的在于通过这种知识把自己的理想传达给读者或听众，在于加深或更新人们对教育—文化—人之间意义关系的理解"，"教育理论无论如何都是一套系统的由概念与命题构成的，有内在逻辑的知识"[③]；"一切关于教育的系统性陈述的集合"[④]；"系统化的教育思想，是由一套专门概念或术语、命题构成并支持着的一组陈述"[⑤]。国内学界对教育理论的理解与定义与国外教育学界一样非常多样，产生了很多认识，但相互的批判和借鉴不明显。在界定教育理论的过程中，很多人只是给出了一定概括的定义，没有从教育的特性出发对教育理论做具体的内涵分析。

(四)教育理论内涵的三个方面

时至今日，教育理论可以说已经具有了非常多样的概念解释，这为进一步分析和理解教育理论的内涵提供了必要的基础和丰富的资源。对教育理论内涵的进一步分析和理解需要明确众多教育理论定义的基本共识，并在此基础上统合、协调和决断教育理论定义中的各种分析。

如同理论定义的情况，教育理论已有的多种定义主要涉及生产方式、实质和功能三个方面。在以上三个方面，众多教育理论的定义已经取得了一些基本共识。比如，教育理论来自专门的研究与努力，教育理论在根本上是一套语言文字表述，教育理论可以对教育实践产生积极的作用。这些之所以被称为基本共识，主要是因为它们是非常概括的，也是相当抽象的。这些基本共识为进一步讨论教育理论的内涵

---

① 顾明远. 教育大辞典：增订合编本[M]. 上海：上海教育出版社，1998：762.
② 郭元祥. 教育理论与教育实践关系的逻辑考察[J]. 华中师范大学学报（人文社会科学版），1999（1）：38-42，105-158.
③ 石中英. 教育学的文化性格[M]. 太原：山西教育出版社，2001：329.
④ 瞿葆奎. 元教育学研究[M]. 杭州：浙江教育出版社，1999：186.
⑤ 唐莹. 元教育学[M]. 北京：人民教育出版社，2002：1.

指出了基本方向。在这些基本方向的指示下分析各种定义之间的具体分歧，是取得具体认识的基本途径。

教育理论的已有定义在生产方式、实质和功能方面分别存在很多不同的观点。在生产方式方面，不同的教育理论定义认为教育理论主要来自心理学或社会学上充分确立了的实验发现在教育实践中的应用，将实践活动所具有的原理、原则的统整或对教育现象和教育规律的理性认识。在实质方面，不同的教育理论定义认为教育理论的构成主要是一组逻辑上联系着的假设，独特的范畴、术语、逻辑，关于教育问题的系统性的陈述，由概念与命题构成的、有内在逻辑的知识或思想陈述。在功能方面，不同的教育理论定义认为教育理论的功能主要有解释它们的题材(教育)，为教育实践制定理性的原则，获得教育实践的理智而深沉的理解，提供教师处理其实际问题或改进教育实践活动之用，描述教育事实或教育现象，揭示教育特征或教育规律，论述教育的价值取向或行为规范，为教育实践工作者提供规则性、技术性的知识和加深或更新人们对教育—文化—人之间意义关系的理解。教育理论定义这三个方面的差异或分歧需要分别得到澄清和梳理，这个工作必须充分应用前面对理论定义的分析结果。

第一，在教育理论的生产方式上，不同教育理论定义的核心差异主要是教育理论究竟产生于对教育实践或现象的考察，还是对其他学科知识的应用。从前面对理论词源的考察以及对有关理论生产方式的分析中可以看到，理论最原初的生产方式为专心的观赏，在后来的发展中才不断出现不同于专心的观赏的其他生产方式，但这些方式最终都围绕着对世界的理解。基于这些认识，可以认为教育理论的产生从根本上应该来自对教育的理解，对教育实践或现象的考察和对其他学科知识的应用不过都是对教育实践不同的理解方式而已。可以说，对教育的理解是生产教育理论的关键，只有对教育实践或现象的考察和对其他学科知识的应用能够确切达到理解教育世界的效果，它们才称得上教育理论具体的生产方式。

第二，在教育理论的实质上，不同教育理论定义的核心差异主要是教育理论到底是假设、概念与命题，还是思想陈述？如前所述，不同教育理论定义在实质上的基本共识是教育理论由一套语言文字构成。但是，这套语言文字到底是什么？正如前面对理论成分的讨论一样，对教育理论成分的认识需要意识到假设、概念与命题以及思想陈述不过是教育理论成分的不同侧面。从知识发展来看，教育理论的成分是假设；从形式逻辑来看，教育理论的成分是概念与命题；从语言功能来看，教育理论的成分是思想陈述。因此，有关教育理论实质的认识差异需要进一步转化为到底需要从哪个或哪些侧面来透视教育理论的实质。结合教育理论作为人类认识成果的事实，教育理论的成分应该主要从语言角度来理解。对人类认识活动来说，形式逻辑是一种可以选择的内部规则，语言是基本的工具与载体，而知识只是人类认识成果的一个定位。在这几个方面，语言无疑是更为根本的层面。因此，教育理论在成分上可以被看作系统的思想陈述。

第三，在教育理论的功能上，不同教育理论定义的核心差异是教育理论的功能到底是解释教育实践还是改造教育实践，抑或是兼而有之？在功能定位的分析上，教育理论作为教育的理论需要特别关注教育的特性。与其他纯粹的知识学科的主题不同，教育理论中的教育是指向未来的事业活动的，教育理论在发展中一直比较倾向于追求对教育实践的改造功能。教育理论作为对教育世界考察的结果，最为基础的成果应该是对教育实践的解释，这是发挥教育理论其他功能的基础。教育理论的功能应该是一种复合式的，不能只是单纯的描述解释，也不能只有规范指引。根据前面对理论的功能的分析，教育理论的功能的定位应该分为基础和拓展两个层次：对教育实践进行描述与解释是教育理论的基础功能，而对教育实践进行规范与指引（即改造）是建立在描述解释功能之上的拓展功能。

总体而言，教育理论的内涵主要来自对教育的理解以及对理论的界定，因而既具有理论的一般性又具有特别的教育性。在核心内涵上，教育理论主要有三个方面：在生产方式上，教育理论发源于理解和解释教育世界；在实质构成上，教育理论是系统的思想陈述；在功能上，教育理论追求对教育实践的描述与解释以及基于此的教育实践规范与指引。

（五）教育理论的类型

对教育理论的理解既要包括教育理论的内涵，又要包括教育理论的现实形态。因此，需要在明确内涵之后进行分类认识，以期在总体上对丰富的教育理论有清晰和概括的认识。在教育研究领域，教育理论曾被以多种标准进行分类，这些标准主要有教育理论的流派、教育理论的发展阶段和范式、教育理论的人性观或知识观基础等。这种从教育理论的内容层面来分类的方式是教育思想史研究常用的方式。然而，对研究教育理论本身的元教育学来说，应该按照教育理论本身的内涵标准来对教育学理论进行分类。在以往的元教育学探索中，教育理论被以多种标准来分类。

布列钦卡对教育理论的类型划分主要根据教育理论的任务。布列钦卡认为教育理论领域有不同类型的问题，解决这些问题就形成了不同类型的教育理论知识。他认为教育理论研究有三大活动领域，分别是教育科学、教育哲学和实践教育学。这三个活动领域分别形成了三种类型的教育理论。布列钦卡认为，教育科学主要研究希望受教育者达到的人格状态（目的）和特定教育活动、教育制度（手段）之间的关系[1]，这种类型的教育理论构成了一种经验社会科学，是整合了文化与社会因素的科学形式。布列钦卡的教育哲学与本体论教育哲学不同，主要是一种规范性教育哲学，其内容主要是价值判断和在某种世界观和道德观（从一个基础良好的信仰系统的意义上来讲）的基础上所赞同的规范性契约。[2] 布列钦卡的实践教育学理论是一种混合性的规范—描述性的陈述系统的理论，实践教育理论的目的是为教育者提供合理的教育行动所需要的实践知识。[3] 布列钦卡的这种教育理论分类根据是不同教育理论的任务取向，这种任务取向在教育理论的定义中主要对应教育理论的功能。

迪尔登根据教育理论与实践之间的关系对教育理论进行了分类认识。迪尔登把教育理论分为主题取向和实用取向，主题取向的教育理论仅仅是有关实践的，关心实践在何时何地发生，实用取向的教育理论与解决当前的实践问题有关。在两者的比较上，迪尔登认为主题取向的教育理论是纯粹的教育理论，而实用取向的教育理论则会偏重当前的问题。从教育理论的内涵来看，主题取向和实用取向的分类主要体现出教育理论功能上的分类，主题取向的教育理论偏重于解释，而实用取向的教育理论比较偏重于规范指引。[4]

根据教育理论对应教育问题的层次性，周作宇把教育理论分为三个层次：第一个层次的教育理论对应的教育问题是一阶教育问题，这类问题是直接源于教育实施

① 布列钦卡. 教育知识的哲学[M]. 杨明全，宋时春，译. 上海：华东师范大学出版社，2006：54.
② 布列钦卡. 教育知识的哲学[M]. 杨明全，宋时春，译. 上海：华东师范大学出版社，2006：185.
③ 布列钦卡. 教育知识的哲学[M]. 杨明全，宋时春，译. 上海：华东师范大学出版社，2006：212.
④ 瞿葆奎. 教育学文集：第1卷 教育与教育学[M]. 北京：人民教育出版社，1993：541.

过程的问题，如怎么教和教什么；第二个层次的教育理论对应的教育问题是对教育本身性质、意向的判定，如教育到底是什么；第三个层次的教育理论对应的教育问题主要是在前两个方面的基础上追问教育理论本身的问题，如教育理论的实质和发展。[①] 与前面几种分类不同，这种分类方式实质上是根据教育理论生产方式的不同而进行的。由于教育理论在生产方式上是对教育实践的理解，这里的教育实践完全可以分为一阶、二阶、三阶。

对比不同的教育理论分类，可以看出有很多种方式和角度，这些方式和角度都体现了教育理论的核心内涵。紧抓教育理论的核心内涵对教育理论进行分类是比较合理的选择。

在教育理论的核心内涵上，教育理论主要有生产方式、实质和功能三个方面，这三个方面构成了对教育理论进行分类认识的三种基本维度。参考很多研究者的分类，可以从以下三个基本维度进行示范性分类：根据生产方式的不同，教育理论既可以分为教育行动理论、教育实质理论以及元教育理论，又可以分为现实取向教育理论和理想取向教育理论，两种分法分别从教育问题和解释取向的角度进行；根据实质的不同，教育理论可以分为故事经验型教育理论和学理化教育理论，这种分法体现出教育理论在系统描述风格上的差异；根据功能的差异，教育理论可以分为描述性教育理论、解释性教育理论、规范性教育理论和指导性教育理论。以上三个维度的教育理论分类结果涉及一些新鲜的概念，这些概念都试图精确地解释不同风格和特点的教育理论。

二、教育理论的历史形态与评价标准

对教育理论的研究和理解离不开对教育理论发展历史的梳理，在这个方面已有很多研究者做了很多工作。对教育理论发展的研究常常在教育思想发展史层面进行。教育思想发展史通常关注不同的历史阶段产生了哪些教育思想，以及这些教育思想的背景、理论基础、核心观点、影响与意义等。在发展阶段划分问题上，教育思想

---

① 周作宇. 问题之源与方法之镜：元教育理论探索[M]. 北京：教育科学出版社，2000：7-8.

史一般会以代表人物、思想流派或理论取向为线索。比如，以孔子教育思想、孟子教育思想、墨子教育思想、董仲舒教育思想等主题为序来阐述我国教育思想的发展，以理性主义教育学、实证主义教育学、精神科学—解释学教育学来阐释教育思想在思想流派方面的发展历史，以经验取向、科学取向、实践取向和批判取向来论述教育思想的理论方法变迁。各种线索总体上都服务于阐释教育理论内容变迁的目的，在阐释这种变迁的同时实现了各种教育理论的有序汇集。但是，这样的方式还不是阐述教育理论发展的最佳选择。

（一）教育理论发展的考察线索

教育理论表达了教育思想，但教育思想还不能构成教育理论的全部，对教育思想史的考察不能反映教育理论的全部变迁。从效果来看，对教育思想史的探索主要反映了教育理论的变迁和积淀，但并没有直接地反映教育理论本身的发展，即教育理论作为教育思想的表达本身是如何演进更迭的。因此，探讨教育理论的发展需要探讨教育理论如何理论化的历史，只有明白教育理论如何理论化地生成历史，才能真正从正面理解教育理论的发展逻辑，才能为教育理论今后的发展确定方向。

教育理论在不同的历史时期如何生成以及如何演变？对这个问题的回答一定要从寻找线索开始。究竟从哪个角度能够解释不同历史时期的教育理论如何生成的问题，从根本上需要从教育理论和理论的基本内涵中寻找思路。如前所述，教育理论是通过理解教育而形成的系统思想陈述，理论是对事物进行专心的观赏或规范的建构的结果。根据对教育理论和理论的这些理解，可以认为解读教育理论如何生成的历史脉络问题，特别需要关注教育事物如何被专心地观赏或规范地建构，进而如何被表述成教育理论。由于教育从根本上是一种实践活动，教育事物可以等同于教育实践，教育理论生成与发展的历史问题需要从教育实践如何被理论化的角度来探讨。

在历史上，教育理论本身如何生成？这是一个被教育界广为关注但又有所缺失的问题。在教育史研究中，无论是对单个教育思想家的理解还是对一个流派或一段历史时期内不同教育思想的梳理，都会涉及特定的教育理论如何生成的问题，对特定教育理论所处的社会背景和思想基础进行挖掘是回答这个问题的常见做法。这类研究确实在一定程度上说明了特定教育理论如何生成的问题，但还缺乏更为宏大的历史视野。在对教育理论如何生成的历史探索上，教育学范式研究表现出了宽广的历史视野。在借鉴库恩范式概念的基础上，教育学范式的研究者概括出了教育学自己的范式。有研究认为西方教育学先后经历了哲学思辨范式、科学实证范式和诠释规范范式，而我国教育学则经历了教科书范式、教科书改革范式和后教科书改革范式。[①] 对教育学范式演变的考察在一定程度上展示出了宏大的历史视野，超出了个体教育家和流派的层面，以根本逻辑为线索解读了教育理论的发展。这类研究给出了一个比较重要的启示，即对教育理论历史的研究可以从理论逻辑或理论形态的角度进行，把教育理论的发展从观点或内容的变化转向逻辑或形态的变化。

在探索教育理论逻辑或形态如何发展的问题上，陈嘉映对理论思维及其发展的研究具有非常重要的启示意义。在亚里士多德的"人天生求理解"观点的基础上，陈嘉映认为人类早期的感应思维是"人天生求理解"本性的证明，此后在这种"求理解"本性的推动下真正意义上的理论诞生了，理论在历史发展中出现了抽象概括、概括断言、内在机制叙事、普遍规律等理论思维类型，这些类型代表了不同时期人们对理论的不同认识水平和成果。[②] 与其他视角相比，从这类理论思维的角度来认识理论的发展具有独特的优势，因为理论思维直接对应不同的理论生产思路，进而决定了不同类型教育理论的陈述类型和功能范围。

(二)教育理论的主要历史形态

借鉴陈嘉映对理论思维的分类，结合教育理论形态发展的具体情况，这里认为教育理论在历史发展中先后主要出现了概括推论式教育理论和普遍机理式教育理论，而普遍机理式教育理论的一个重要形态是科学实证式教育理论。因此，这里主要通过关注概括推论式、普遍机理式和科学实证式三个教育理论形态来分析、描绘教育理论发展的轨迹。

1. 概括推论式教育理论：教育理论的初级形态

如亚里士多德所言，人天生求理解。人类自产生之时，就开始追求对自身以及自身所处的世界进行理解。然而，早期的人由于还缺乏对世界的丰富认识，也没有发展出系统的认识方法和语言工具，只能通过一种感应思维来把握事物及其思维。

---

① 楚江亭，李廷洲. 范式重构：教育学研究取得进步的必然选择[J]. 北京师范大学学报(社会科学版)，2014(5)：25-34.

② 陈嘉映. 无法还原的象[M]. 北京：华夏出版社，2005：90-120.

"远古人类把世上的事物理解为互相感应的东西"①，这种感应思维结合文字的产生，就促成了上古神话系统的出现。各个民族大多形成了自己的神话系统，这些神话对民族的历史发展产生了深刻的影响。一般来说，民族发展的神话主要反映了早期人类对世界起源、人的起源、世界与人的关系、人对自然世界的抗争等方面的理解，这些理解或直接或间接地反映了早期人类对教育的思考和认识。在我国，虽然最能反映初始感应思维的上古神话很少直接反映对教育的理解，但是这些神话本身因为塑造了一个个英雄而具有非常重要的教育意义，而且对世界起源和人的起源的神话叙述为民族身份认同或爱国主义教育奠定了坚实的基础。我国的这些神话从一开始就间接反映了教育的思维和理解。在后来的发展中，我国的神话中出现了很多的关于师父和徒弟之类的教育内容，《封神演义》和《西游记》在这个方面都比较典型。尽管，在这个时期，我国出现了很多成熟的教育理解和理论，但这些神话所包含的教育成分事实上影响了日常的教育实践。古希腊的神话对教育有直接的体现，教师或导师在古希腊神话中有直接的刻画。古希腊神话中最为著名的导师是喀戎，他把阿喀琉斯培育成英雄，养育他并教给他包括医术在内的各种技艺。从陈嘉映的观点来看，神话是人类感应思维高度发展的产物，神话体现了人的微观宇宙和世界的宏观宇宙的对应，人在神话中处于一种更高的、让人敬重和惧怕的力量之下。② 如果从教育理论的正式结构来谈神话中的教育理解，这种理解只能算作思维层面而非理论层面，无论如何都还构不成教育理论的正式起点。但是，神话中体现的教育理论反映了教育理论内涵的一些方面，至少反映了对教育的理解和解释，虽然这种理解和解释并没有太多的直接表述，更没有形成直接表述的系统。

从教育理论的陈述要素方面来看，可以作为教育理论初级形态的应该是对教育经验的概括推论，即概括推论式教育理论。随着人类社会的发展和生产力水平的提高，在本能意义的家庭与社会教育基础上，专门的学校教育产生了。在教育实践中，对教育的理解在不断丰富。在此背景下，人类对教育的理解再也不用限制于感应思维的方式中，不断积累的丰富经验为以归纳、概括和推论的方式理解教育奠定

---

① 陈嘉映. 无法还原的象[M]. 北京：华夏出版社，2005：91.
② 陈嘉映. 无法还原的象[M]. 北京：华夏出版社，2005：92-93.

了可能性和基础。成有信认为，从人类社会的产生至奴隶社会、封建社会，以至资本主义社会初期，东西方关于教育问题的著述，如我国的《学记》和《大学》，古希腊柏拉图的《理想国》和古罗马昆体良的《论演说家的教育》，甚至是文艺复兴以后很多思想家和教育家的教育著作，都是关于教育经验和教育思想的著作，其中很多的和很主要的是关于教育经验的著作。① 不可否认，无论是孔孟还是西方的柏拉图、昆体良都是伟大的思想家，但这并不掩盖这些思想家对教育的思考都建立在丰富的教育实践经验之上的事实。

孔子的教育思想涉及教育的对象、教育的作用、教育的目的、教育的内容、教学的原则、教学的方式、道德修养等方面，从根本上看这些方面在思想内部都与孔子本人的社会理想相关。孔子在动荡的春秋时代，提出了一种国泰民安的"有道"社会理想，从而进一步确立了德政的伦理政治体系。② 从孔子的社会理想和德政体系出发，他的教育思想得以总体被理解。应该看到，孔子的教育思想，特别是有关教育原则和方式的部分有明显的实践经验基础，很多教育思想都是在孔子与弟子的对话或对待弟子的方式中体现的，《论语》的很多部分都能说明这一点。可以说，孔子的教学原则和教学思想都是以他的教学经验为基础的，在一定程度上与认识过程的某些规律相暗合。他在长期的教学中，体认出教学过程中的一些重要矛盾，涉及教学过程的各方面，他提出了一些重要教学原则，成为我国古代教育学的宝贵遗产。③ 作为思想家，柏拉图的教育思想有丰富的内容和深刻的思考，其教育思想的代表作是《理想国》和《法律篇》。在这两部著作中，柏拉图以对话的形式提出了学习就是回忆、灵魂的构成与教育目的以及良好的教育制度等方面的教育思想。④ 可以看到，柏拉图对教育的论述有深刻的思想根源，其对学习、教育目的的认识明显是以理念论为核心的。同时，不能否定的是，柏拉图的教育思想有丰富的教育实践基础，对当时教育实践经验的总结构成了其教育思想，特别是良好教育制度思想的核心部分。柏拉图在《理想国》中论及学前教育、初等教育、中等教育、高等教育、女子教育等

---

① 成有信. 简论教育学的形成和发展：兼论教育经验、教育思想、教育政策和教育科学的关系[J].教育研究，1990(3)：42-46.

② 张瑞璠. 中国教育哲学史：第一卷[M]. 济南：山东教育出版社，2000：2.

③ 毛礼锐，瞿菊农，邵鹤亭. 中国古代教育史[M]. 2版. 北京：人民教育出版社，1983：52.

④ 周采. 外国教育史[M]. 上海：华东师范大学出版社，2008：57-58.

教育制度问题，这些方面的想法明显地根植于当时的教育实践。例如，柏拉图在《理想国》第四卷中设想要消灭家庭、实行共妻共子的思想就来源于斯巴达的实践，雅典的教育就是从小亚细亚伊奥尼亚的殖民城邦流传过来的。他们对青少年进行的就是柏拉图在《理想国》第二、第三卷中讲到的初等教育，主要是体育和音乐教育。[①] 可以认为，虽然柏拉图的教育思考有理念论的思想基础，但是其有关教育的主体板块是从教育实践的经验中总结而来的。

无论是孔子的教育思考还是柏拉图的教育思考，其主体部分都是对教育实践经验的概括与推论。可以说，教育理论的发展在此时还属于概括推论式教育理论阶段。对概括推论式教育理论而言，教育理论的根源是对教育实践经验的概括和推论。所谓概括主要是指从具体、个别到一般、普遍的过程，其实质主要是寻求各种现象的共性，进而形成关于一般和普遍的认识。在从具体、个别到一般、普遍的概括过程中，最为重要的环节是推论。只有借助推论，人们才能从可见的事物和现象中得到具有全称意义的、没有看到的普遍性观点。在孔子的教育思考中，很多观点具有明显的概括和推论特点。"三人行，必有我师焉""不愤不启，不悱不发""学而不厌，诲人不倦"等教育思想都是普遍性的要求和认识。柏拉图对学前教育、初等教育、中等教育、高等教育以及女子教育的观点，是一种不针对具体城邦和国家的教育制度观。从概括推论式教育理论的表达形式和思维特点来看，这些教育思想还属于常识的水平。虽然看起来把孔子、柏拉图、《学记》和《大学》的教育思想主体部分归为常识，有贬低"圣人"或"圣言"的危险，但是这种从日常教育经验概括和推论而来的教育思想确实体现出概念的日常性和思维的具象化特点。

从根本上说，常识是人类把握世界的方式之一，在追求对世界的把握上，常识与看起来深奥的哲学、神秘的宗教、规范的科学没有本质区别。但是，在具体把握世界的方式和途径上，常识有自身的特点。孙正聿先生在探讨哲学的内涵中，对作为一种把握世界的方式的常识进行了深入的分析。他认为，"常识是人类世世代代的经验的产物，是人类在最实际的水平上和最广泛的基础上对人类生存的自然环境、社会环境和一般文化环境的适应"，"常识的最本质的特性，就是它的经验性"，"常

① 周采. 外国教育史[M]. 上海：华东师范大学出版社，2008：58.

识来源于经验，常识符合于经验，常识适用于经验"，"常识的世界图景，是以人们的经验的普遍性为中介的世界图景"。① 这些分析一方面表明了常识作为把握世界的方式的普遍性和基础性，另一方面指出了常识基于经验的普遍性。不仅是世界图景，常识作为一种思维方式还有自身的特点，孙正聿认为常识的思维公式具有非此即彼、两极对立、互不相容的特点。在功能上，他指出常识"作为人类把握世界的基础层次的概念框架，既具有描述和解释世界的功能，又具有约束和规范人的思想和行为的功能"②。基于经验性基础和普遍性特征，可以认为常识之所以称为常识，是因为其主要来自日常，又为日常所接受。实现这个效果需要有两个条件来保障：一是常识使用的语言表达来源于日常语言，二是常识使用的思维需要保持在表象层次上。因此可以说，常识是基于日常经验、使用日常语言和表象思维而得出的能被大众广泛接受的、具有描述解释和约束规范功能的普遍性认识。这里的"日常经验""日常语言""表象思维""普遍性认识"和"描述解释和约束规范功能"为进一步分析概括推论式教育理论提供了思路。

　　早期的教育著作充满了教育的常识，这些教育常识构成了概括推论式教育理论。在常识的意义上，这些概括推论式教育理论可以从五个方面来理解：第一，概括推论式教育理论来源于日常经验。它们是在教育实践经验日积月累的基础上生发出来的，所以这种类型的早期教育认识都经常被说成来源于对教育实践的概括和总结。第二，概括推论式教育理论是表象思维的结果。表象思维的使用可以从不断重复的经验中确定共同点，可以从个别的已有经验中推断出未见的趋势或结果，可以从不完整的经验中推断出缺失的环节。第三，概括推论式教育理论主要使用日常语言。概括推论式教育理论所使用的词语和概念都是日常生活中的词语和概念，一般不出现为了思考和认识教育而创造的新词语或概念。第四，概括推论式教育理论表达了对教育直接的普遍性认识。虽然孔子的教育思想有不少体现在具体事例中，柏拉图的一些教育思考也有类似情况，但是概括推论式教育理论在总体上都体现出直接的普遍性特征，都是超出具体情境和事物但依然直观的认识，多数具有全称判断的特点。第五，概括推论式教育理论对教育具有直接的描述解释和规范指引功能。概括

---

① 孙正聿. 哲学通论[M]. 长春：吉林人民出版社，2007：71-72.
② 孙正聿. 哲学通论[M]. 长春：吉林人民出版社，2007：81.

推论式教育理论一方面描述和说明教育活动的构成以及各种教育关系，另一方面扮演着行为规范的角色，促使这些理论的接受者和使用者按照特定的原则和方向从事教育。所有这些功能都以直接性为特征，即不需要转换的描述解释和规范指引。

虽然一些研究者并不承认这些基于概括推论的教育思考属于理论，但是这些思考具备了教育理论内涵的三个要素：产生于对教育的理解和解释，形成了一套还算有体系的思想陈述，具备了理解解释和规范引导的功能。虽看起来还不成熟和"高级"，但对教育经验概括推论而来的教育认识还是可以称为教育理论的。重要的是，概括推论式教育理论在历史发展中并没有消失，而是随着教育实践经验的发展而不断地丰富，并在此基础上不断发挥着对教育实践的影响。在发挥对教育实践的影响的过程中，概括推论式教育理论有对日常教育实践更具亲和性的明显优势：因来自教育实践经验而直接对应教育实践主题，因使用日常语言而被教育实践者普遍理解和接受，因有教育实践成效的直接印证而引发教育实践者热情。可以说，概括推论式教育理论的地位和作用在今天依然能够得到不断维持和强化，其本身在不断发展之中。

2. 普遍机理式教育理论：教育理论的正式形态

虽然概括推论式教育理论有日常性的优点，而且确实在一定程度上达到了普遍性认识的水平，但是概括推论式教育理论有深度不足、普遍性不可靠和难以超越情境的问题。具体来说，所谓深度不足主要是指概括推论式教育理论直接来源于日常教育生活，而且使用的语言主要是日常语言，从而最终导致在教育事物表面水平上形成教育认识的问题。概括推论式教育理论的普遍性不可靠问题，主要是指这类理论的普遍性主要建立在表面水平的推论之上，是运用表象思维对日常教育现象进行加工处理的结果，这种思维水平得出的普遍性结论经常会出现疏漏和错误。此外，概括推论式教育理论难以超越情境的问题，一方面是指这类教育理论只能从有限的情境中产生并只能解释有限情境的问题，另一方面是指这类教育理论只能规范和指导有限情境中的教育行为。虽然概括推论式教育理论可以称为理论，但是作为理论，其内涵和形式还有待于进一步发展和成熟。

随着人类教育实践的深入，概括推论式教育理论的不足会日益明显，复杂化教育实践需要可靠的教育理论。在这种背景下，人类对世界机理的探索倾向和成果自然在教育领域中逐渐被应用了。寻求世界的普遍机理，这种倾向很早就出现了，很多概括推论式理论中本身就存在这种倾向。按照陈嘉映的考察和理解，在概括断言阶段之后，理论发育到一个新的阶段，这个阶段的特征是：把现实和现实背后的隐秘结构区分开来。他以阴阳五行为例，认为这种发育的理论直接揭示了事物的元素和原理，从而体现对事物普遍机理的追求。当然，早期的普遍机理式理论可以以阴阳五行理论为代表，但他认为这些理论是错误的，没有把求真的精神带到理论之中。陈嘉映认为，真正解释普遍机理的理论是哲学—科学式理论，以求真的态度去揭示事物的普遍机理。① 陈嘉映的这些考察为我们看到概括推断式教育理论出现之后的教育理论发展提供了视角，教育理论的发展事实上在概括推断式教育理论之后出现了区分现实和隐秘结构的普遍机理式教育理论的发展取向。

普遍机理式教育理论最早发现于人类早期探索世界本体或本原的思想家，他们在对世界或人进行本体性认识时经常会提出对教育的理解和认识。如陈嘉映所注意到的那样，我国古代的阴阳五行思想构成了揭示世界普遍机理的一种悠久传统，《易传》中的"一阴一阳之谓道"是对早期阴阳思想的提炼和概括。道家奠基人老子以"道"为世界之本，在《道德经》中明确提出："道生一，一生二，二生三，三生万物。万物负阴而抱阳，冲气以为和。"② 虽然老子并没有系统论述过教育问题，但是他提出的"为学日益，为道日损""绝圣弃智"和"绝学无忧"等思想具有明显的教育内涵。这些广义的教育理论不再是经验的概括和总结，而是深入事物机理探索的结果。虽然柏拉图的教育思想多半来源于经验，但是其教育思想中的"学习就是回忆""向上引导"和"灵魂三分"等核心观点从根本上来源于他的理念论或相论，这里的理念或相在柏拉图那里被用来指称事物的原型。因此，可以说柏拉图的教育理论含有普遍机理式教育理论的成分。

比较系统的普遍机理式教育理论探索应该是从夸美纽斯开始的。之所以这样认为，一方面是因为《大教学论》作为第一部独立形态的教育学专著的历史评价，另一方面是因为夸美纽斯不是从经验概括的角度来建立教育学理论。在《大教学论》的向读者致意部分，夸美纽斯写道："我们愿意以先验的论证方法（a priori）来说明这一

---

① 陈嘉映. 无法还原的象[M]. 北京：华夏出版社，2005：96-118.

② 黎荔. 道德经注解[M]. 天津：天津社会科学院出版社，2016：103.

切，即是说，从事物本身不变的本性中，如同从活的源泉中引出长流不息的小溪，然后把它们汇合成为一条集中的河流……从而为建立普遍学校的普遍艺术奠定基础。"①虽然很多人认为夸美纽斯的教育学不够深奥，还有强烈的宗教情怀，但是这种"先验的论证"取向已经让他的教育学理论与概括推论式教育学理论区分开来。为了实现"先验的论证"目标，夸美纽斯通过类比自然原理来推理出教育学的理论。比如，他根据"自然在继续不断的结合中将每样事物编织在一起"，提出"一生的学习应安排得形成一个百科全书式的整体，其中各个部分都出自一个共同的源泉，而每一部分又各得其所"。②虽然夸美纽斯没有专门提出一套固定的分析概念，但是他的整个教育学理论建构正是通过类比自然规律和法则来实现对表面经验的超越，从而实现在原理或先验的层面上建构比较独立且系统的教育学理论。

从原理层面构建的教育学理论实质上就是这里所说的普遍机理式教育理论，因为原理本身就是普遍机理。在教育学史上，这个路线的教育学者和教育理论作品自夸美纽斯之后比比皆是，赫尔巴特、拉伊、狄尔泰、杜威、赫钦斯、布拉梅尔德等教育学家都是这个路线的典型代表，甚至康德和雅斯贝尔斯等对教育进行较为系统的理论探索的哲学家都可以归为这个路线。这个路线的教育理论最为核心的关注点是深入地追问教育到底是什么，在此基础上涵盖或涉及教育到底有哪些要素、教育的这些要素如何联系在一起、教育的基本运行规则是什么等问题。在对这类问题的回答中，教育理论建构者一般会使用他们各自认为能够指称教育机制的概念，如启发、陶冶、唤醒、生活、社会改造、人类经典、文化、人格等。

虽然普遍机理式教育理论具体上有不同的思维，但从根本上而言这种教育理论对应的思维很适合称为哲学思维。从古至今，关于哲学的理解不计其数，到底什么是哲学成了一个备受争议的问题，普遍规律说、认识论说、语言分析、存在意义等观点都是比较有影响的学说。面对这些差异和分歧，从思维方式上追问哲学的内涵是比较贴近于哲学词源的角度。从哲学的拉丁语词根来看，哲学是一种追求智慧的活动，皮埃尔·阿多在追寻这种爱智慧的古代哲学精神的过程中把哲学的内涵定位为一种修炼，即旨在让我们超越自身，再一次地，超越我们片面的、局限的视角，

---

① 夸美纽斯. 大教学论·教学法解析[M]. 任钟印，译. 北京：人民教育出版社，2006：8.
② 夸美纽斯. 大教学论·教学法解析[M]. 任钟印，译. 北京：人民教育出版社，2006：141-142.

从而让我们在宇宙的、普遍性的视野里看待事物与我们个体的存在。①在黑格尔的启示下，孙正聿把哲学理解为一种反思活动，这种反思活动的基本对象是思维与存在的关系问题。②

结合以上这些有关哲学和哲学思维的认识，可以对普遍机理式教育理论进行如下理解：第一，普遍机理式教育理论超越日常经验，深入现实背后的隐秘结构。在日常水平上，教育的现实是非常庞杂多样的，普遍机理式教育理论不再试图通过概括及进一步的推论来把握现实，而是要深入现实背后的隐秘结构，找寻教育现实背后的基本元素及其相互关系。第二，普遍机理式教育理论是概念思维的结果。使用概念思维可以借助以专门概念为中心的内涵、逻辑以及体系，对教育现实进行深度的普遍机理式解释，从而使教育理论达到专门、精致和系统的水平。第三，普遍机理式教育理论主要使用专门的学术语言。专门性是概念思维在语言风格上的核心特征，这些专门的学术语言虽然有时可能来源于日常语言，但其在概念思维的发展和应用中逐渐精确化、规范化和体系化，从而达到专门化的水平。第四，普遍机理式教育理论表达了对教育内在机理的普遍性认识。普遍机理式教育理论对教育的认识一方面是普遍性的，即超越个别达到种类甚至是全体的水平；另一方面是内在的，即对教育在构成和运行原理层面的描述解释。第五，普遍机理式教育理论具有内在的描述解释和规范指引功能。内在的描述解释是在核心元素体系水平上的描述解释，是洞穿教育表面的描述解释。内在的规范指引是把握核心元素体系后的规范指引，也是在发展方向、模式和关键要素水平上的规范指引。

相比于概括推论式教育理论，普遍机理式教育理论是更为标准的理论形式。普遍机理式教育理论在教育理论的三个内涵方面分别表现为：普遍机理式教育理论来源于使用概念思维对教育的内在机理进行的普遍性理解和解释；普遍机理式教育理论构成了以概念体系为载体的系统思想陈述；普遍机理式教育理论对教育具有内在的描述解释和规范指引功能，特别表现为在构成和运行原理层面的描述解释，以及在发展方向、模式和关键要素水平上的规范指引。可以说，普遍机理式教育理论是

① 阿多. 作为生活方式的哲学：皮埃尔·阿多与雅妮·卡尔利埃、阿尔诺·戴维森对话录[M]. 姜丹丹, 译. 上海：上海译文出版社, 2014：116.

② 孙正聿. 哲学通论[M]. 长春：吉林人民出版社, 2007：116-117.

教育理论的正式形态，它具有理论的典型特征，能够把对世界的理解从日常水平深入下去，越来越能够取得可靠的普遍性。从教育理论发展的历史来看，普遍机理式教育理论构成了教育理论的主体部分。众多教育家虽然使用了不一样的概念系统和思路，但都追求对教育的构成和运行原理的认识和理解，积累了宝贵的教育理论财富。

3. 科学实证式教育理论：教育理论的确切形态

在追求对教育内在机理的理解和解释中，各式各样的普遍机理式教育理论出现了。各种普遍机理式教育理论对教育内在构成的要素进行了个性化的理解和解释。比如，夸美纽斯使用上帝、自然、知识、道德、虔信等概念，赫尔巴特使用道德、性格、兴趣、统觉等概念，杜威使用经验、生活、生长、活动、思维等概念。虽然各种普遍机理式教育理论会共享一些概念，但几乎每一种教育理论学说都会使用自己独有的教育理念，这就造成了"教育理论丛林"的局面。在这种"教育理论丛林"中，各种教育理论学说都追求自身逻辑和体系的完备，都对教育的机理有自己的一套"说辞"，但各种"说辞"之间又有不易突破的逻辑话语"壁垒"。建立一种不那么晦涩并且规范、确切的教育理论，成为文艺复兴后自然科学蓬勃发展背景下的一种自然的教育理论发展诉求。在此背景下，下一种较为确切、规范的教育理论形态——科学实证式教育理论开始孕育发展。

在教育史上，一般认为科学教育学正式出现于赫尔巴特的思想之中。赫尔巴特看到了建立在经验基础上的概括推论式教育理论的不可靠性，他提出建立可靠的、普遍的教育理论应该坚持科学的取向。赫尔巴特建立科学教育学的一个核心观点就是把实践哲学和心理学作为教育学的基础学科。他提出，教育学作为一种科学，是以实践哲学和心理学为基础的。前者说明教育的目的；后者说明教育的途径、手段和障碍。[①] 可以说，赫尔巴特教育理论的科学性主要来源于实践哲学和心理学的科学性，即教育学基础学科的科学性。需要说明的是，虽然赫尔巴特生活在自然科学和实证科学迅速发展的时期，但是他所持有的科学是德国传统的作为系统知识体系的科学。从作为系统知识体系的角度来看，实践哲学和心理学都是科学。实际上可以

---

① 赫尔巴特. 普通教育学·教育学讲授纲要[M]. 李其龙，译. 北京：人民教育出版社，1989：190.

看到，赫尔巴特所认为的作为教育理论科学性基础的实践哲学和心理学虽然可以称为科学，但是这种科学具有明显的形而上学特征，属于一种特殊的在形而上学层面上的普遍机理式教育理论。

尽管赫尔巴特明确提出了科学教育学的主张，之后基于实证主义经验科学的教育科学理论建构者还是把他作为批判的对象，这个批判的焦点还是赫尔巴特教育理论的形而上学特征。19 世纪末 20 世纪初，崇尚经验事实的实证主义科学获得了飞速发展，并开始成为主导的认识范式。在此背景下，教育学进入了基于实证的经验科学时代。这种科学教育理论的代表人物是梅伊曼、拉伊和桑代克等人。

在 19 世纪之后，科学越来越进入以实证为核心的发展时代。受其推动，20 世纪初，教育理论的发展过程中出现了实验和定量两个响亮的声音。拉伊的两本代表作《实验教学论》和《实验教育学》共同主张通过实验来检验、证实和建立教育学，这为教育理论科学化提出了新的方法论。拉伊提出，"因为实验教育学的研究方法能精确地说明各种方法、结果和伴随条件，所以，它可使这种研究在全世界不同的地方都能得到控制、推广和深化。这种研究能使所有文明的民族协同工作，并能保证教育学得到确实的、不断的发展"，"新教育学不仅拥有新的学科基础，而且还拥有自己特有的新的研究方法，这将把教育学提高到'一门独立的科学'的地位，并使教育家变成这门新科学的研究人员，再也不必翘首等待心理学和哲学为他们提供有用的材料了"。[1] 20 世纪初的教育科学化运动把这种基于实证的经验科学精神贯穿于教育研究与教育理论生产之中，此时兴起的各种心理量表和标准化学业测验都是以数据的统计与量化的测量为核心的，科学教育学由此出现了越发细致的量化趋势。在这种量化的教育科学化探讨中，桑代克是重要的代表人物。他提出：教育结果的测量愈客观、明确、精密，则决定改良的教育方法而促其实现的可能性愈大。[2] 20 世纪以来的科学教育理论并不只是以实验为唯一方式来发展的，很多以实证、量化为核心的教育方法构成了科学教育理论发展的基本方式，如各种观察和调查的方式。

科学实证式教育理论是在科学进入基于实证的经验科学时代后发展起来的，其核心特征是通过实证来寻求对世界的确切的把握，而实验、观察及其中的量化方式

---

① 拉伊. 实验教育学[M]. 2 版. 沈剑平，瞿葆奎，译. 北京：人民教育出版社，2005：21-22.
② 桑戴克，盖兹. 教育之基本原理[M]. 宋桂煌，译. 上海：商务印书馆，1935：259.

都是追求确切性的一种手段。科学实证式教育理论主要基于科学思维，这种科学思维其实寻求的是科学普遍机理，只是寻求的方式即追求普遍机理要被确定无疑的现象和感觉材料证实，只有那些能够被现象和感觉材料证实的普遍机理才是可信的。在使用现象和感觉材料证实的过程中，实证科学越来越借助于量化的思维和方法，而这些量化的思维和方法本身就是被很多人认可的通行的普遍机理。如孙正聿先生所论，"科学活动的本质，是实现人类对世界的规律性把握，也就是实现'思维和存在'在规律层次上的统一"①。

就思维方式来说，科学实证式教育理论可以得到这样的一些理解：第一，科学实证式教育理论超越了表面日常经验，以更为确切的方式努力揭示教育的内在机理——规律。第二，科学实证式教育理论是基于实证的概念思维的结果。科学实证式教育理论离不开为了揭示规律的科学概念，由这些概念体系所描绘的教育规律要建立在实证的基础之上。第三，科学实证式教育理论使用科学的语言和表述方式。在科学的语言和表述方式中，除了一些专有的概念之外，还有必不可少的精确表示关系或程度的量化表达。第四，科学实证式教育理论表达了对教育的内在而规律的认识。这里的内在是指科学实证式教育理论并不只是对外在现象的简单描述，而是对内在存在或变化的揭示。这里的规律是指科学实证式教育理论追求对教育的必然性或确切性的认识。第五，科学实证式教育理论具有确切的描述解释和规范指引功能。科学实证式教育理论通过对教育规律的揭示，能够确切地对教育事物进行描述解释，具有确切地进行规范指引的功能，这种确切的规范指引在不少时候能够生发出各种教育的方法和技术。

可以说，科学实证式教育理论形态比起概括推论式教育理论更深刻、更内在，比起普遍机理式教育理论更确切。但是，这些只是科学实证式教育理论的优点或优势，反过来可以说没有概括推论式教育理论更直接和直观，没有普遍机理式教育理论更深刻和整体。就教育理论今天发展的格局来看，其他类型的教育理论并没有因科学实证式教育理论的出现而停止发展或退出舞台，而是得到了不断的发展和丰富。教育理论的世界呈现出越来越多样化，同时越来越一体化的发展趋势和格局。

①　孙正聿. 哲学通论[M]. 长春：吉林人民出版社，2007：114.

（三）教育理论的核心评价标准

教育理论领域是一个具有多样性的领域，在这样一个领域中进行评判是进行教育理论生产和使用的重要前提性工作。然而，对教育理论的评判并不简单，虽然有常见的评判标准，但是这些评判标准本身并无充分的道理，需要冷静地分析和评判。本书将要在展示教育理论评判常见标准的前提下对它们进行分析和探索。

1. 教育理论评判的日常标准及其有限性

在日常教育理论研究和实践领域，人们常听到这样的一些质疑：一些教育理论直接照搬其他学科理论，一些教育理论本身像是散文，一些教育理论就是经验和常识的堆积，一些教育理论沉浸于主观思考中，一些教育理论是正确的废话，一些教育理论脱离日常教育实践，一些教育理论故弄玄虚、艰深晦涩，一些教育理论不直白，一些教育理论不接地气……这些质疑一方面指出了言说者所认为的教育理论最大问题，另一方面分别透露着言说者对教育理论的评判标准。

对教育理论进行评判，最为核心的问题是"何谓好的教育理论"。如同众多其他领域一样，教育理论的"好"在众人心目中不是同一个样子的。回答教育理论如何算"好"的问题，可以先从对这些质疑的正视和分析开始，以期能找到线索。具体来看，对教育理论的上述质疑主要针对两个方面：一是针对教育理论本身的内容、形式和来源，二是针对教育理论与现实的关系。下面就从这两个方面来分析这些质疑。

一是对教育理论的不严谨和不科学的质疑。这里概括的不严谨和不科学主要来源于"照搬""自说自话""散文""心灵鸡汤""经验和常识的堆积"这样一些表述。从这些质疑产生的领域来看，这类质疑主要来源于教育研究领域或教育理论研究领域，是教育研究者对"不好"的教育理论的概括。在这个方面，奥康纳说出了那句非常经典的话：我们可以说，理论一词在教育方面一般是一个尊称。只有在我们把心理学或社会学上充分确立了的实验发现应用于教育实践，才有根据称得上理论。[①] 从质疑的对象来看，不严谨和不科学的质疑主要针对来源于经验总结或理性思辨，但没有经过科学实证的教育理论，如一些作为常识或习俗的教育理论和很多形而上学的教育理论。从质疑的依据来看，不严谨和不科学的质疑主要坚持教育理论应该确切且

---

① 瞿葆奎. 教育学文集：第 1 卷　教育与教育学[M]. 北京：人民教育出版社，1993：484.

基于实证，应该坚持教育理论科学取向。

二是对教育理论的不实用和不直白的质疑。这里的不实用和不直白主要来源于废话、脱离实际、故弄玄虚、艰深晦涩、不接地气等词语。在意思上，所谓教育理论的不实用和不直白，实质上在指责一些教育理论对教育实践没有积极作用，教育理论在表述中不能对应直观的教育实践，因而不能让人明白。这类质疑主要来源于教育实践领域，教育实践者在使用教育理论来理解教育问题或解决教育问题时有时会产生这种质疑。从质疑的对象来看，不实用和不直白主要针对众所周知的常识教育理论、深奥的各类形而上教育理论学说或精致编码的科学教育理论。从质疑的依据来看，不实用和不直白的质疑主要从教育理论对教育实践具有明显而直接的用处出发，这里的用处包括行动上的帮助或认识上的启发。可以说，这种质疑坚持教育理论应该追求对教育实践的帮助和启发。

这两类质疑在指出教育理论不足的同时，都提出了各自的教育理论评判标准，即严谨性和科学性以及实用性和直白性。显然，这两类质疑都是站在特定的立场上对特定教育理论的批判，具有一定的合理性。但是，如果把这两类质疑所依据的标准应用在对教育理论的评判上，就明显地显示出不合理性，分别体现为形式崇拜和简单功利化的问题。

如果把严谨性和科学性作为评判教育理论普遍化的核心标准，就容易出现形式崇拜的问题。所谓形式崇拜就是不考虑一个事物的其他方面，仅把形式符合某种特征作为判断事物的唯一依据。就教育理论来看，教育理论本身有多样的来源，因此有多样的形态。在作为其中一种来源和形态的科学化教育理论没有成为唯一形态或支配形态之前，如果以严谨性和科学性为教育理论的普遍化核心标准，就容易误导教育理论的发展方向，使教育理论体系追求单一的科学化取向。教育理论的科学化方向本身确实是教育理论发展的一个重要方向，可以认为是当代教育理论发展的重点和热点方向。但是，如果整个教育理论体系只以科学化为评判标准，那么教育理论体系将重新出现大片的空白，而且这种空白并不能轻易地通过教育科学研究来填充。在谈及教育科学理论时，陈桂生提出，科学一词在严格意义上，主要指采用分析的、归纳的、定量的方法，对教育进行实证—实验研究，回答"教育是什么"的（包含"教学是什么""课程是什么"等)问题，即把教育状态作为事实加以研究，考察教育现象的成因，分析教育现象产生与变化的条件(原因与结果的必然联系)、不同教育现象在不同条件下的不同联系、教育现象与非教育现象的区别与联系等。[①] 可以说，追求严谨性和科学性的教育研究势必使用严谨的方法，最终回答的是"必然联系"的规律问题。这个过程必然是一个长期却未必最终全面实现的过程，而且有关教育价值取向等问题的研究本身很难也无太多实现高水平的严谨性和科学性的需要。因此，严谨性和科学性适合作为特定教育理论的评判标准，但是并不适合作为普遍化的核心评判标准。

如果把实用性和直白性作为教育理论普遍化的核心评判标准，就容易产生简单功利化的问题。简单功利化在这里是指只看到特定事物在一些方面的功用和带来的好处，而忽略事物在其他方面的功用和好处，从而造成对事物功用的贬低。之所以说以实用性和直白性作为教育理论普遍化的核心评判标准容易带来简单功利化的问题，主要是因为对教育理论的很多实用性评价容易过于主观或只从自己的立场出发，而对教育理论的很多直白性评判容易从很多事情的表面出发。确实，一些教育理论由于涉及的主题是教育实践工作中的常见问题，并且是通过直接概括和归纳而产生的，所以这些教育理论与教育现实需求有紧密而直接的联系。还有一些教育理论虽然对个人的教育实践没有太多帮助，如一些被称为"正确的废话"的基本教育理论，但可以在构建宏观教育体系时作为基本原则而发挥框架性规范指引作用。此外，还有一些教育理论可能因为深刻而难以被多数人看出实用性，但是可以作为专业研究人员进行教育研究的基础与指引。关于"就事论事"的直白性问题，陈嘉映曾经在讨论理论解释和日常解释时有很多思考和说法。他认为："虽然理论兴趣生自理解世界的兴趣，但理论兴趣是一种独特的兴趣。理论整体对世界做整体的解释，而不是就事论事的解释。理论通过一套原理来解释不同领域的现象，以不变应万变。"[②]很多时候，理论的出发点是解释日常生活中的困惑，但是相对成熟的理论并不是就事论事地针对这个困惑，而是通过构建概念体系来揭示事物的机理。虽然揭示出的事物机理多数时候能够涵盖作为出发点的困惑，但是理论此时对困惑的解释需要通过一整

---

① 陈桂生. 教育学的建构：增订版[M]. 上海：华东师范大学出版社，2009：57-58.

② 陈嘉映. 无法还原的象[M]. 北京：华夏出版社，2005：110.

套概念体系才能完成，而且好多理论经常不再关注作为出发点的现实困惑。因此，教育理论发展到一定阶段，它与教育现实并不能轻易、直白地联系在一起，也并不是每一个不专门从事教育理论学习和研究的人都能够听得懂的。譬如，杜威的经验概念有不同以往和常规的内涵，对很多教育实践者来说并不直白，但是有关经验及其相关教育的观点可以指引教育研究者开发出各种"精致"的教学流程和课程门类。这种不懂理论却可以从理论得到帮助的事情现在越来越多，如很多不懂中央处理器原理的人却可以操作着计算机完成各种工作。

可以说，对教育理论评判的日常标准具有明显的有限性，只有从特定角度针对特定类型的教育理论才能成立。一旦把这些日常标准上升为评判教育理论的普遍标准，其可能产生的问题就构成了难以逾越的障碍。

2. 评判教育理论的基本原则与标准

何谓好的教育理论？回答这个问题的难度主要在于教育理论的类型太多，而且可以判断这个问题的立场太多，"为谁好"是关于评判立场疑问的直接表达。在以往对教育理论评判的日常标准中，容易出现的问题就是视野太窄，只看一种类型或一个立场，没有从教育理论的整体来看。

在各种教育理论通行的评判标准问题上，学者唐莹给出的回答是一种民主的真理观。什么是民主的真理观？唐莹主要受伽达默尔的《真理与方法》启发，特别是书中对人文社会知识的认识，认为"伽达默尔对'审美的真'的揭示大胆而独特，向人们显示了一个从未仔细玩味的世界，显示了思考真理的新方向，显示了超越客观主义和相对主义的思路"，"它所要展示的就是民主的思维方式。即多种声音，必须寻找共同的基础，寻找共同体生活。相互的交流，可以共同形成完整的画面"，"每一个交流者以共同感去重新安排自己的生活"。① 在对这个问题的探讨中，唐莹实际上提出了有关教育理论评判的三个基本原则：整体性、民主性和真理性。所谓整体性，即对教育理论的评判一定要站在教育理论共同体的角度；民主性要求对教育理论的评判要立足于教育理论的共生关系；真理性要求对教育理论的评判要坚持每种理论的内在合法性。唐莹的民主的真理观包含的三个基本原则可以为进一步探索教育理

---

① 唐莹. 元教育学[M]. 北京：人民教育出版社，2002：473.

论的评判基本原则和标准问题提供重要的参考思路，特别是教育理论评判要坚持整体性和真理性，这是值得进一步深入探讨的。

我们还得接受一个现实：任何一类教育理论都不能独立承担对整个教育世界进行解释并发挥多种理论功能的使命。因此，对教育理论的评判一定要坚持整体性的视野，即不能用一种具体的标准来评判所有的教育理论，各类教育理论在教育理论体系整体中都有自己的地位。之所以没有强调上面提到的民主性，是因为这种民主性本身植根于整体性的原则，是处于整体性内部的各类教育理论如何处理关系的基本原则，其内涵已在整体性中体现，这是从教育理论体系的大世界来看而得出的评判要点。从各类或各个教育理论自身来看，"好"的教育理论需要它们各自符合自身的真理标准，即符合各自的逻辑要求。基于这些考虑，教育理论的基本评判标准主要有两个：符合自己的理论使命和思维逻辑。

在理论使命上，"好"的教育理论能够根据教育理论体系的整体定位和自身的优势特点发挥功用。教育研究和实践世界对教育理论的期待是多种多样的，在对作为理论来源的教育事物的解释上有精深和直白的差别，在概念表述上有专门和日常的不同，在实际功用上有深刻和确切的区分。这些多种多样的期待只能通过不同类型的教育理论来满足。比如，科学实证式教育理论能够满足精深解释和发挥确切功用的期待，概括推论式教育理论能够满足直白把握教育世界和规范教育实践的期待。

在思维逻辑上，"好"的教育理论能够符合自身所处思维类型的逻辑要求。不同类型的教育理论来源于不同的思维类型，要得到认可，至少要符合自身所处的思维类型对逻辑的要求。从基本类型来看，思维可以分为常识思维、科学思维和哲学思维，三种思维在深度和精细度等逻辑框架上有明显的不同：主要作为常识思维结果的概括推论式教育理论如果要成为"好"的教育理论，就必须直接基于可直接察觉且没有反例的经验逻辑要求；主要作为哲学思维结果的普遍机理式教育理论，就需要符合演绎、归纳和分析等逻辑原理；主要作为科学思维结果的科学实证式教育理论，就需要符合实证的逻辑要求。在逻辑要求上，对教育理论的评判虽然不能有唯一的具体标准，但是各自具体的标准还是较为明确的，也是可以判定的。

教育理论如果发展得"好"一些，可能会发挥强大的功能，这种可能要成为现实，势必需要对教育理论进行评判。只有通过合理的评判，教育理论的使用者才能在庞大的教育理论世界中找到合适的使用对象，也才能发挥教育理论可能具有的价值。

三、现代教育理论发展的实践取向①

如果把教育学②理解为一系列有关教育的陈述，那么教育学的历史应该和教育的历史差不多是同步开始的，因为从事教育的人自然会对教育有所体验和陈述。如果把教育学理解为一门学科，那么教育学的历史自然要短很多，但也有几百年的历史了。当然，在探讨教育学理论体系的问题时，这里还是认为将教育学从广义上理解为一系列教育陈述会有利于追溯教育学发展的脉络。在相当漫长的教育学发展历史中，教育学展现着不同的形式和状态，有不同的阶段性特征。如何认识教育学的发展历史是每一个思考教育学发展问题的人都非常关注的问题。在众多的认识方式中，有一种线索应该是非常关键的：教育学在发展目标上如何定位其与教育实践之关系的问题，即教育学理论是否应该为教育实践服务以及如何为教育实践服务的实践取向问题。

（一）教育学历史发展中的实践取向问题

在独立教育学正式确立之前，有关教育的观点或陈述已非常丰富。教育活动预示着一种智力的或自我反思的过程，并需要人进一步反思。③ 具体而言，这个时期的教育学主要分为两种不同的类型，即教育经验与教育思想。④ 教育经验是特定教育实践的反映或总结，总体上具有直接性、模糊性和零散性的特点。随着学校教育的发展，人类对教育的认识逐渐系统化、体系化，教育思想开始出现了。此时，有关教育的陈述之所以能够称为教育思想，主要是因为对教育的陈述一方面主要从教育与社会的关系角度理性思考教育的作用和目的，另一方面主要从某种认识论或心理学

---

① 本标题下的主体内容以《现代教育学体系的实践取向与逻辑成分》为题发表于《教育学报》2014 年第1 期，收入本书时有改动。

② 此部分内容以教育学为核心概念进行探索，主要是为了从教育学的学科角度展现现代教育理论的一个核心发展方向。

③ 布列钦卡. 教育知识的哲学[M]. 杨明全，宋时春，译. 上海：华东师范大学出版社，2006：8.

④ 成有信. 简论教育学的形成和发展：兼论教育经验、教育思想、教育政策和教育科学的关系[J]. 教育研究，1990(3)：42-46.

角度来理性思考教育的过程和活动。[①] 我国的孔子、孟子以及西方的柏拉图、亚里士多德等人的教育论述应属于此类教育思想的层次。从教育学发展的取向来看，此时的教育学有非常明显且直接的实践取向，为教育实践确立规范是作为早期教育学类型的教育经验和教育思想的核心追求。

近代以来，随着学科体系的分化与现代科学的发展，教育学必然踏上了寻求独立化和科学化的发展之路。在教育学史中，一般认为夸美纽斯是独立教育学的奠基人，赫尔巴特是科学教育学的奠定人。教育学的独立化和科学化在当时有强烈的现实必要性，那个时期的教育学者对教育学的独立需求和"被霸占"的危险有明确的认识。赫尔巴特就指出："教育学不久也将走向这种命运吗？它也将成为各学派的玩具吗？而学派本身也是时代的一种游戏，在他们得势时候早就霸占了一切高雅的领域，而他们迄今几乎只对于那种看起来似乎卑微的儿童世界不去触动。"[②]为了实现教育学的独立化，赫尔巴特的一个重要思路就是实现教育学的科学化。当然，教育学的科学化本身还有另外一个必要性，即基于经验、某种理论得出的教育实践规范并不能让人信服。涂尔干对这种必要性的论述是非常明确的：只有当一门实践科学依赖于既存的、无可辩驳的科学，并只作为这种科学的应用时，它才是可能的和合法的。[③]在涂尔干那里，教育学必须依赖于经验性的教育科学，教育学的发展必须努力追求教育科学的发展。这样的观点在教育领域取得了很多共鸣，教育科学的建立和发展因此在很长一段时间成为教育学发展的核心任务，至今还影响着教育学研究的基本方向。与科学教育学相对应，人文教育学在稍晚时期出现并发展起来。在这个时期，无论是科学教育学还是人文教育学都在追求教育学的独立化发展，都在为建设完备的教育学体系努力。在追求独立发展的教育学时代，虽然教育学在根本层面上依然坚持规范实践的取向，但是追求教育学的独立化、科学化或人文化本身成为核心、直接的任务，这造成教育学在理论基础建构上的热情有时甚至超越了规范实践的努力。

时至今日，教育学进入一个多元化飞速发展的时代，这与这个时代整个社会的

---

① 瞿葆奎. 元教育学研究[M]. 杭州：浙江教育出版社，1999：187-188.
② 赫尔巴特. 普通教育学·教育学讲授纲要[M]. 李其龙，译. 北京：人民教育出版社，1989：10.
③ 涂尔干. 道德教育[M]. 陈光金，沈杰，朱谐汉，译. 上海：上海人民出版社，2006：255.

多元化飞速发展特征相一致。一方面，教育思想不断丰富，教育科学不断进步。这个时期的很多新社会思潮和哲学思潮有了教育学的形式，如存在主义教育学、现象学教育学、批判教育学等。科学取向的教育学取得了长足的发展，如教育经济学、教育生理学、教育社会学、教育政治学、教育生态学等领域的新研究不断涌现。另一方面，着力于清思、解释、提升教育实践者理性水平的教育学类型或知识领域不断兴起，如分析教育哲学、诠释教育学和批判性教育科学理论。多元化飞速发展的教育学知识需要加强对自身的认识，专门探讨教育学知识体系问题的元教育学研究得到教育学研究者的高度关注，由此产生的复杂的教育学体系观开始努力调和教育学的发展取向之争，如布列钦卡的三分法（教育科学、教育哲学与实践教育学）和陈桂生的四分法（教育科学、教育技术理论、教育价值理论与教育规范理论）①。总体而言，这个时代的教育学体系在实践取向问题上表现得较为复杂：基于社会思潮和哲学思潮产生的教育学理论和不断发展的科学教育学继续坚持着一种规范、抽象的实践取向，着力于清思、解释、提升教育实践者反思水平的教育学确立了为教育话语实践或反思性教育实践服务的实践取向。这个时期产生的由多元理论成分构成的教育学观大多坚持多元的取向，即教育学理论可以分为实践取向和理论取向两个部分。

概言之，教育学在不同的历史时期形成了不同的类型，也产生了不同的元教育学认识，各种不同类型的教育学和不同的元教育学认识在是否为教育实践服务以及如何服务的实践取向问题上表现得很不相同：有的教育学类型比较直接地追求实践规范的取向，有的教育学类型间接地坚持实践规范的取向；有的元教育学认为在整体上应坚持实践规范取向，有的元教育学提出教育学体系中应存在实践取向的部分。随着对教育实践的理解的不断深入，一些教育学研究在借助哲学等相关理论的基础上开始探讨丰富教育实践的核心要素，奠定了为丰富教育实践服务的取向……从当代教育学的总体状况来看，教育学理论的不同实践取向在为教育学发展带来积极指示意义的同时，带来了需要进一步思考的三个问题。

第一，到底是全部教育学理论还是部分教育学理论应该坚持实践取向？从教育学的发展历史看，教育学体系中总有一部分知识或理论类型看起来与教育实践有比

---

① 陈桂生.“教育学”辨；“元教育学”的探索[M]. 福州：福建教育出版社，1998：49.

较大的距离，如专注于逻辑演绎的理论教育学。这个问题将影响教育学发展的根本立场选择和体系建构方向。

第二，教育学的实践取向是否只能是对教育实践的规范？虽然规范按照陈桂生所言可以分为理论规范和实践规范①，但是规范本身的"模式、标准"内涵必然昭示着一种强制或约束的高位姿态。这里的问题是，教育学在与教育实践的关系上是否必然为"强制"或"约束"的关系，哪怕只在理论意义上来说。这个问题将影响教育学发展的具体目标和内容。

第三，教育学是否只能为普遍化的教育实践服务？在"教育学坚持教育实践规范取向"的观点中，这里规范的对象是普遍化的教育实践。一般来说，只有在不考虑教育实践者个性、情境等因素的情况下，教育学才可能实现规范的目标。那么这里的问题是，教育学能否为个性化、情境化的教育实践提供支持。这个问题将关系到教育学发展的思维与逻辑。

上述三个问题是教育学的发展与教育实践之关系问题的三个方面，对这三个方面问题的具体回答将从根本上确定教育学发展的根本立场和体系、目标和内容、思维和逻辑等方面。

(二)现代教育学体系的实践取向与逻辑构成

可以说，教育学的发展长期伴随着一种根本性的地位危机，正如布列钦卡所言，近二百年来，人们一直试图发展一门教育科学。是否存在这种科学，人们一直对此有争论。② 这种地位危机在我国有稍微不同的表现方式。在我国，教育学的独立性问题在一定程度上被相对忽视，教育学界"对这种现象几乎熟视无睹，似乎这已是解决了的问题"③。与此同时，"教育学研究脱离教育实践"的价值性问题在我国则成了受较多关注的教育学问题。比如，学者郑金洲把我国教育学研究的问题概括为：做纯粹的概念研究，漠视实践问题并缺乏实践意识，用外来的理论去诠释我国实践，用既定的理论程式去说明、规范实践。④ 在现实中，教育学不能合理地处理与教育实践

---

① 陈桂生."教育学"辨："元教育学"的探索[M]. 福州：福建教育出版社，1998：134.
② 布列钦卡. 教育知识的哲学[M]. 杨明全，宋时春，译. 上海：华东师范大学出版社，2006：1.
③ 陈桂生. 略论教育学成为"别的学科领地"的现象[J]. 教育研究，1994(7)：38-41.
④ 郑金洲. 中国教育学研究的问题与改进路向[J]. 教育研究，2004(1)：21-25.

之关系的问题经常被称为"教育学研究脱离教育实践"，这个说法主要被用来表示对教育学研究价值的质疑。本书从"教育理论脱离实践"的问题分析入手，探索教育学体系的发展方向问题。

既然"教育理论脱离实践"，那么解决这种问题的根本方式自然就是让教育学研究转向教育实践，正如李政涛所言，"教育研究的实践转向已成为众多研究者的共同旨趣"[①]。教育学研究如何实现实践转向，即实践转向意味着什么样的转变，这是需要进一步重点考虑的问题。

一些论者认为教育学研究的实践转向主要是教育学研究要关注教育实践现象，要为解决教育实践问题服务。这种主张总体上有待进一步深入，因为这里完全可以做出两个反驳：暂时脱离教育实践完全可以为了今后更好地服务实践，紧盯教育实践未必真正能够解决教育实践问题。在教育实践愈加广泛、丰富和多样的今天，应该紧抓"以教育为主题"和"行为活动"两个基本特征，教育实践应该理解为以教育为主题的行为活动。

基于对教育实践的理解，现代教育学体系的实践取向有以下三个方面的内涵。

第一，整个教育学体系都要面向实践。从历史来看，"教育理论脱离实践"的一个根本原因是教育学研究的根本注意力不在教育实践之上，这或因为某些教育学研究只是为了达到某种学科规范而遗忘了对教育实践的关注，或因为某些教育学研究只拿出了很少一部分注意力放在教育实践之上。教育学研究要做到实践转向不是让教育学研究拿出表面上的注意力来关注教育实践，而是要从根本上树立教育学研究必须面向教育实践的根本立场。虽然面向教育实践可以允许不同的教育学成分有不同的任务或分工，但是这些任务或分工都应在面向教育实践的根本追求下得到合理的安排。

第二，教育学要全面支持教育实践。传统上，教育学研究面对教育实践时主要采用一种规范的姿态，即强调提出教育实践的技术或道德原则。这种姿态可以解释为一种理性或认识上的规范，主要通过得到教育实践者的认同得以实现，不可避免地表现出"等级""拯救""趋同"和"空降"的心态[②]，这是教育实践（者）不容易接受教育

---

① 李政涛. 论教育实践的研究路径[J]. 教育科学研究，2008(4)：3-7，19.
② 李政涛. 论教育实践的研究路径[J]. 教育科学研究，2008(4)：3-7，19.

学理论的一个根本原因。教育学要实现实践转向，教育学研究就要改变基于优越和拯救心态的规范取向，要真正确立一种支持的立场，要在"平视"和尊重教育实践的前提下，为好的教育实践做出自身的努力。

第三，教育学要面向情境性、自由性的教育实践。与规范取向相关，原先的教育学研究主要考虑如何为普遍而规范的教育实践服务的问题，这会进一步强化这类教育学研究的"等级""拯救""趋同"和"空降"心态。但是，普遍而规范的教育实践其实并不是现实意义上的实践，或者至少可以说不是主导的现实教育实践形式。因为，对作为与思辨、创制不同的实践来说，实践处于变动的环境之中，"实践的逻各斯只能是粗略的、不很精确的"[1]。此外，对实践有深刻理解的亚里士多德认为，实践的本原即意图在实践者中，因为意图的对象和作为之结果是同一的。[2] 从这些观点可以看出，人类实践的核心特征主要是情境性和自由性。真正面向教育实践的教育学不是要面向那些普遍性、规范性的教育实践——这种教育实践多存在于理论与理想层面——而是要面向活生生的情境性、自由性的教育实践。英国学者卡尔在区分教育理论的常识性取向、科学取向、实践取向和批判取向的基础上，认为现代教育学要在充分重视教育实践反思性的基础上，走向关注教育实践的社会与文化脉络的批判教育学研究。[3] 卡尔的这个观点意味着这里的情境性不仅是具体的教育实践环境的情境性，还应该包括社会与文化脉络意义上的情境性。只有从情境性和自由性的角度定位所要面向的教育实践，现代教育学的实践转向才有切实的意义和价值。

可以说，教育学的实践转向意味着全部教育学要面向教育实践，要为教育实践提供支持，要为明智的情境性、自由性教育行动提供支持。只有同时满足这三个方面的内涵，教育学的实践转向才算真正实现，教育学才能真正实现自身独有的价值，为自身的独立奠定坚实的基础。

总体上看，现代教育学的实践取向意味着一种实践教育学体系的确立，这种实践教育学体系在整体上面向现实的教育实践，以为情境性、自由性的教育实践提供

---

① 亚里士多德. 尼各马可伦理学[M]. 廖申白，译. 北京：商务印书馆，2003：38.

② 亚里士多德. 形而上学[M]. 苗力田，译. 北京：中国人民大学出版社，2003：119-121.

③ CARR W. For Education：towards critical educational inquiry[M]. Buckingham：Open University Press，1995：50-51.

支持为根本追求。这种实践教育学体系强调了教育实践的情境性和自由性，开始勇于面向这种动态的、个性化的教育实践，寻求把握和支持这种动态而个性化的教育实践。实践教育学体系是明确教育学实践价值取向之后的整个教育学体系。正是在这个意义上，这里的实践教育学体系有别于熊川武等学者提出的实践教育学。熊川武认为实践教育学是区别于理论教育学的概念，主要基于理论教育学来论证并确定教育的"应当"①。从这个理解中可以看出，这里的实践教育学体系在内容上应该是传统意义上的实践教育学和理论教育学的结合，在实践取向的内涵上是有别于规范教育实践(上述实践教育学的追求)的为明智的情境性、自由性教育行动提供支持。

正如很多教育学者所认为的那样，教育学体系不应是单一成分的理论陈述，而应该是一个由多种理论成分构成的体系。实践教育学体系是这样的一个系统，因为原有教育学体系的所有成分在实践教育学体系中并未消失，而是以新的定位存在。如果把实践理解为"行"的话，那么这种"行"肯定离不开"知"，在没有"知"的情况下要做到明智的"行"难免成为奢望。因此，实践教育学体系可以从作为"知"和"行"两个方面的教育认识论和教育行动论来理解其内在逻辑。

在"知"的方面，教育认识论应追求对教育的事实、目的、价值、规范的认识，总体上涵盖教育科学和教育哲学领域。根据布列钦卡的观点，教育科学主要对目的和手段的关系进行经验性研究。为此，教育科学应全方位认识教育现象和与教育相关的现实世界(包括现在和历史的世界)，并着重解释教育现象中教育目的与教育手段之间的关系。这里的教育哲学主要是一种规范性哲学，被分为规范性教育目的哲学、教育者的规范性伦理以及教学内容和教育组织的规范性哲学。② 很多时候，人们通常把规范列入"行"的领域，但是规范其实属于"知"的层面，因为规范本身无非就是需要知道的关于行为标准和准则的陈述而已。有一点需要特别说明，实践教育学体系中的"知"主要来自教育学研究，但并非完全来自教育学研究，对整个世界的认识以及把教育当作自身一部分学科对象的学科都可以提供实践教育学体系所需的"知"。纯认识目的的教育学(包括以获得普遍教育规范为根本目标的教育学)无法回

---

① 熊川武，等. 实践教育学[M]. 上海：上海教育出版社，2001：9.
② 详见本书第一章"教育理论的类型"部分的相关论述。

应其他学科对其独立性的质疑，因为有关教育事实、目的、价值和规范的很多认识都可以从这些相关学科中获得启示，如哲学、心理学、社会学、经济学、法学等。对新的实践教育学体系来说，这个问题并不存在，因为这些学科只是提供了对教育的认识，但是实践教育学体系所要实现的为情境性、自由性的教育实践提供支持的根本追求还要依靠教育学自身。

在"行"的方面，教育行动论应追求为明智的情境性、自由性教育行动提供全面而具体的支持，主要在普遍化教育认识的基础上探索对教育实践者在如何认识情境、如何确定和澄清价值观和目的、如何选择和调控行动方式、如何调控情感与意识等问题上的建议。这与布列钦卡的理解既有相同之处，又有不同之处。布列钦卡认为，教育的实践理论有一个实践的而非科学的目的：人们创造它们是用来为教育者提供合理的教育行动所需要的实践知识。[1] 如果实践知识包含具体教育行动所需的主要知识的话，这一点几乎与教育行动论完全一致。但是，布列钦卡进一步认为，实践教育学的理论是一种混合性的规范—描述性的陈述系统的理论，应当鼓舞教育者投身于同主要的世界观与道德相一致的教育行动中去。[2] 这些话语中的"规范"和"主要的世界观与道德"是实践教育学体系中的教育行动论慎用的思维，为明智的情境性、自由性教育行动提供支持的教育学要尽量降低"俯视"教育实践的可能性。当然，这并不意味着教育行动论不重视正当的价值导向。教育行动论寻求把这种价值导向蕴含于对教育实践者的建议和提醒之中，并最终交给不断增强反思性和主体意识的教育实践者来抉择。因此，实践教育学体系中的教育行动论可以看成直接服务于教育行为决策的一类理论。

实践教育学体系具有"知"与"行"两个层面的内容：教育认识论可以包括对教育理想、现实和规范的一切普遍化认识，教育行动论可以包括为明智的情境性、自由性教育行动提供支持的学理性建议。如果现代教育学体系真正能够拥有这两个成熟的领域，现代教育学的实践价值问题就会从根本上得到解决。

---

① 布列钦卡. 教育知识的哲学[M]. 杨明全，宋时春，译. 上海：华东师范大学出版社，2006：211.
② 布列钦卡. 教育知识的哲学[M]. 杨明全，宋时春，译. 上海：华东师范大学出版社，2006：211-212.

（三）实践取向的现代教育学体系建设

实践教育学体系是一种具有实践价值性的教育学体系，也是一个内容非常丰富的教育学体系，但是这种完整的体系还有待于进一步建设。从教育学的发展水平来看，即使全部的教育学领域都真正实现实践取向，也形成不了完整的实践教育学体系。因为，现有的教育学难以为情境性、自由性教育行动提供明智的有力支持，所有对实践教育学体系的期待和希望还需要努力才能实现。

实践教育学体系的缺失主要表现为相互联系的两个方面：一是没有对支持情境性与自由性的教育行动做出较多的研究，二是在教育认识领域还存在一些关键的不足。

在第一个方面，教育学止步于有关教育行为规范的探讨，主要的原因应该是很多学者认为教育行为规范自然能够起到服务于教育行动的作用。但是，在现实中并不是如此。正如布列钦卡所认为的那样，为教育实践提供所需知识的教育学（实践教育理论）与为教育实践提供规范的教育学（规范性教育哲学）并不相同。① 这里的道理应该如同一个知道遵守法律和道德规范的人未必知道如何明智地做一件具体的事情一样。教育学研究长期止步于有关教育行为规范的探讨，还经常被认为无法提供具体的指导，陈桂生曾解释其中的原因："因为教育学不可能只以具体情境单个、少数实践者为指导对象。某种只适合特殊情境少数实践者条件的指导，势必脱离另外情境其他实践者的需要。假定有一种理论能够提供这种狭隘的指导，它将是一种令人怀疑的理论：它，不具备理论的概括性和一定程度的抽象性。"② 种种原因造成了教育学很少探讨如何为情境性、自由性教育行为提供明智的有力支持的传统和现状，从而导致实践教育学体系缺少必需的教育行动论。

在第二个方面，教育学在教育认识上取得丰富研究成果的同时，还存在一些不足。在评价教育理论与教育实践之关系研究时，石中英认为"教育学界有关教育实践自身的认识尚显单薄，有待于进一步深化"③。郑金洲认为，教育实践是一个极其复

---

① 布列钦卡. 教育知识的哲学[M]. 杨明全，宋时春，译. 上海：华东师范大学出版社，2006：211-212.
② 陈桂生. "教育学"辨；"元教育学"的探索[M]. 福州：福建教育出版社，1998：150-151.
③ 石中英. 论教育实践的逻辑[J]. 教育研究，2006(1)：3-9.

杂的行为，在它的内部构成的错综复杂的各种各样的关系，在它的外部所形成的方方面面彼此羁绊的联系，是用简单的眼光所无法打量和把握的。[①] 两位学者都认为教育学研究对教育实践研究不足，事实上，他们都指出了教育学在认识和解释教育现实上的不足是教育认识论上的薄弱之处。再进一步说，对教育实践认识和解释上的不足反映出教育学对多种教育要素的有机性或复杂性联系的认识不足，这属于教育科学的任务领域。教育认识论的不足所带来的后果是教育行动论之迷惘，如果不能对教育实践中的要素及其复杂关系予以深沉而理智的认识，那么所谓明智的教育实践只能依靠运气或直觉了。

实践教育学体系在体系上的缺失需要尽快得到充分的重视，需要教育学研究者在解决这些问题上的切实努力。为真正解决教育学的价值性与独立性问题，建设实践教育学的完整体系，教育学研究者需要在研究意识进行实践转向的基础上重点从事以下两个方面的工作。

一方面，投入教育行动论研究，完善实践教育学体系。布列钦卡为建设教育行动论(即他所说的实践教育学)，提出了四个方面的目的：①为教育者提供一个对相关社会—文化情境的可评价的解释；②列举出教育目的；③为教育行动和建构教育制度提供实际的观点、规则、建议或指导；④引起、促进和支持那些围绕教育者的教育活动的价值取向和意向。[②] 此外，在一定程度上，教育行动论的具体目标可以认为是教育认识理论运用于教育实践所带来的良好变化。在这个方面，迪尔登描述了五个方面的变化：①对学习本质及不同教育学策略有深刻的认识；②通过对课程及其方法论的鉴别，形成一套合适的、考虑周全的教育价值观；③深刻地理解教育实践的背景；④通过对实际上遥远的、只被揭示了一种可能性的事物进行考察，获得一定的自由想象的能力；⑤以批判的方式对理论观点的真理性和适当性进行反思，通过这种方式，在某种程度上重构理论，并由此而控制实践。[③] 与迪尔登相比，布列钦卡的目的似乎是为教育实践者提供更现成的支持，更显规范性。在两者观点的启

---

① 熊川武，郑金洲，周浩波. 教育研究的新视域[M]. 沈阳：辽海出版社，2003：44.

② 布列钦卡. 教育知识的哲学[M]. 杨明全，宋时春，译. 上海：华东师范大学出版社，2006：219.

③ 瞿葆奎. 教育学文集：第1卷 教育与教育学[M]. 北京：人民教育出版社，1993：555.

示下，笔者认为教育行动论的一种必要立场是尊重教育实践者的自主性，并相信教育实践者的智慧与成长。在这种立场下，理想的教育行动论应该包含如下方面的内容和具体目标：①研究如何认识教育实践的情境，为教育实践者解释具体教育实践的情境提供支持；②研究如何在具体的教育实践中选择丰富的教育行动，为教育实践者如何做出情境性、自主性教育行动提供支持；③研究如何在具体的教育实践中确立和澄清价值观和目标，为教育实践者在具体情境中选择和坚持正当性教育价值观提供支持；④研究如何激发教育实践者在实践中的反思意识，培育教育实践者关于个体教育行动创新和反省的素养。

另一方面，在关注教育复杂性的背景下加强对教育的整体认识，为实践教育学体系建设坚实的认识基础。如前所言，教育学研究对教育认识不足的一个重要表现是对教育复杂性的认识不足。确实，对教育现实的认识必然遭遇到复杂性的挑战，因为当不同的要素(比如经济的、政治的、社会的、心理的、感情的、神话的)不可分离地构成一个整体时，当在认识对象与它的背景之间、各部分与整体之间、各部分之间存在相互依存、相互作用、相互反馈作用的组织时，就存在复杂性。[①] 与其他很多学科类似，教育学在不能有效跨越这种复杂性障碍的时候，往往采用普遍化和抽象化的认识策略。在普遍化和抽象化的过程中，教育事物中的情境性和主体自由性被淡化和忽视，教育事物中的一般要素和普遍关系被保留。这种抛弃情境性和主体自由性的教育认识不能有力地支持情境性、自由性的教育实践，因此造成了教育认识论上的薄弱态势。然而，需要反思的是，复杂性障碍现在真的不能逾越吗？教育研究正在积极地迈向这个目标，需要关注的是：现代教育研究的方式越来越多样，并非每类研究都追寻认识教育中的普遍存在。例如，叙事研究就特别关注具有复杂性的教育生活。出于对传统宏大叙事研究的不满，教育叙事研究主张把有关生活性质的理论思想引入活生生的教育经验之中，并通过生活(如教与学)经验的叙述促进人们对教育及其意义的理解。[②] 可以说，类似于教育叙事研究的研究对教育复杂性进行了较为突破性的研究，这种关注教育复杂性的研究丰富了我们对教育复杂性的认

---

① 莫兰. 复杂性理论与教育问题[M]. 陈一壮，译. 北京：北京大学出版社，2004：27.
② 丁钢. 教育经验的理论方式[J]. 教育研究，2003(2)：22-27.

识。在这个背景下，需要解决的问题是如何统合各类教育研究对教育形成的各种认识，即如何形成包容教育复杂性的教育总体认识。总体上看，这应该是一个不断进行的过程。在这个各类教育研究成果不断交流的过程中，莫兰提出的研究者应该具有的两个意识非常重要：主观上对他人的开放(同情)和宽容的内在化。[①] 现代教育研究者需要在这两个意识的引领下接纳各类教育研究成果，从而不断形成对教育的整体性认识。

实践教育学体系是当代教育学研究面对价值危机时需要做出的一种定位，在这种定位下，需要重新确立教育学不同成分之间的关系。为了加强实践教育学体系的建设，现代教育学体系特别需要重点建设为情境性、自由性教育实践提供明智建议的教育行动论，并在关注教育复杂性的背景下加强对教育的整体认识。

---

① 莫兰. 复杂性理论与教育问题[M]. 陈一壮，译. 北京：北京大学出版社，2004：81.

/ 第二章　教育实践的内涵与发展 /

教育理论研究在积极地转向教育实践，很多教育研究者提出从研究的对象到方式都要向教育实践偏转，"教育研究要回归教育实践"成为这一潮流的一个响亮口号。在转向教育实践的教育理论研究中，不少人主张教育研究要聚焦于教育实践的具体问题，即把解决教育实践中的具体问题作为转向教育实践的显著标志。这里容易产生的一个误解是：教育研究转向教育实践就是进行应用层面的教育研究，即便应用可能从根本上偏离教育实践的教育理论基础或教育研究方法来进行这种指向具体教育实践问题的研究。作为避免这种误解的一个根本思路，教育研究要改变的不是具体的研究问题指向层面，而是要从根本上考虑如何让教育理论研究的理论基础和思路方法都不偏离教育实践。只有实现了教育理论研究的理论基础和思路方法与教育实践的内在契合，对具体教育实践问题的应用研究才有效果的保障。本书把探索教育实践内容作为核心的出发点。

一、教育实践的内涵与现代特征

从常规解释来说，教育实践是有关教育的实践，或者说是教育领域中发生的实践。可以说，教育实践有人类实践的一般性，也有自身的特殊性，对教育实践的内涵分析需要在这种一般性和特殊性中找到内在关系。

（一）教育实践的内涵分析[①]

当规范化教育研究因"傲视实践"的姿态而逐渐远离鲜活的教育实践之时，当专

[①]　本标题下的主体内容以《何谓教育实践》为题发表于《教育研究》2014年第3期，收入本书时有改动。

注于生产普遍化理论体系的教育研究因缺乏实践价值而越来越被实践者诟病之时，教育研究界兴起了对教育理论与教育实践深层关系的探讨，响起了"教育研究要面向教育实践"的呼声。

这个方面的很多研究从多种角度论证了教育理论与教育实践的一致性，如英国教育学者卡尔明确提出了教育实践建构教育理论之反省功能。[①] 但是，还有很多研究认为教育理论与教育实践有割裂的可能，而且确认两者处于割裂的状态，"教育研究要面向（或转向）教育实践（或生活）"的主张由此而来，这个命题值得深入琢磨。如果说新的教育研究需要面向教育实践，那么可以反问的一个问题是：已有的教育研究真的不面向教育实践吗？回答这个问题，需要解决如何定义教育实践的问题。

教育实践的定义问题确实是研究者都非常关注的前提性问题，下面选择几个有一定影响的定义来管窥教育实践是如何被理解的。从教育和实践的基本内涵出发，《教育大辞典》把教育实践定义为：人类有意识地培养人的活动，广义指一切增进人的知识、技能、身体健康及形成或改变人的思想意识的活动，狭义指学校教育工作者对受教育者的身心有目的、有计划、有组织地施加教育影响的活动。[②] 郭元祥在教育实践的定义中加入了教育观念与实践之关系的维度，把教育实践定义为"人们以一定的教育观念为基础展开的，以人的培养为核心的各种行为和活动方式"[③]。金顺明在《论教育实践》一文中把教育实践理解为"教育主体与教育客体之间能动而现实的双向对象化"[④]。石中英在分析其他几种教育实践定义的基础上，提出教育实践的定义应为"有教育意图的实践行为"或"行为人以'教育'的名义开展的实践行为"[⑤]。金生鈜对教育实践内涵的追问以阐释教育实践的价值生成性为核心，提出："教育实践是培育优秀人性的活动，指向人类的福祉。"[⑥]

从这些定义来看，可以提出这样一个问题：要不要在教育实践定义中设立理论

① CARR W. For Education towards critical educational inquiry[M]. Buckingham：Open University Press，1995：62.

② 顾明远. 教育大辞典：增订合编本[M]. 上海：上海教育出版社，1998：773.

③ 郭元祥. 教育理论与教育实践关系的逻辑考察[J]. 华中师范大学学报（人文社会科学版），1999（1）：38-42，105-158.

④ 金顺明. 论教育实践[J]. 浙江教育学院学报，2004（4）：8-14.

⑤ 石中英. 论教育实践的逻辑[J]. 教育研究，2006（1）：3-9.

⑥ 金生鈜. 何为教育实践？[J]. 华东师范大学学报（教育科学版），2014（2）：13-20.

化标准或门槛的问题，即是否只把那些符合"规范"教育理论的行为纳入教育实践定义之中的问题。如果从规范教育实践的需要来看，教育领域中的不符合"规范"教育理论的行为正是要规范或排除的对象，"真正的教育实践"里面不应包含这些行为。这种做法需要直接面对李政涛提出的"理论化的教育实践"[①]理解的质疑，即这种方式会把一些原初的教育实践排斥在定义之外。对教育实践的理解需要考虑采用开放的视角或新的出发点。换一个角度，如果从理解、反思、筹划教育实践的需要出发，那么教育领域中的不符合"规范"教育理论的行为就成了不能忽略的对象，因为这些行为无法与"规范"教育行为截然分离。或许，很多并不符合"规范"教育理论的教育实践在不远的将来就成了"规范化"的教育实践。因此，除非研究者认定教育领域存在亘古不变的规范化模式，而且绝不容忍任何实践者以任何原因稍稍偏离这种"规范化"模式，否则教育实践就一定包含那些在教育的名义下或多或少偏离"规范"的教育行为。结合对实践概念的词源分析和经典定义，在对教育实践进行整体的理解和长久改造的目标下，教育实践从根本上说是教育之名下的一切行为。这相对于以往的定义来说应该被划分为广义的教育实践观。

在广义的教育实践观下，现代教育研究要转向实践的说法有不精确的一面。现有的各种教育研究都面向了教育实践，只不过不同取向的教育研究只是面向自己的教育实践，或者是只面向自身希望面向的特定教育实践。在广义的教育实践观下，研究者可以探讨不同教育研究类型的实践观基础，也可以探讨教育研究的实践观演变。笔者曾对教育哲学研究的实践观演变做过一个描绘，认为教育哲学研究在历史上经历了一个从规范实践观、言语实践观到自在实践观的演变过程。[②] 现在看来，这种演变其实就是教育哲学研究观看教育实践的视野变换：教育哲学研究早期较为关注教育实践中的规范部分或理性化秩序，后来转向了以言语表现的教育实践形态，再后来把视野扩展到了有自在逻辑的教育实践层面。在教育学研究的实践观演变问题上，程亮的探索比较深入。程亮认为，教育学的不同知识传统关注不同层面的教育实践："科学"取向研究关注"技术"型教育实践，"艺术"取向研究关注"规范"型教育实践，"实践"取向研究关注"德性"型教育实践，"诠释"取向研究关注"理解"型教

① 李政涛. 论教育实践的研究路径[J]. 教育科学研究，2008(4)：3-7，19.
② 余清臣. 教育哲学的实践观演变与实践教育哲学[J]. 教育研究，2011(2)：22-27.

育实践，"批判"取向研究关注"政治"型教育实践。^① 这里的关注应该是只注意或以此为思想基础的意思。

在广义的教育实践观下，教育研究需要面对的问题是教育研究如何整体"关注"广义的教育实践，以及教育研究以往不曾深切关注但现在又十分需要关注的"核心教育实践领域"在哪里。这是解答何谓教育实践问题之后要面对的主题。

（二）现代教育实践的主要特征

教育实践是教育之名下的一切行为，或者说教育实践是能够使用教育名义的所有行为。由此可以认为，教育实践实质上是行为状态存在的教育，是教育整体在行为层面上的存在。从历史发展来看，教育实践在教育之名出现之前就正式存在了，那些实质性的教育行为的出现比教育之名还早。比如，即便没有教育一词，长者教幼者的行为也会存在。在教育实践不仅是一个纯粹的解释工具的情况下，对教育实践内涵的追寻需要配合对教育实践外延或教育实践现实所指的理解和把握。可以说，教育整体飞速变化发展，教育实践这个层面随着教育整体的发展而呈现出典型的时代特征。教育实践的总体特征，可以从多个方面来概括和描述，如多样化、多元化、发展性、变革性、研究性、反思性、技术化等。在这些总体特征中，有一些是比较核心的方向性特征，可以从以下四个方面来概括和认识现代教育实践的现实状况。

1. 现代教育实践的多样化

现代教育以前所未有的速度迅速变化发展，这种变化发展在教育之名下的行为状态上激发了多样化的发展态势。郭法琦曾提出，现代教育的本质特征之一就是多样化，具体上他认为社会需要的广泛性促进了教育服务形式的多样性发展，现代教育多样化的发展提供了人的多样化发展的条件。例如：现代教育通过多样性的培养目标增强了人们受教育的选择性，有利于人力资源的合理配置和使用；它通过多种形式办学、多种模式管理，促进了学校之间的竞争，有利于教育质量的提高；它通过多样性的课程设置以及多层次的教学，满足了不同学生的学习需要，促进了所有学生多样性的发展；等等。^② 从这些表达中可以看出，现代教育实践的多样化在实质

---

① 程亮. 教育学的"实践"关怀[D]. 上海：华东师范大学，2006：108.

② 郭法琦. 多样性、自主性：现代教育发展的本质特征[J]. 高等师范教育研究，1994(4)：47-52.

上主要是指现代教育领域和形态不断增加，原来不存在的教育问题领域会不断出现，原来没有的教育形态在不断生发。这些新领域和新形态带来了教育之名下的新行为，即新的教育实践。另外，现代教育实践的多样性意味着策略方法的多样化，即针对同一件事情的策略和方法在不断增多。教学的策略和方法、德育的策略和方法、管理的策略和方法都在不断演化，出现了很多精细的做法。领域扩大、花样繁多是现代教育实践多样化特征的典型表现。

2. 现代教育实践的技术化

在探寻实践内涵的过程中，伽达默尔注意到理论并非实践的对立面，实践的对立面是技术，当然他所说的实践是作为生活方式的实践。他注意到在现代社会，技术迅速发展并在社会生活中占据主导地位，他认为："自然和自然环境的技术化带着它全部的深远影响，打出了合理化、反神秘化、反神话和破除轻率的拟人对应的旗号。最后，经济的可行性以及我们时代的无情变化过程的新平衡，变成了越来越强烈的社会力量。因为二十世纪是第一个以技术起决定作用的方式重新确定的时代，并且开始使技术知识从掌握自然力量扩转为掌握社会生活，所有这一切都是成熟的标志，或者也可以说，是我们文明危机的标志。"[①]在教育领域，技术化的特征越来越明显，很多方面的行为越来越基于技术的要求和逻辑。在信息技术和人工智能的蓬勃发展中，教育领域的很多事物开始越来越深入地全面使用技术设备和实施技术行为，课堂教学领域是教育领域中行为技术化最为典型和最为深入的领域。在课堂教学的变革中，基于信息科技和心理学研究的新模式、新方法、新途径不断涌现，各种教育技术设备和设施不断应用于教育行动之中。总之，教育中的行为技术化趋势明显，程度在不断加深。按照广义的教育实践定义，技术化的教育行为是教育实践的组成部分，那么可以说现代教育实践的技术化程度在明显加深。

3. 现代教育实践的变革性

教育处于不断变革中。联合国教科文组织在《教育——财富蕴藏其中》一书中指出："在一个以喧嚣、狂热以及分布不均的经济和科学进步为标志的世纪即将结束，一个其前景是忧虑和希望参半的新世纪即将开始的时候，迫切需要所有感到自己负有某

---

① 伽达默尔. 科学时代的理性[M]. 薛华，高地，李河，等译. 北京：国际文化出版公司，1988：63.

种责任的人既能注意教育的目的，也能注意教育的手段。"①鲍尔在其著作《教育改革：批判和后结构主义的视角》的作者中文版序中指出："教育改革犹如'政策流行病'席卷全球。盘根错节的改革理念通常是不稳定和不平衡的，却具有不可遏止的态势；它在不同的社会和政治环境中，在不同的历史背景下，渗透并改变着不同的教育制度。"②这些著名的论断都在说明，教育改革是不可避免的，是肩负着重托的，也是不可逆转的。教育改革的趋势，意味着作为教育行为的教育实践不能日复一日地重复，而是要日新月异地变革。与其他一些社会领域相比，教育中的实践明显地具有变革性，此起彼伏的教育改革摒弃了过去的传统、惯例，使教育实践不能停留在不断循环往复的日常状态，各个领域的教育行为还没有到形成传统和惯例之时就已经被改革后新的行为所替代。现代教育实践的变革性或非日常性是把握教育实践现状的一个核心方面。

4. 现代教育实践的高意识水平

专门研究人的行为问题的米塞斯认为："一个人的日常行动，大部分是简单的例行行动。他做这些事情的时候，用不着特别上心。"③但是，这个判断在今天的教育实践中很难成立。现代教育实践的变革性同时意味着教育实践者难以长期地实施不需要太多思考的例行行动，而是要实施需要很多思考的变革行动。对当代的教育实践者来说，越来越用心地实施自己的教育实践行为成为一个普遍的要求，用心地进行教育实践自然表现为现代教育实践的高意识水平特征。在当代教师的教育实践中，高意识水平的教育实践特征可以从教师要成为研究者的趋势和教师要成为反思实践者的号召中得到典型体现。如宁虹所言：20 世纪 80 年代以来，教师成为研究者已经成为一个新的口号，在欧美教育界广为流传，它作为教师专业化发展的同义语已经成为一个蓬勃的研究领域和新的焦点。④ 实质上，教师要成为研究者，就需要以研究的态度进行自身的工作，能够对自身的教育行为进行深入的分析和创新设计。与教

① 联合国教科文组织. 教育——财富蕴藏其中：国际 21 世纪教育委员会报告[M]. 联合国教科文组织总部中文科，译. 北京：教育科学出版社，1996：1.

② 鲍尔. 教育改革：批判和后结构主义的视角[M]. 侯定凯，译. 上海：华东师范大学出版社，2002：作者中文版序 1.

③ 米塞斯. 人的行动：关于经济学的论文[M]. 余晖，译. 上海：上海人民出版社，2013：56.

④ 宁虹，刘秀江. 教师成为研究者：教师专业化发展的一个重要趋势[J]. 教育研究，2000(7)：39-41.

师要成为研究者一样对当代教师发展影响很大的观点是教师要成为反思实践者，作为反思实践者的教师毫无疑问要对自己的行为进行思考和检验，其结果就是教师要实施高意识水平的教育实践行为。如张立昌所言，"所谓教师自我实践反思，是指教师在教育教学实践中，批判地考察自我的主体行为表现及其行为之依据，通过回顾、诊断、自我监控等方式，或给予肯定、支持与强化，或给予否定、思索与修正，从而不断提高其教学效能的过程"①。随着教师的研究者或反思实践者的精神形象的传播，教师实施的教育实践行为自然会呈现出较高的意识水平，日常化的例行性特征会逐渐淡化。

教育实践是教育人的实践，它会随着教育与教育人的发展变化而变化。对教育实践的把握离不开对教育实践变化趋势和现代特征的把握。在现代，社会发展的形势和需求以及教育发展的追求使教育实践呈现出与以往不同的典型特征，多样化、技术化、变革性和高意识水平这四点是现代教育实践与以往相比更为突出的特征。

二、教育实践的要素与逻辑

对教育实践含义的探寻离不开对教育实践构成要素的深入追问，这个问题得到了不同视角下的多样的回答。虽然对一个事物的整体结构进行不同视角的透视是一种常见的现象，而且得出一个事物的不同构成要素体系是可以理解的事情，但是仅仅停留在多样的回答之上肯定还不是较为深入认识的状态，需要继续深化。

（一）教育实践的要素

在对教育实践逻辑的追问中，郭元祥提出了教育实践的逻辑基础包括"教育活动各要素内在的逻辑联系"和"教育认识逻辑对教育实践活动的影响"。② 由此可以看出，他认为教育实践包括两个方面：一是内在的活动各要素，二是外在的教育认识。在回到实践本身的现象学精神引领下，郇志辉认为教育实践可以分为技术实践和人文实践两个层次，技术实践主要包括"计划、程序、模式、规范和逻辑"等"人与物"的

---

① 张立昌. 自我实践反思是教师成长的重要途径[J]. 教育实践与研究，2001(7)：2-5.
② 郭元祥. 教育理论与教育实践关系的逻辑考察[J]. 华中师范大学学报（人文社会科学版），1999(1)：38-42，105-158.

方面，人文实践主要包括价值关怀的方面。[①] 在对实践和教育实践内涵的探索中，刘庆昌提出教育实践包括道义性和理性两个方面。[②] 在哲学、社会学、人类学等表演思想的基础上，李政涛以表演为视角对教育行为进行阐释和构建，他由此把教育行为的要素分解为"表演的场所(在哪里表演)、表演者(谁在表演)、观看者(谁在观看)、表演的过程"，并以"剧场""角色""表演""自我"为主要的概念工具对学校教育行为进行解读。[③]

在布迪厄的实践逻辑和实践感思想的启发下，石中英对教育实践的要素问题进行了比较内在和细致的探讨。在理解教育实践逻辑问题的推动下，他认为在对教育实践的理解中需要特别关注实践者、实践意图、实践行为及其影响因素。根据这个思路，他主要探讨了教育实践的习性、意图、时间和空间要素。教育实践的习性要素是"先于个人而存在并赋予个人以某种社会身份的文化系统和心理习惯"，教育实践的意图要素是"行为人主观上发起某个教育行为的'直接原因'"，教育实践的时间要素主要体现在教育行为所在的时间结构以及时间的不可逆性，教育实践的空间要素主要有身体空间、心理空间和社会空间。[④] 这个研究为教育实践要素分析提供了比较系统的启示，教育实践要素分析要紧抓教育行为本身的发展，在行为的发展中确定教育实践的要素和影响因素。

在参考已有研究结果的基础上，对教育实践要素的研究需要从广阔的实践要素研究成果中寻找思路和启示。实践作为人的行为或生活，可以说是很多学科的核心研究主题，包括哲学、人类学、社会学、经济学、管理学、生理学和物理学等。但是，很多学科对人的行为进行的研究多是一个侧面的研究或若干环节的研究，还需要多参照对人的行为进行较为系统的直接要素分析的研究成果。在这个方面，布迪厄和米塞斯的研究是值得细致回顾和理解的。

人类的实践不能采用单一的客观主义或主观主义的研究思路，对实践的洞察需要回到实践本身，这是布迪厄对实践进行研究分析的基本立场。在大量而丰富的人

---

① 邬志辉. 论教育实践的品性[J]. 高等教育研究，2007(6)：14-22.
② 刘庆昌. 教育实践及其基本逻辑[J]. 山西大学学报(哲学社会科学版)，2015(3)：97-106.
③ 李政涛. 表演：解读教育活动的新视角[M]. 北京：教育科学出版社，2006：42-43.
④ 石中英. 论教育实践的逻辑[J]. 教育研究，2006(1)：3-9.

类实践研究成果之上，布迪厄对实践本身进行了深刻而广泛的要素分析。他认为，"条件制约与特定的一类生存条件相结合，生成习性(habitus)。习性是持久的、可转换的潜在行为倾向系统"，"习性的反应完全可能伴随着一种策略计算"。① 场域是布迪厄认为的又一个实践要素，"一个场域可以被定义为在各种位置之间存在的客观关系的一个网络(network)，或一个构型(configuration)"，"正是在这些位置的存在和它们强加于占据特定位置的行动者或机构之上的决定性因素之中，这些位置得到了客观的界定"。② 与场域相关的是资本概念，布迪厄认为只有具有特定禀赋的人才能合法地进入场域，而这个禀赋就是"特有的资本形式"③，资本可以有经济资本、文化资本、符号资本等形式。利益是行动者的目标，布迪厄认为"每一个场域都拥有各自特定的利益形式和特定的幻象，场域创造并维持着它们"，"而这些利益形式和幻象，也就是人们对游戏中彼此争夺的目标的价值心照不宣的认可，以及对游戏规则的实际把握"。④ 时间是不能忽略的实践要素，布迪厄认为"实践在时间中展开"，"实践完全内在于持续时间，故与时间联结在一起"，紧迫性是实践在时间上的基本属性之一。⑤ 可以说，布迪厄所归纳的习性、场域、资本、利益、时间等实践要素是从实践本身出发认识实践的结果，也是客观主义和主观主义相结合分析实践之后的认识结果。当然，这些认识在帮助我们深刻认识实践本性的同时产生了对实践进行层次性要素分析和认识的需要。

虽然经常被归纳为经济学的名著，但米塞斯对人的行为的分析成果《人的行动》(也常被翻译成《人类行为》)是思想史中少数直接以人的行为为专一主题的一部代表性著作，其意义超越了经济学的学科范畴。米塞斯对人的行为的分析以建立人的行动学通论为目标，对人的行动进行较为普遍性的专门分析。在行动范畴的初步分析上，米塞斯提出了"目的与手段"的框架，他认为"某一行动追求的结果被称为此行动

---

① 布迪厄. 实践感[M]. 蒋梓骅，译. 南京：译林出版社，2003：80-81.

② 布迪厄，华康德. 实践与反思：反思社会学导引[M]. 李猛，李康，译. 北京：中央编译出版社，2004：133-134.

③ 布迪厄，华康德. 实践与反思：反思社会学导引[M]. 李猛，李康，译. 北京：中央编译出版社，2004：147.

④ 布迪厄，华康德. 实践与反思：反思社会学导引[M]. 李猛，李康，译. 北京：中央编译出版社，2004：159.

⑤ 布迪厄. 实践感[M]. 蒋梓骅，译. 南京：译林出版社，2003：126-127.

的目的","手段则指的是用以实现任何目的、目标或意图的东西",人的行动学要研究真实的人类意愿及行动。① 对人的行动进行研究就要研究人的目的和手段,人的目的和手段并不是孤立的两个方面,米塞斯注意到:"遗传与环境,支配着一个人的行动。它们赋予他目的与手段。"②对米塞斯的人的行动分析来说,目的与手段构成了最为核心的分析框架,这个框架还要建立在其与遗传、环境的结构关系之中。在这种思路中,米塞斯对人的行动进行了建立经济学根源的研究分析。

米塞斯的人的行动学在概念框架上是比较简单而直接的,这种简单而直接的行为分析框架恰恰可以构成对实践进行要素分析的基本格局。在基本格局确定的基础上,对实践要素的分析可以把已有研究所确定的那些实践要素分门别类地进行整合和归类。这个思路既是实践要素分析的思路,又构成了教育实践要素的分析思路。

结合已有实践要素和教育实践要素的研究,使用刚确定的分析思路对教育实践要素进行分析,可以得到以下三个类别的教育实践要素。

第一,教育实践的环境要素。环境,从最一般意义上讲,是所有外部条件的总和。教育实践作为教育之名下的行为,肯定会受环境影响,即便不谈自然环境对人的行为在生理和物理层面的影响。从以往的研究来看,教育实践的环境要素主要被指示为场域、空间、时间、形势、情境、剧场等概念。这些概念层面不同,角度不一,但都是作为外部条件出现在教育实践的要素分析中的。概括这些不同层面和角度的概念内涵,教育实践的环境要素实质上主要可以理解为规则、事态、资源条件、人际关系等。环境对教育实践的影响,也可以理解为这些规则、事态、资源条件、人际关系等具体因素的影响。

第二,教育实践的目的要素。教育实践的目的从根本上看是教育实践的预期结果,但这里的目的还可以广义一些,把意图、动机、潜在欲望等层面都纳入进来。在以往的研究中,教育实践的目的要素主要被表示为人性、利益、价值观、动机、意图、需要等概念。当然,这些概念分属不同的视角或领域,具体内涵并不一致,但总体上有一致性。如果要汇总这些概念所指代的实质,可以分一下层次:与教育实践最为直接相关的是意图、需要、动机、利益的层次,然后是价值观,最后是人

① 米塞斯. 人的行动:关于经济学的论文[M]. 余晖,译. 上海:上海人民出版社,2013:103.
② 米塞斯. 人的行动:关于经济学的论文[M]. 余晖,译. 上海:上海人民出版社,2013:56.

性关于追求和目的特征的层次。不同学科视角关注的层次并不一样，关注直接层次的主要是心理学、社会学、经济学、政治学等领域，哲学领域关注的多为比较根本的层次。

第三，教育实践的手段要素。手段从一般意义上说是指本领和技巧，也指方法和措施。对教育实践来说，手段要素也应该是广义的要素，因为教育实践的手段不仅是纯粹的方法本身，而且包括与方法紧密相关的资源和设备。从以往的研究来看，教育实践的手段要素主要包括作为教育实践方式方法要素的策略、技术和作为教育实践手段资源要素的资本、权力、影响力、人脉等因素。

对教育实践要素分析的角度有多重，这里主要采用的是目的—手段以及情境—行为两个思路的复合角度。在复合中，教育实践的要素虽有很多具体的表达，但最终的环境、目的和手段三个方面还是最为根本的要素系列。

（二）从教育实践属性到教育实践逻辑

与教育实践的发展趋势相比，教育实践的内在属性是把握教育实践的常用角度，也是具有争议的领域。从内涵来看，教育实践的内在属性主要是教育实践在构成上的必然特征。在这个问题上，不少研究者做出了自己的探索并提出了不同的观点。

教育实践具有什么属性？卡尔在对教育实践内涵的分析中，指出了教育实践在构成上的基本属性和特征。他提出，教育实践并不只为某些实践性理论所引导，亦受实际情况之紧急事件的影响，实践活动之特质显示于其反省性活动上，理论会依随实践活动本身而有所改变。[1] 虽然卡尔并没有直接概括教育实践的属性，但是从这些表述中可以看出他认为教育实践的属性主要是情境性和反省性。金顺明认为，教育实践的两个最为基本的特点是能动性和现实性，教育实践具有能动性的根本原因是"条件、形式和时机往往不完全具备"，现实性强调"任何教育实践都必然产生现实可见的成效"。[2] 在这里，能动性是主体性的具体表现，现实性是对教育实践现实存在的强调，这两个特点都比较宏观。借助现象学的直观方式，郁志辉认为教育实践的属性主要是情境性、智慧性、反思性：教育实践的情境性主要是指教育实践处于特定的教育关系状况中，教育实践的智慧性主要体现在教育实践主体具有在复杂而

---

① 唐莹. 元教育学：西方教育学认识论剪影（上）[J]. 教育研究，2001(2)：11-21，38.
② 金顺明. 论教育实践[J]. 浙江教育学院学报，2004(4)：8-14.

微妙的教育情境中迅速、自信、恰当地做出选择和行动的能力，教育实践的反思性是指教育实践主体对教育实践进行指向教育实践意义内涵的思考。[①] 教育实践的属性来自现象学的直观，有些关于教育实践属性的认识可以说是对良好教育实践进行直观的结果。从较为概括的角度，马凤岐把教育实践的特性表述为"是一种复杂的、跨度很大的活动"[②]。可以说，这种观点主要是从教育实践的现实形态和领域来谈教育实践特性的结果。概括而言，以上这些观点主要是从不同的外部角度理解教育实践属性问题的结果，关于这些实践属性的认识基本上是对教育实践在构成上最突出特点的概括，虽有深刻性但还有不够系统性的问题。在这些理解的基础上，对教育实践属性的探讨需要像布迪厄提出的那样把方向转向实践本身，应该考虑从教育实践内部或发生的角度来理解教育实践的内在逻辑问题，对教育实践内在逻辑的探讨算是对教育实践较为体系化的内在属性的探讨。

在教育实践的内在逻辑问题上，出现了一些比较有影响的研究，提出了值得借鉴的观点。在分析教育实践构成要素的基础上，石中英在《论教育实践的逻辑》一文中对教育实践自身的逻辑进行了解读。[③] 在深刻追问实践和教育实践内涵的基础上，在述评几种关于教育实践逻辑的研究结论之后，刘庆昌认为"深入细致地理解教育实践的逻辑"，"可以从道义的和技术的两个层面或侧面进行"，"反映教育道义的逻辑是以欲求、愿望、价值为内容的"，"教育操作的逻辑最现实地存在于为人们所熟悉的各种教育模式和教育方法之中"。[④] 可以说，把教育实践逻辑分为教育道义和教育操作两个方面的逻辑是以目的—手段思维框架对教育实践发生机制的概括，体现出了教育实践逻辑的整体性特征。

在充分理解和借鉴已有研究成果的基础上，可以认为对教育实践属性的概括转向对教育实践逻辑的探讨是一个重要的进步，对教育实践逻辑的揭示有助于有机且整体地理解教育实践的发生机制。根据以上教育实践逻辑问题研究结论，对教育实践逻辑问题的解释还需要继续，还需要在高位而普遍地"观看"多样化教育实践的基

① 邬志辉. 论教育实践的品性[J]. 高等教育研究，2007(6)：14-22.
② 马凤岐. 教育实践的特性与教育学的科学化[J]. 教育研究，2009(11)：36-40.
③ 详见本书导言"加速发展的我国教育学界对教育学实践价值问题的关注与探索"部分的相关论述。
④ 刘庆昌. 教育实践及其基本逻辑[J]. 山西大学学报(哲学社会科学版)，2015(3)：97-106.

础上，勾勒出多样化教育实践背后的统一性，以期能够形成整体性和发展性的理解。教育实践逻辑的研究已经有了建立在发生视角和目的—手段框架下的研究结论：教育实践是教育实践者在习性的支配下，在场域的影响中，以意图为出发点进行的经常具有策略性、方法性或模式性的行为。但是，这里要看到对教育实践逻辑的揭示还缺乏发展性方面的内涵，对教育实践逻辑的不同意识水平问题还可以进一步深入，关于情境与行动之间的互动机制还可以进一步清晰地揭示。

三、教育实践的核心领域与认识立场[①]

深谙实践之道的法国思想家布迪厄曾发出感慨："谈论实践不是一件容易的事，除非从反面谈论它；特别是谈论实践之看似最机械、最违背思维及话语逻辑的东西。"[②]实践并没有在人类认识史中被忽略，古代的大思想家早就提出了众多关于实践的真知灼见。对核心教育实践领域的探寻可以从思想家对实践的洞察中找寻线索，亚里士多德应该是这个方面非常合适的起点。

（一）教育实践的核心领域及其特征

亚里士多德在《形而上学》第六卷中进行了思辨科学、实践科学和创制科学的分类，并提出实践的本原即意图在实践者中，因为意图的对象和作为之结果是同一的。[③] 在《尼各马可伦理学》中，亚里士多德具体地阐述了他对实践的理解。亚里士多德认为由于实践是变化的，"实践的逻各斯只能是粗略的、不很精确的"[④]，因为"实践属于个别……的范畴，而这类个别行为是出于意愿的。究竟选择哪种行为更好，这很难说清楚。因为，具体情境中有很多差异"[⑤]。亚里士多德关于实践的论断正式确立了把实践作为有别于思辨（理论）和创制（制作）的特别领域的传统，这种认识传统的核心精神是将情境性和自由性作为实践科学的核心特征。

需要说明的是，这种把情境性和自由性理解为亚里士多德实践观的核心特征的

---

① 本标题下的主体内容以《何谓教育实践》为题发表于《教育研究》2014 年第 3 期，收入本书时有改动。
② 布迪厄. 实践感[M]. 蒋梓骅，译. 南京：译林出版社，2003：124.
③ 亚里士多德. 形而上学[M]. 苗力田，译. 北京：中国人民大学出版社，2003：119-121.
④ 亚里士多德. 尼各马可伦理学[M]. 廖申白，译. 北京：商务印书馆，2003：38.
⑤ 亚里士多德. 尼各马可伦理学[M]. 廖申白，译. 北京：商务印书馆，2003：60.

观点与很多研究者的观点有一点不同：有研究者将向善性作为亚里士多德实践概念的一个基本特征，认为向善性应该作为教育实践的一个特性。① 但是，这里没有把向善性作为基本实践特征的原因主要有两点：第一，亚里士多德认为向善性是一切行动的属性，不管是否为实践活动②；第二，善分为灵魂、身体和外在三类③，可以分别作为不同类型活动的目的，如思辨、创制和实践等。向善性不仅仅是实践活动独有的特征，相比之下，实践的情境性和自由性特征是更为突出的。

在近代，继承并发展亚里士多德实践思想的一位重要思想家是康德。康德在做出技术实践、实用实践和道德实践区分的基础上，把以人自身为目的的道德实践作为重要的实践，他主要从活动的自由本质或自由意志的角度来做出这个判断。④ 在现代，实践是热点的理论主题，很多思想家在继承前人的基础上具体而深入地开展了对实践的思考和研究。在这个方面，来自德国和法国的思想家做出了很多值得回味的思考。在德国，无论是解释学大师伽达默尔还是批判学派旗手哈贝马斯都把实践或实践的核心要素作为自己思考的核心主题之一，特别是受到哈贝马斯批评的伽达默尔在反批判的过程中做出了转向实践哲学的决定。伽达默尔在明确实践并非和理论相对，乃和技术相对之后，明确提出实践就是"一种生活方式，一种被某种方式(bois)所引导的生活"，人的实践的突出特征是生活中的"自由选择"。⑤ 布迪厄对实践，特别是实践的逻辑进行了深入而独到的研究，他认为根源于情境性的紧迫性是实践的一种基本属性⑥，实践者进行实践的逻辑并不同于规范化的话语逻辑。

总体上看，思想家在不同的历史时期对实践做出了非常丰富的精彩思考。在这些闪烁智慧火花的观点中，我们可以看到，对实践的根本理解总体上延续并发展了亚里士多德的思想，从不同的角度诠释和完善了亚里士多德认为实践具有情境性和自由性的观点。结合这些丰富的思想，再次对实践的情境性和自由性特征做出理解。实践之所以要被单独认识，一个主要的原因就在于实践处于变化的环境之中，而且

① 金生鈜. 何为教育实践？[J]. 华东师范大学学报(教育科学版)，2014(2)：13-20.
② 亚里士多德. 尼各马可伦理学[M]. 廖申白，译. 北京：商务印书馆，2003：3.
③ 亚里士多德. 尼各马可伦理学[M]. 廖申白，译. 北京：商务印书馆，2003：21.
④ 康德. 判断力批判[M]. 邓晓芒，译. 北京：人民出版社，2002：5-9.
⑤ 伽达默尔. 科学时代的理性[M]. 薛华，高地，李河，等译. 北京：国际文化出版公司，1988：79.
⑥ 布迪厄. 实践感[M]. 蒋梓骅，译. 南京：译林出版社，2003：127.

这种变化不能被随意地忽略或简化。实践的情境性特征根源于在具体场景中实践者及其行为的复杂变化性，其内涵主要是指实践活动与变化着的具体情况、环境紧密相关，这意味着实践活动很难具有非常具体的普遍规则。实践的自由性特征有两重内涵：一方面表示实践源于不受客观化规则完全支配的实践者意志，另一方面表示实践的自成目的性——不是为了行动之外的目的或结果，就是为了行为本身。① 需要特别补充的是，自由性是指不受完全支配的自由，而不是不受影响的自由。

通过以上思考，可以获得解答核心教育实践领域问题的重要线索，即现代教育研究需要进一步关注情境性、自由性的教育实践领域。其实，关于教育实践到底具备什么特性，以往有不少研究予以回答。有研究认为教育实践的基本特性在于能动性和现实性②，也有研究认为教育实践的特性在于情境性、智慧性和反思性③。总体上，这些观点基本上对应着情境性与自由性的说法。但是，与这些研究有些不同的是，本书对此问题的回答是在承认教育实践还存在非情境性和非自由性领域的前提下做出的。综合起来看，本书认为教育实践存在从非情境性到情境性的变化，从非自由性到自由性的空间。从这个观点来看，本书在教育实践中使用的实践概念就不同于亚里士多德和康德等思想家的实践概念，而是一种广义的实践概念。

情境性与自由性是思想家认识一般实践的基本观点，是人类实践的基本特征，在教育实践中有特定的具体内涵。在这个方面，相关研究认为教育学不同于其他学科的品性在于生命品性、实践品性、历史品性和境界品性。④ 当然，从教育作为"培养人的活动"的定义中也能看出教育具有生命性、实践性、工具性等特性。结合对教育特性的研究和关于一般实践特征的思考，教育实践的情境性主要体现在生命的变化性、教育交往的复杂性、教育方向的竞争性、教育事态变化的随机性等方面，而自由性则体现在教育整体的生活性、教育追求的理想性、教育行为的价值性、教育

①　这一点是亚里士多德理解的核心实践特征，也是本书不提向善性而提自由性的原因。善在今天有明确的道德内涵，所以今天提出的向善性会偏离亚里士多德以善为目的或本身为善的原意。由于亚里士多德对善的理解是宽泛的，包括了人类的三种主要目的的类型，所以实践的基本特征在这里应该理解为与目的直接相关或本身就能体现目的。因此，本书以自由性来表达实践的这个特征。

②　金顺明. 论教育实践[J]. 浙江教育学院学报，2004(4)：8-14.

③　邬志辉. 论教育实践的品性[J]. 高等教育研究，2007(6)：14-22.

④　赵鑫. 论教育学的学科品性[J]. 现代教育管理，2012(9)：1-4.

方式的自主性等方面。

这里使用情境性、自由性的教育实践的说法为相对普遍性、规范性的教育实践的存在留下了空间。在现实中，教育实践的核心领域——情境性、自由性的教育实践主要由两个方面构成：一方面，因各种现实因素或实践者个人意志而偏离普遍规范(特定理论和技术意义上)的教育行为类型都属于此领域，如对各种规范化教学模式、德育模式、学校管理模式的调整、创新、偏离、对抗等行为；另一方面，情境性、自由性的教育实践领域还包括没有确立(特定理论意义上)规范化、技术化规则的教育实践领域，如教师与学生的日常沟通领域。可以说，广义教育实践中确实存在这样一个情境性、自由性的核心教育实践，而且对其研究的缺失和这类教育实践形态的核心地位决定了我们必须重点关注这个领域，这主要有以下几个原因。

第一，情境性、自由性的教育实践领域还没有得到教育学研究的充分认识和理解。虽然自20世纪中叶以来，"批判科学主义、理性主义、本质主义教育研究范式""教育研究要面向生活世界""教育研究要转向教育实践"等呼声日益高涨，但是教育研究还是以本质主义、理性主义教育研究范式为主流范式。在这种主流教育研究范式下，教育研究相信教育本质或理性化秩序的存在并致力于探寻教育现象背后的教育本质或理性秩序。[1] 虽然教育研究关注各种鲜活的教育事件，但是这些研究还未能充分描绘情境性、自由性的教育实践领域，从而不能真正在整体上认识广义的教育实践。此外，这个领域中的很多关键的具体事件还没有得到应有的关注。

第二，情境性、自由性的教育实践领域是最集中彰显人类能动性的教育实践领域。如马克思所言，人在本质上是自由自在的存在，但是人类的这种存在并不能在普遍规范化的实践中得到充分彰显。然而，在情境性、自由性的教育实践领域中，人类的能动性可以得到最大限度的发挥和彰显：虽然教育实践中存在各种规则，但是教育实践者既可以在还没有明确规则的领域努力做出自己想做的行为，又可以对各种实践规则进行调整或创新。可以说，情境性、自由性的教育实践领域是一个生产性的、创造性的领域。未来的许多教育实践形态会在教育实践者能动性的充分彰显中孕育、生成，许多教育实践形态会在教育实践者生命能动性的冲击下涣散或消

---

① 石中英. 本质主义、反本质主义与中国教育学研究[J]. 教育研究，2004(1)：11-20.

解。不关注这个领域就不知道昨日之教育传统如何被调整甚至被瓦解，也不知道明日之教育形态如何生成。

第三，情境性、自由性的教育实践是处于核心位置的现实教育实践。如果坚持广义的教育实践观，那么在"二分法"的认识框架下，我们完全可以把教育实践行为分为符合普遍规范的和不符合普遍规范的。这里暂时悬置是否存在教育实践具体的普遍规范的争议，或者把特定历史阶段中教育实践者因严格遵守特定理论而实施的实践行为暂且看作一种现实化的普遍性、规范性的教育实践。上述"二分法"的认识框架似乎在暗示符合普遍规范的和不符合普遍规范的教育实践各自占据半壁江山，但当我们转变一种认识框架，情况就完全不同了。如果我们把教育实践行为分为符合普遍规范的、有点偏离普遍规范的、相当偏离普遍规范的、很偏离普遍规范的等类别的时候，就会发现情境性、自由性的教育实践领域比完全符合普遍规范的教育实践领域更广阔。在教育实践世界中，严格按照普遍规范(理论意义上)行动的实践者是特定时期的极少数。这种情况产生的原因是：普遍的教育规范还很难得到普遍的共识，虽然一些理论可以宣称揭示了普遍的教育实践规范。即便存在一些教育实践普遍规范的说法，但是只要有足够的意愿，教育实践者就会依照自身的意愿去行动，即依据自身的信念、价值喜好、习惯等因素来调整这些普遍的教育规范。情境性、自由性的教育实践领域在现实中构成了广义教育实践的核心领域，对此领域的关注和重视是一种必需和必然。

关注教育实践需要大的视野，因为教育实践的领域是巨大的，教育之名下的一切行为都是教育实践。同时，关注教育实践需要独到的视野，因为在广阔的教育实践领域中还存在一个核心的领域，这个领域在现实中没有普遍的教育规范，情境性和自由性构成了这个教育实践领域的核心特征。从现状来看，这个教育实践领域占据了现实教育实践领域的核心位置。而且，这种教育实践领域具有的生成效应彰显了教育实践者的生命能动性。这些因素都构成了我们不能漠视或轻视这个教育实践领域的根源，我们需要在广泛关注教育实践的基础上充分关注情境性、自由性的教育实践领域。

(二)教育实践的主要认识路向

对何谓教育实践的追问离不开如何描绘教育实践世界的问题，当代教育研究非常热门的一个方向就是探索如何研究教育实践，特别是探索如何在充分尊重教育实践情境性、自由性的基础上研究教育实践。

对教育实践研究方式的探索主要有四种：一是量化实证的科学方式。这类探讨主要建立在实证主义思想方法之上，通过对教育实践现象进行量化的实证研究来揭示教育实践的内在必然联系。二是现象学的教育研究方式。这种方式主要认为教育理论与教育实践应该是本然统一的，对教育实践的研究主要采纳"回到事物本身"的精神与方式，在这个过程中保持教育实践的充盈、丰富与生动。① 三是转化或介入的研究方式。这种方式认为教育研究者要融入活生生的教育实践之中，直面教育实践，在鲜活的实践现场中感悟和建构②，这种方式以"视人为目的"并主张以"有耐心地守望"的态度实现"有分寸的干预"③。四是叙事的研究方式探索。这种方式认为人类的(实践)经验都是以故事和事件的方式存在的，叙事探究把有关生活性质的理论思想引入活生生的教育经验之中，并通过生活(如教与学)经验的叙述促进人们对教育及其意义的理解。④ 总体上说，这四种方式是粗略分类的，它们各有特色，都能作为教育实践研究的一种方式。需要思考的是比具体方式更为基础的问题，即思考研究教育实践的基本立场和方向问题，以期能为教育实践的研究方式创新找寻一些基本点。

从立场转换的角度出发，对广义教育实践世界的描绘最需要的调整是探索者转换到关注整体性的立场。整体性的立场在根本上意味着对教育实践复杂性的承认，也意味着要充分关注情境性、自由性的教育实践。对于整体性和复杂性，根据思想家莫兰对整体性和复杂性的阐释⑤，使用整体性立场来理解教育实践世界主要有以下三个方面的含义。

首先，理解教育实践需要全面的立场。如前文所述，不同教育学知识传统只关注不同层面的教育实践，并把此层面理解为教育实践的全部或主要部分。但是，在观察教育实践的整体性立场中，教育实践不仅包括那些在特定理论意义上最符合普遍教育规范和精神的行为，还包括那些不太合乎这些普遍教育规范和精神的行为。

---

① 宁虹，胡萨. 教育理论与实践的本然统一[J]. 教育研究，2006(5)：10-14.
② 李政涛. 论教育实践的研究路径[J]. 教育科学研究，2008(4)：3-7，19.
③ 杨小微. 教育理论工作者的实践立场及其表现[J]. 教育研究与实验，2006(4)：6-9，38.
④ 丁钢. 教育经验的理论方式[J]. 教育研究，2003(2)：22-27.
⑤ 详见本书第一章"实践取向的现代教育学体系建设"部分的相关论述。

显然，广义教育实践世界中的很多事物并没有得到以往的教育学知识的承认，但这就是广义教育实践之广义的必然要求。

其次，理解教育实践需要联系的立场。按照复杂性理论的基本观点，整体具有相互紧密联系的规范性和多样性。广义上的教育实践可以分为普遍性、规范性的教育实践领域(这个可以是在理论意义上)和情境性、自由性的教育实践领域，而且两者紧密联系、不可分割。如果教育实践中没有相对普遍性、规范性的教育实践形态，那么整个教育实践领域就没有标准或基本的秩序，也就无法谈论教育之名下的调整、创新；如果没有情境性、自由性的教育实践，那么教育实践就将失去改变传统和孕育未来的不少希望。

最后，理解教育实践需要发展的立场。发展主要是变化、动态的意思。以此立场来理解教育实践，意味着对教育实践的理解需要不断深入，需要不断关注教育实践领域中的变化。从教育实践自身来看，教育实践的形态在不断变化之中，旧有的形态不断被颠覆，新的形态不断生成。教育实践的情境性和自由性在不同的历史阶段展现出不同的面目，教育实践形态的调整方式在不断地更新，全新的教育实践领域不断地被开拓。因此，教育实践的理解者需要时刻保持新鲜的眼光，以准备发现教育实践中不断发生的新变化。

立场的转换是基本姿态上的转换，随之而来的是研究教育实践的基本方向变革问题，因为理解教育实践的基本方向无疑会随着立场的变化而变化。与以往很多教育研究从普遍规范性特征和要素来理解教育实践的做法不同，整体性立场下的教育实践研究将在新的逻辑范式下通过以下五个方向来实践。

第一，进行复杂性思维下的本体性教育实践研究。本体性研究意为"到底是什么"的研究，进行这种研究是整体理解的根本要求。但是，为了避免传统本体性研究的僵化，需要采用复杂性思维。以复杂性思维来理解教育实践，一方面意味着对规范性的、简单化的本质主义、理性主义逻辑的批判，另一方面意味着在对教育实践的理解中，不要否定教育实践世界整体的存在，不要只关注教育实践中的秩序和规律，不要止步于对教育实践要素的逐个静态分析，以及不要轻易宣称对教育实践有了充分的理解。以复杂性思维进行的教育实践本体性研究要统合对各种教育实践领域的研究，也要统合各种不同视角的研究结论，最终以复杂性逻辑特有的整体性关系思维来实现这些目标：在描绘教育实践有序性的同时关注到教育实践的无序性。

第二，穿梭于教育理论与实践之间进行多样研究。以复杂性逻辑思维进行的教育实践本体性研究需要教育研究者对教育实践具有丰富而具体的认识，所以对教育实践的理解需要教育研究者改变以往静坐书斋的方式，走出书斋进入教育实践之中。在这个方面，介入或转化的研究方式是比较典型的代表。这类研究方式的一个突出的特征是教育研究者要进入教育实践之中，在丰富的教育实践中去观察、研究、体悟和思考，然后对这些丰富的认识进行必要的理论加工。在转化研究的逻辑中，教育实践者可以进行从实践向理论的转化。为了从穿梭于教育理论与实践的研究中获得更多的成果，另一个非常重要的变化是用多样的方式对教育实践进行研究，既可用叙事探究的方式进行研究，又可用解释学、现象学的方式进行研究，甚至可用定性与定量的结合方式进行研究。

第三，深入理解教育实践者。人的因素是教育实践最重要的因素，也是教育实践最为复杂的因素。在广义上，每种教育学知识传统在以自己的方式关注教育实践的同时都关注了教育实践者，但这种关注总体上还不够。在以本质主义、理性主义为基本范式的教育研究中，教育实践者都被当作抽象的、逻辑的人，人在不同情境下的不同行动被忽视或漠视。新的教育实践研究方式同样需要关注教育实践者，特别要关注情境之中的自由实践者，深入理解教育实践者如何在规范性、情境性、自由性因素的交织中采取具体的行动。在这个方面，哲学、社会学、经济学、心理学等学科对人的新理解可以成为重要的资源，有限理性人、比较利益人、表演人等理论都可能提供很有价值的思路。

第四，集中研究教育实践关键事件。复杂性思维下的教育实践研究需要关注教育事件，这种观点主要来源于复杂系统中的内时空复杂性和内随机复杂性。[①] 就教育事件本身来看，教育事件中存在教育实践者在规范性、情境性、自由性的交织因素中的现实选择。只有在复杂性思维下研究教育事件，才会把一个个孤立的实践要素联结起来，如时间、空间、多维规则以及多位教育实践者的关系、交互行为等要素。只有在正视关键教育事件的过程中，普遍性、规范性的教育实践与情境性、自由性

---

① 文雪，扈中平. 复杂性视域里的教育研究[J]. 教育研究，2003(11)：11-15.

的教育实践之间的关系才能鲜明起来，教育秩序的被挑战过程、新教育实践领域的生成过程才能被充分表现。教育事件不是教育过程中的纯粹偶然，而是必然和偶然的交合。只有通过研究关键教育事件，才能充分展现教育实践中的生成机制。

第五，努力揭示教育实践机制。这里机制一词主要作为有机的系统，这种有机的系统作为教育实践的内在机理可以外化为教育实践的各种具体形态。教育实践的复杂性并不意味着不可以整体谈论教育实践，但确实不容易从具体现象来谈论复杂的教育实践，从现象背后的机制来谈论教育实践整体应成为一种明智的选择，正如从组织的形成与涣散机制来谈论复杂系统一样。无论多么具有复杂性，广义教育实践背后还是存在一个需要被不断揭示的动态系统，这个动态系统就寓于教育实践之中。教育实践的机制是教育实践者接受客观化影响又依从身体化的实践感的动态体系，也是教育秩序在何种情况下能生成、在何种情况下能被颠覆的动态体系。广义教育实践中的机制是存在的，也是可以追求的，还是永远向未来开放的。所以，对教育实践机制的每一次揭示都代表着对广义教育实践的一次整体描绘的努力，虽不完善，但教育实践的研究者需要以这种努力的成果来指示下一步的研究方向。

教育实践是非常广泛的，也是非常复杂的。对教育实践的研究离不开对一般实践特征的思考，也离不开对教育实践独有特征的思考，需要在这些思考的基础上确定基本的研究立场和方向。在这种研究立场和方向的基础上，我们可以期待很多有创意的教育实践研究方式的出现。

四、教育实践的技术化趋势与限度[①]

乔布斯针对信息技术与教育的关系提出了著名的"乔布斯之问"，不少教育技术界人士对计算机技术未能深刻且广泛地引发教育变革抱以遗憾并做出了反思，但教育世界无论如何都应该被看作一个具有深刻技术含量的世界。教育实践中所使用的设施是技术含量越来越高的产品，教育实践中所采用的手段越来越广泛而深刻地渗透着技术化的思维。在这种情况下，否认技术已经有力地影响教育这一事实是非常

---

① 本标题下的主体内容以《教育实践的技术化必然与限度：兼论技术在教育基本理论中的逻辑定位》为题发表于《教育研究》2020 年第 6 期，收入本书时有改动。

困难的。与这种现实情况形成强烈对比的是，体现教育基本认识的教育基本理论领域似乎没有明确反映出技术对教育的已有影响，尽管对很多教育具体问题的研究越来越需要考虑技术进步的背景。那么，这是否意味着技术对教育的影响还不够基本呢？这个问题既影响到教育基本理论的发展方向，又影响到教育技术研究的根本价值，值得这两个领域的研究者深入地思考。

（一）人文化教育基本理论的技术冷落

虽然教育理论在不少时候追求着科学化的发展方向，但教育理论是一个明显富有文化性格的领域。能够直接表现教育理论文化性的一个方面，是不同类型的文化世界会出现不同类型的教育理论基本理念和结构模式。程亮在对教育学知识建构的跨文化分析中就提出了：德国教育学以规范科学为主导，英国以基础学科为支撑，美国以经验研究为取向，我国以实用逻辑为依归。[①] 当然，仅从对实用逻辑的依归角度来解释我国教育学知识的建构理念还有一些概括，其中一个需要重视的方面是我国教育学特别强调教育基本理论的位置和专门建构。具体来说，我国教育学依然比较坚持的一个发展理念是重视对教育基本原理的理解，与这样的基本理念相对应的教育学知识体系结构模式是专门分化出的一个被称为教育基本理论的领域。

对于教育基本理论到底是什么以及具体研究什么，学界虽然已有一些基本的看法和一些具体的观点，但是较为普遍性的确切共识尚在形成中。扈中平等人认为，"教育基本理论是关于教育的基础理论和普遍理论"[②]。柳海民等人对教育基本理论的定义是："教育基本理论是对教育现实的抽象表述，是对教育改革的理性表达，是对教育世界的理论表征。"[③]在对教育基本理论研究主题或范围的表述上，其中两个较受关注的观点是：第一，教育与人的发展、教育与社会的发展、教育的文化研究构成了教育基本理论探索的三条道路[④]；第二，教育学基本理论问题有教育理想中的人是什么、受教育者为什么成为教育理想中的人、教育者有什么权利和能力使受教育者

① 程亮. 多元的传统与交互的生成：教育学知识建构的跨文化比较[J]. 教育研究，2016(5)：4-13.
② 扈中平，刘朝晖. 对教育基本理论学科建设与发展的几点看法[J]. 华东师范大学学报(教育科学版)，1998(2)：40-44.
③ 柳海民，王澍. 重大成就：教育基本理论的创新发展[J]. 教育研究，2013(2)：33-36.
④ 董标. 教育的文化研究：探索教育基本理论的第三条道路[J]. 华东师范大学学报(教育科学版)，2002(3)：15-26.

成为教育理想中的人、教育者运用怎样的手段使受教育者成为教育理想中的人、教育者与受教育者是怎么样的关系及其价值意义如何①。从这些观点来看，教育基本理论是关于教育的普遍性理论，基本上涵盖了教育本质、目的、动力和形式等基本维度的探索成果。在这个意义上可以说，教育基本理论领域总体上体现出"四因说"模式的形而上学特点。

关于教育理论的性质，最为核心的一个争论是围绕科学性与否进行的。在一定程度上说，教育理论作为一个独立的知识领域得以发展，与其科学化取向有深刻的内在关系。在教育学科学化发展的道路上，赫尔巴特、拉伊、桑代克等教育学家都做出了杰出的贡献。然而，并不是所有人都坚持教育理论的科学化取向，不少教育学家坚持教育理论以实践性或人文性为核心取向。赫斯特就在与奥康纳的辩论中鲜明地提出，教育理论是一种实践性理论，即有关阐述和论证一系列实践活动的行动准则的理论，教育理论主要在于为教育实践制定理性的原则。② 当然，相对于科学性来说，实践性主要的意思是生活化和开放化，教育理论的实践性就是教育理论的生活化和开放化。如果对实践性的内涵进一步具体化，那么文化性就是教育理论特定属性的另一种表达。石中英指出："教育学的文化性格是指教育学活动在实质上不是一类以价值中立、文化无涉为前提，以事实发现和知识积累为目的，以严密的归纳方法或逻辑体系为依托的科学活动，而是一类以价值批判和意义阐释为目的的价值活动或文化活动。"③从这个角度来看，教育学的文化性格从根本上说就是教育学的人文性。泰勒曾考察以人文性为核心特征的现代社会，认为这个社会的核心特征是："在其中，超越人间福祉的所有目标的东西都被遮蔽，变得是可想而知的；或者更确切地说，这种遮蔽属于大众可以想象的生活之范围。"④这个观点指出了现代社会的人文性核心内涵就是一切以人的价值和意义为中心。但是，从当代教育理论的现实体系来说，认为教育理论就是人文性理论的观点是不够严谨的。

严格来说，教育基本理论才是教育理论人文化特征较为浓厚的领域和层次。如

①　刘庆昌，卢红. 论教育学的体系[J]. 现代教育论丛，2002(3)：1-7.
②　瞿葆奎. 教育学文集：第1卷　教育与教育学[M]. 北京：人民教育出版社，1993：441-466.
③　石中英. 论教育学的文化性格[J]. 教育研究，2002(3)：19-23.
④　泰勒. 世俗时代[M]. 张容南，盛韵，刘擎，等译. 上海：上海三联书店，2016：26.

果再从总体上探讨教育理论是科学理论还是人文理论已经没有太大的意义，因为教育理论越来越被当作复数形式而不是单数形式，即教育理论本身已经有了很多具体的成分类型。一个比较著名的教育理论体系分类框架是布列钦卡给出的，他认为教育理论体系包括教育理论和教育理论的理论，教育理论具体又分为教育哲学理论、教育科学理论和实践教育学理论。[①] 在这个分类框架中，教育科学很明显是非常科学化的教育理论，如果硬要说其具有人文性是相当勉为其难的，顶多是在宏观意义上的。就实证研究在教育理论领域中的发展现状来看，很多相当标准化的科学化教育理论确实存在，这是一个难以争辩的现实。但是，判断教育基本理论是否以人文性为核心取向的问题还是可以得到肯定回答的。张楚廷在论证教育学属于人文科学时，提出"以人为出发点，又以关于人的哲学为理论基础，并归结到人自身的发展，这就是教育学"[②]。这个观点后来引发了一些商榷，这些商榷的主要观点有：尽管教育学的人文价值取向是教育学必须时刻观照的一个目标，但"教育学作为一门综合科学相对比较适宜"[③]；"教育学属于典型的人文社会科学"[④]。关于教育学是否属于人文科学的争论越来越导向对具体教育理论板块主导性质的分类认识。教育基本理论作为直接关注教育本质、目的、动力和形式的领域，明显地以人的价值和培养人的价值为核心观照，具有人文性。

人文化教育基本理论在重点关注教育目的和教育理想的同时，经常出现相对冷落教育手段的取向，技术因素在教育基本理论研究中时常被冷落。按道理来说，作为表征教育本质、目的、动力和形式的教育基本理论应该合理地观照一切教育要素，无论是教育目的还是教育手段，但是，人文化的取向带有教育基本理论研究中重视教育的理想和道义的色彩，相对忽略教育的手段和操作元素。这个倾向在对教育实践内涵和特征的认识中表现得较为直接。在以往对教育实践内涵和特征的认识上，比较受关注的观点主要有：教育实践并不只为某些实践性理论所引导，亦受实际情

① 布列钦卡. 教育知识的哲学[M]. 杨明全，宋时春，译. 上海：华东师范大学出版社，2006：28.
② 张楚廷. 教育学属于人文科学[J]. 教育研究，2011(8)：3-8, 12.
③ 王洪才. 教育学：人文科学抑或社会科学？兼与张楚廷先生商榷[J]. 教育研究，2012(4)：10-17.
④ 王鉴，姜振军. 教育学属于人文社会科学[J]. 教育研究，2013(4)：22-29.

况之紧急事件的影响，实践活动之特质显示于其反省性活动上①；教育实践主要具有情境性、智慧性、反思性的品性②；教育实践的两个最基本特性是能动性和现实性③；"教育实践及其目的是终极的，具有合目的、合理性和合道德的根本品质，是规范性的价值行动，不是实现其他目的的技术行为"④。在对教育实践的基本理论研究中，尽管有一些研究者关注到了教育实践的技术要素，如刘庆昌就认为教育实践的逻辑有道义逻辑和操作逻辑⑤，但这种强调操作逻辑和技术元素的教育实践基本理论观在教育基本理论界还未得到广泛的呼应。

人文化教育基本理论对技术的冷落，时常表现为当代教育基本理论研究对工具化和技术化的批判。批判理论及其主要观点在教育基本理论研究中是比较有影响的。批判理论在根本上以自由人性为中心，从意识形态的层面反思和批判现代社会中压抑自由人性的社会实践现象，以此来维护自由人性的核心地位。在批判理论中，技术化和工具化是一个主要的批判方向，马尔库塞作为技术批判的一个代表人物就直接指出，社会控制的现行形式在新的意义上是技术的形式。⑥ 这样的批判思路在当代教育基本理论研究中是比较常见的，很多教育基本问题不可否认地与技术化的禁锢性思维方式有关。在教育基本问题的研究中，一些直指技术和技术化思维问题的观点出现了，有研究指出现代教育技术在促进教育进步的同时引发了一系列的弊端，造成这些弊端的根本原因是教育思想中人文精神的陨落。⑦ 在这些思路的观点中，技术、技术化及其体现的工具主义思维构成了对教育人文性的重大冲击和破坏，维护教育的人文精神特别需要限制或抵制技术的存在和力量。

对技术的相对冷落不只在教育基本理论领域中存在，包括教育实践领域在内的大教育领域也存在基于人文性的考虑而拒斥技术的技术悲观论。教育中的技术悲

① 唐莹. 元教育学：西方教育学认识论剪影（上）[J]. 教育研究，2001(2)：11-21，38.
② 邬志辉. 论教育实践的品性[J]. 高等教育研究，2007(6)：14-22.
③ 金顺明. 论教育实践[J]. 浙江教育学院学报，2004(4)：8-14.
④ 金生鈜. 何为教育实践？[J]. 华东师范大学学报（教育科学版），2014(2)：13-20.
⑤ 刘庆昌. 教育实践及其基本逻辑[J]. 山西大学学报（哲学社会科学版），2015(3)：97-106.
⑥ 马尔库塞. 单向度的人：发达工业社会的意识形态研究[M]. 刘继，译. 上海：上海译文出版社，1989：10.
⑦ 周宗伟. 关于教育技术的人文反思[J]. 电化教育研究，1999(4)：8-13.

观论被这样描述：教育是培养人的活动，教学对象是有感情、有灵性的活生生的人，不能试图用冷冰冰的机器来代替人进行教育活动，因而单纯拒斥，坚决抵制。[①] 可以说，在教育基本理论领域甚至在广阔的教育世界，人文性构成了技术被冷落的一个思想根源。对整个人类世界产生巨大影响的技术在教育领域时常成为需要防范的因素，教育的发展看起来需要防备技术力量的参与。然而，这一切还需要进一步去检省。

(二)冷落技术背后的教育基本理论思维问题

在教育基本理论的视野中，人文性的过强立场带来了对技术的相对冷落。面对这样的情况，有人可能去追问：即便如此又有什么关系？甚至可以进一步说，如果技术对教育足够重要，即便教育基本理论领域没有技术的位置，技术的力量一样可以被用来推动教育的发展。这种追问内在地坚持了务实的倾向，但这种倾向忽略了教育基本理论在教育认识和实践领域的影响力。教育基本理论作为一个相对独立的研究领域，其存在的主要价值可以表述为："它对教育实践和其他教育学科的发展应起到根本性的、深层次的和普遍性的指导作用。"[②]只要教育理论体系存在这样的具体领域或层次，那么它就具有代表教育基本认识的特殊地位，尽管教育基本认识本身在不断发展和升级中。不被教育基本理论关注就意味着没有被认可为教育存在的一个基本构成，即还不能作为教育的一个核心必备元素。

在实质上，技术能否成为教育基本理论中的核心主题之一，需要考察技术在教育实践中的位置。教育基本理论是关于教育的基本原理，虽然教育原理在表面上经常被分解为教育本质、目的、功能、制度与关系等方面，但这些方面在整体上都是对教育作为结构体系进行探究的理论结果。对教育结构体系进行探究特别需要对动态的教育实践机制进行探索，由此得出的理论结果才能反映教育的现实状态。判断技术在教育基本理论中的位置，就需要看其在教育实践机制中的位置。在这个思路中，如果技术能构成教育实践的一个本体性因素，那么技术就理所当然地占据核心位置，对教育的基本认识不需要也不能刻意抛开甚至去拒斥它。如果结论是否定的，

---

① 李艺，颜士刚. 论技术教育价值问题的困境与出路[J]. 电化教育研究，2007(8)：9-12.
② 扈中平，刘朝晖. 对教育基本理论学科建设与发展的几点看法[J]. 华东师范大学学报(教育科学版)，1998(2)：40-44.

那么技术就应该被忽略和拒斥。

从教育实践的内在结构出发，人文化教育基本理论对技术的冷落原因可以得到较为清晰而内在的揭示。一些研究者曾经对教育理论的基本结构进行分析，其中最经常使用的是教育实践内在的目的—手段链模式，这个方面的一个代表人物是穆尔。穆尔认为教育理论在广义上具有深远的范围和目的，这种广义的教育理论在根本上就是一种实践性理论，其内在基本结构是：①P作为一种目的是希望达到的。②既然这样，Q是达到P的最有效方式。③因此，从事有关Q的任何事情。① 穆尔的这种实践性教育理论观明确地展示了教育理论在根本上内在的目的—手段链，它构成了经典教育理论的共同模式。那些涵盖范围广的能够对应整个教育领域的系统教育理论就是在目的—手段的思维中产生的，这里的目的既有个人维度又有社会维度，夸美纽斯、赫尔巴特、杜威都是这类教育理论建构的典型代表。按说，教育基本理论只要坚持以目的—手段模式来认识和思考教育实践，就不会出现冷落手段和技术的问题。但是，这个道理在教育基本理论发展的现实中没有呈现。由于人文精神的核心是对人的中心关注，是对人的价值和意义的特别维护，是在教育中对人的理想的追寻，这种人文精神经常带来的是目的—手段的分离。

在教育基本理论的建构中，过强的人文化色彩会导致对目的的过多强调或排他性强调，技术因而会受到排挤。在教育理论研究中，教育目的和手段往往会来自不同的理论基础，这是人文教育基本理论偏向强调教育目的和理想的现实基础。陈桂生指出，这种一般价值观念，非教育学所须论证，并且教育学难以做出这种论证，而由诸如政治学、经济学、伦理学、社会学、文化学之类的学科分别加以论证。② 分别从不同学科基础探讨教育目的和手段的思想在赫尔巴特那里就已经明确了，实践科学在他那里是教育目的的基础，而心理学才是教育途径和手段的基础。基于特定的理论基础和立场相对独立地探讨教育的目的和理想，将为教育理论带来的一个主要影响是教育的目的和理想被过度抬高，越来越不顾及手段能否实现这些目的和理想。杜威在《确定性的寻求》中深度分析了目的及理想和手段及技术的分合问题，描述了两个方面分离的情形："'理想'是遥远的和高不可攀的；它们太高贵和太华美

---

① 瞿葆奎. 教育学文集：第 1 卷　教育与教育学[M]. 北京：人民教育出版社，1993：490.
② 陈桂生. 教育学的建构：增订版[M]. 上海：华东师范大学出版社，2009：34.

了；如果实现它们，就会使它们受到玷污"，"'理想'是在一种不明确的方式之下翱翔于实际景象之外"。① 杜威不仅提出了理想与手段分离的现状和内在原因，而且指出了这种分离的重大弊端，即单纯刻画理想和目的表面上会让它们达到完美的境地，但同时会让理想和目的变得虚空。具体到教育理论领域，这样的情况在人文化教育基本理论研究中常常发生：技术在完美的教育目的和理想面前是不值一提的，正视技术可能就会危害教育目的和理想的崇高地位。

在教育基本理论的领域中，技术在教育实践认识中的冷落经常来源于教育艺术观的立场。教育是科学还是艺术，这是教育学历史上一个非常根本的争议。在这种争议中，双方都不再只是看到教育实践中的目的和理想因素，而是都关注到教育是一种行动和活动，都认为教育作为实践本身包含着手段的核心要素。但是，教育科学观和教育艺术观在教育实践手段性质和实质的理解上产生了差异，教育科学观认为教育的手段是技术，而教育艺术观认为教育的手段是艺术。艺术和技术看起来是不同的，如果把教育手段认定为艺术，那么技术就是不重要的。在教育艺术观方面，乌申斯基提出了非常具有代表性的观点，他认为教育实践活动是不断发生、指向未来和充满创造性的，因而提出教育学是"一切艺术中最广泛、最复杂、最崇高和最必要的一种"②。邓晓芒对教育作为艺术进行了自己的论证，他把教育当作艺术的最根本理由是"教育作为人类社会性的自由自觉的活动"③。在这些关于教育实践艺术性的论述中，与艺术活动紧密联系的创造性、自由自觉、人的精神性等特征被当作教育实践的根本特质，这些特质当然与技术所具有的确定性和规范性并不一致。

然而，在教育实践中冷落技术因素的这两个方面的具体原因是比较可疑的。在教育实践认识和教育基本理论探讨中，目的—手段分离的思维方式本身就有不少问题。虽然这种分离的思维方式确实是因为教育目的和教育手段分别对应不同的理论资源，但是对教育实践的认识和对教育基本理论的探讨不能停留在教育目的和教育手段的分立之上。这样的停留只能让以教育实践为中心的教育基本理论不成体系，

① 杜威. 确定性的寻求：关于知行关系的研究[M]. 傅统先，译. 上海：上海人民出版社，2004：282.
② 乌申斯基. 人是教育的对象：教育人类学初探：上卷[M]. 郑文樾，译. 北京：人民教育出版社，1989：17.
③ 邓晓芒. 教育的艺术原理[J]. 湖北大学学报(哲学社会科学版)，2003(2)：101-106.

因此不能真正构成一个独立的知识领域。此外，把教育实践归结为艺术而冷落技术的做法是存在疑问的。一方面，艺术能否构成教育手段的全部属性，这是存在疑问的。另一方面，技术和艺术能否轻易截然分离，特别是能否轻易实现没有技术的艺术，这并不确定。由于存在这些重大的疑问，对技术在教育实践中定位的探索需要在清晰界定教育实践与技术内涵的基础上进行内在的分析。

（三）教育实践发展的技术化必然与内涵

在对教育实践的理解和界定上，亚里士多德的实践观是不少研究者经常参考的观点。亚里士多德从目的要素出发区分了思辨、实践和创制，认为实践的本原即意图在实践者中，因为意图的对象和作为之结果是同一的。① 这种目的在于自身的实践由此就与制作外在事物的创制区分开来，技术由此就远离了这种意义的实践。亚里士多德的实践观实质上是一种非常狭义的人类实践观，只是涵盖了能体现人自由特性的行动，而把那些受制于外在环境的行动放在了实践内涵之外。基于亚里士多德实践观的教育实践理解因此会特别强调教育实践的德性目的和出于教育实践者内在目的的行动，同时会相对忽略那些限制自由人性的教育行动。卡尔对教育实践的理解直接反映了这种忽略的倾向，他提出：教育实践并不是能够按照一种完全无思维的或机械的方式完成的机器人式的行为。② 与这种狭义的取向相对，更为广义的教育实践是一种涵盖多种多样教育行动的实践，是从当下称为教育的现实中得出的教育内涵。从教育实践多样性历史发展的角度来看，教育实践既具有核心与附属之分，又有正统的演变，因此历史发展视野下的广义教育实践应该是教育之名下的行为活动。

虽然人们通常把技术等同于技术人造物，但是技术的学术定义要丰富得多。通过对技术发展历程的考察、对技术现象的概括或对不同技术定义的提炼，技术理论学者给出了一些在不同时期和领域比较有影响的技术定义："技术是人们运用知识、信息、经验和技能，并借助于物质手段以达到认识、改造和建设世界的完整系统和过程"③，旨在控制或改造自然或社会世界的研究与行动领域④，在人类活动的每一

---

① 亚里士多德. 形而上学[M]. 苗力田，译. 北京：中国人民大学出版社，2003：119-121.

② 郭元祥. 教育逻辑学[M]. 北京：人民教育出版社，2019：329.

③ 巨乃岐，邢润川. 技术：天使抑或魔鬼：关于技术的哲学思考[J]. 科学技术与辩证法，2007(2)：58-63，111.

④ SCHARFF R C，DUSEK V. Philosophy of technology[M]. Malden：Blackwell Publishing，2003：173.

个领域理性地取得并具有绝对有效性的方法总体①，为实现特定目标而运用知识与组织来生产客体和技法的人造系统。即便都是在提炼的基础上进行的技术定义，它们也明显存在角度和层次的差异，进一步统合这些定义需要站在较高、较宏观的层次进行抽象和概括。在把技术的实质当作手段和方法，把技术的目的当作特定目标，把技术的核心特征确定为标准化之后，技术在人类历史发展的视野中可以定义为实现特定目标的标准化手段和方法。

在历史发展的大视野中，教育实践和技术的关系可以从内涵层面的本体性关系开始确定。面向探索教育实践和技术内在关系的目标，韦伯关于行为和技术本体性关系的观点是非常具有启发和基础意义的。韦伯对技术的理解是在手段的意义之上的，由此提出：一个行为的"技术"意味着行为所应用的手段的内涵；"合理的"技术意味着应用有意识、有计划的以经验和深思熟虑为取向的手段，对一切行为来说，都有在这个意义上的技术，一个具体的行为的最后意向，把它放在一个行为的总的相互关系中，可能是"技术"性质的。② 实质上，韦伯的这些表达就是说，在可以预想的行为中必然存在技术，技术在行为中作为手段存在，行为因为技术而现实化。"可以预想""必然""作为手段存在"和"现实化"都为定位教育实践的技术因素提供了思维上的启发和基础。在这种思维的基础上，进一步结合教育实践发展的历史现实，教育实践和技术的根本关系可以确定为技术化是教育实践发展的必然方式和内涵，其在教育实践发展中的具体作用主要有三个方面。

第一，技术以外在的方式通过促进教育实践者的完善而实现了教育实践的终极追求。对人自身来说，无论是作为技法的技术还是作为人造物的技术都是外在的。可以说，技术的外在性是技术被恐惧和抵制的根源，但也是技术不可以被替代的根源。戈菲深刻分析了"技术恐惧症"的原因，其中包括：它令其使用者接受现实的惩罚；技术因其本身所固有的单调、平淡、重复而变得令人疑虑重重；它尤其无视生活的机械化这一现实，而强调广泛使用机器的威胁和人类生活构成单一化的危险性。③ 确实，任何外在于生命的东西都可能让生命手足无措或狼狈不堪，但这不能随

① ELLUL J. The technological society[M]. New York：Vintage Books，1964：xxv.
② 韦伯. 经济与社会：上卷[M]. 林荣远，译. 北京：商务印书馆，1997：87.
③ 戈菲. 技术哲学[M]. 董茂永，译. 北京：商务印书馆，2000：3-9.

便看成技术给人带来的全部。在考察西方文化中的技术起源以及技术与生命的内在关系之后，斯蒂格勒在海德格尔等人技术思想的启发下对技术的生命价值做出了一个核心的定位："技术作为一种'外移的过程'，就是运用生命以外的方式来寻求生命"①。这个观点有一个基本的前提性观点，即力量有限的生命很需要以外在的方式实现能动性。从现实的教育实践发展来看，技术一次次扩展教育实践者的能动范围，使教育实践者可以追求更大范围或更有深度的教育实践目标。而且，技术对教育实践者的外在作用不只是力量的增加和附加，还是一种对内在取向的选择、限制和成就。虽然教育目的和理想要追求高位，但是并不是越高越好。特别是在需要把教育目的和理想见诸现实的情况下，技术作为外在的方式可以在选择和限定目的和理想高度的基础上去支撑和成就教育实践的目的和理想。虽然技术的选择和限定有时可能成为一种对教育实践者人性的限制或强制，但是这种限制或强制的背后是普遍存在的作用机制，而不是偶发的错误。这种普遍存在的技术作用机制，就是教育实践者可能完善自我和教育实践可能实现追求的希望所在。

第二，技术使教育实践的方法升级了。虽然一提到技术，人们普遍想到的是人造物和工具，但这只是一种误解。技术在原初的意义上就属于技艺，这是一种技能和技巧的结合，需要脑和手配合的能力。②从教育实践的发展历史来看，教育实践的发展离不开方法，方法推动了教育实践的进步。那些真正推动教育进步的思想一定包含了有效的方法，如孔子教育思想中的启发教学、苏格拉底教育思想中的"产婆术"、赫尔巴特教育思想中的"四步法"、杜威教育思想中的"五步法"等。随着教育理论吸收科学成分，越来越多的教育方法出现了，学校管理、教育评价、教学设计等教育实践领域都是新式方法集中涌现的领域，教育实践在不断创新的方法的推动下获得了长足的发展。在不同领域和层面推动教育实践发展的流行方法可以列出一长串：档案袋评价、小组合作教学、增值性评价、目标管理、参与式培训、思维导图、翻转课堂、混合教学、项目学习……不断翻新的方法让教育实践者拥有了标准化和规范化的做法，这些做法能够取得确定化的效果。同时，教育技术方法让很多教育目的和理想全部或部分地变成现实。比如，翻转课堂的技术就能让很多人享受到好

① 斯蒂格勒. 技术与时间 1：爱比米修斯的过失[M]. 裴程，译. 南京：译林出版社，2012：20.
② 姜振寰，袁晓霞. 历史中的技术与艺术[J]. 自然辩证法通讯，2009(1)：10-15，110.

的教育。

第三，技术更新了教育实践的资源条件。如本书所言，虽然教育界流行着表达信息技术未能深刻改变教育的"乔布斯之问"，但如果平心静气地观望一下就会发现：教育实践已经被各种技术成果改变了，教育实践需要的资源条件因为技术的不断发展而更新换代了。也许特别关注人的价值的人文化教育理论者并不是特别在意教育实践资源条件的更新换代，或许认为这只不过是物质条件而已。但是，如果把眼光从人性和人的价值问题放开去一点，人们就会发现物质条件的改变已经深刻影响到了教育实践的广度、深度和方向。波兹曼通过技术对环境的改变来展示教育的时代变革，现代信息环境产生的一个重大变化就是让童年消逝。[①] 这种观点的一个基本逻辑是：新的信息媒介取消了成人和儿童的界限，原来通过是否读懂文字而形成的成年与童年差异被无门槛的新媒介技术条件消解了。在这个过程中，技术表面上只是提供了电视设备，但是以电视设备为开端的新媒介深刻地造就了新的教育实践格局。在教育实践的历史上，促进教育实践发展的资源条件可以列出一串：纸质印刷书本、以层级监视为核心的学校建筑、多媒体教学设备、电子化教具、慕课微课平台、虚拟现实教育装备、人工智能教育装备……这一系列资源条件对教育实践的影响和促进或多或少地和电视技术一样，改变着特定时期教育实践的内在结构并推动其向纵深处变革。

在一定程度上可以说，重视技术方法的人是非常负责任的教育目的和理想建构者。技术不是教育实践的"死敌"，而是教育实践不可或缺的组成部分，教育实践的发展就是教育实践技术化的过程，技术化是教育实践发展的一个必然表征。尽管教育实践有时候可能会因为内在的技术状况而陷入被动或走偏，但它会在更多的时候因为技术的推动而获得巨大的发展。现在的问题不是冷落技术而追求教育实践的发展，而是要在正视技术作为教育实践本体性成分的基础上去思考如何促进教育实践的发展。

(四)教育实践技术化的典型问题与限度

技术是教育实践的必备元素之一，也是教育实践发展的必然内涵和方向，教育实

---

① 波兹曼. 童年的消逝[M]. 吴燕莛，译. 北京：中信出版社，2015：132.

践在历史中已经基于技术的进步获得了巨大的发展。但是，技术在不小的范围内没有得到教育实践者的深入认可。与教育基本理论研究者冷落技术的原因有些不同，不少教育实践者对技术的悲观和疏离是从技术在教育实践中发展和应用的具体问题中产生的。

教育界对教育实践中的技术及其应用问题的关注，主要集中在工具理性的异化、技术不能与课堂教学整合、技术不能融于日常教育实践等方面。这些方面实际上都是对教育实践中消极技术问题的典型概括，表现为三个主要方面。

第一，充分应用技术带来的教育实践机械化问题。无论是方法的技术还是人造物的技术，其根本特征都是标准化和确定性，所以技术在对象世界中的应用就是使对象世界越发标准化和确定化的过程。这样的过程同样出现于技术应用于教育实践之中，特定的教育方法或教育设施一旦在教育实践领域中铺开，这个教育实践领域就会明显地按照全面铺开的教育方法或教育设施所附着的确定性思维和机制进行改造。以启发式教学为例，启发式教学方法的全面铺开给特定实践领域带来的不只是方法和操作的标准化和确定化，还会带来关于教师地位、师生关系、教学内容选编、教学评价等多个方面的确定性改造，如师生在理智上的平等关系原则。这种确定化的趋势无论是否得到认可，其根本的效果就是一种机械化，即让原来需要人们思考的东西不再需要思考了。那些直接接受某些知识的教学目标在启发式教学铺开以后就不需要思考了，全面实施启发式教学的教育实践者只需要且只能考虑那些启发式的教学目标。虽然有人认为技术是价值无涉的，但这种观点多是一种辩解，实质上每种技术体现的思维就已经预设了相当确定的价值甚至道德取舍。[①] 这个方面的问题在不少研究中被概括为教育技术带来的工具理性僭越问题，这个问题的根本危害是无法真正控制自己所创造出来的"工具"，相反，人类却为创造物所"统治"，有时甚至变成了它们的"奴隶"。[②]

第二，技术应用过程带来的教育实践者仓皇应付问题。在教育实践中，技术会让人反感甚至恐惧的一个具体原因是很多技术不容易被掌控，或者说很多技术掌控起来需要素养和过程。由于技术本身直接是规范化的行动或使用技巧，这就需要特

---

① 刘铮. 技术物是道德行动者吗?：维贝克"技术道德化"思想及其内在困境[J]. 东北大学学报（社会科学版），2017(3)：221-226.

② 李芒. 对教育技术"工具理性"的批判[J]. 教育研究，2008(5)：56-61.

定的能力作为基础才能很快地掌握。比如，掌握小组合作教学就需要教师有娴熟精到的分组和任务分配能力。如果教育实践者还没有很好地具备某项教育方法或教育设施所需要的操作能力，那么这类教育实践者在这些方法和设施的使用中容易出现的是仓皇应对的狼狈感。在一定程度上可以说，仓皇应对的狼狈感不是技术本身带来的，而是技术的确定性给教育实践者带来的世界刚性成分的压迫和惩罚。教育界普遍推行的量化数据评价技术给评价教师带来的狼狈感，从根本上来说不是来自这个技术本身，而是量化数据评价技术所显示和依据的论文发表数量和等级等刚性因素。不少教育实践者在这个过程中面临着对比强烈的两方面，一方面是让其仓皇应对的技术压迫和挑战，另一方面是日常教育生活的习惯和舒适。在两个方面的强烈对比中，教育实践者产生对技术的悲观和恐惧是自然而然的事情。

第三，技术话语实践带来的教育技术鼓吹欺骗问题。在教育实践中，技术让人消极悲观的还有技术吹嘘和欺骗的问题。所谓技术吹嘘和欺骗是指技术的开发者和推广者在宣称技术绝对有效并使人产生信任感的同时，隐匿了技术的缺陷以及技术开展者、推广者附加在技术中的企图。[1] 在教育实践领域，这样的现象屡见不鲜，很多教育技术在开发者和推广者的介绍中是绝对有效的，让人相信它们对教育实践具有拯救和再造的力量。然而，教育实践的发展历史表明，很多有过光环的教育方法和设施最后都暗淡了。正如拉格曼所揭示的那样，克伯屈当年推广项目学习所依靠的主要不是这个方法学说的科学性和合理性，而是他的实业才能起到了关键作用。[2] 在很多教育技术的应用推广中，教育技术本身的有效性没有被说明，很多教育实践者在被鼓吹起来的信任中开始使用新的方法和设施，最终却经常因为事实存在的重大缺陷而废止并由此心生反感。

技术在教育实践中的发展是必然的，但是其效果如何是变化的。教育实践的技术化是发展的必然内涵，但实现积极的教育实践技术化是需要努力追求和作为的。积极的教育实践技术化在直观上就是不出现教育实践技术化消极问题的状态，就是技术在教育实践中的发展和应用不导致机械化、不让个体长久地仓皇应对以及不以

---

① ELLUL J. The technological bluff[M]. Grand Rapids：Eerdmans Publishing，1990：xvi.

② 拉格曼. 一门捉摸不定的科学：困扰不断的教育研究的历史[M]. 花海燕，梁小燕，许笛，等译. 北京：教育科学出版社，2006：238.

吹嘘和欺瞒为基础。为了实现这种"标"，教育实践的技术化就必须从"本"的层次划定教育实践技术化的底线原则，进一步明确教育实践技术化的积极空间。基于已经明确的现实经验和理论认识，教育实践的技术化发展需要超越三个方面的底线才能得到积极的成果。

第一，教育实践的技术化发展必须限定在教育实践者群体主体性的发展范围之内。从人类的主体发展来说，技术化的方式是一种外在于生命的发展方式，其之于人类根本的价值在于弥补人类生命技能的不足，增强人类的能动性。可以说，技术的人类价值在根本上是"主体彰显自我的力量"①。但是，技术对人性来说还具有毁灭的可能作用，如果技术作为一种外在力量在根本上与人性对立，那么就可能造成对人性的灾难。教育实践的技术化发展从根本上必须限定在教育实践者群体主体性的发展范围内，即教育实践在技术化发展之后还能够让这个群体具有认识和行动上的主体地位。如果教育实践在某些技术的推动下不能保障教育实践者群体的主体地位，那么这种教育实践的技术化行动就是需要限制甚至是禁止的。当然，这里要强调的是教育实践者群体主体性本身是一个发展的存在，其对特定教育实践技术化行动的接受要建立在前瞻的水平之上。一些教育者对人工智能在教育实践中的应用表现出恐慌，认为人工智能在教育实践中的应用就一定会让教育毁灭。这样的思考总体上还是没有建立在教育实践者群体或人类群体主体性发展的立场上，教育实践者群体或人类群体主体性本身在不断发展，可能通过升级社会关系结构甚至是大幅度地技术化升级生命能力而得到相当程度的提升。如果在这种群体主体性提升的背景下再考虑人工智能的教育实践应用，结果就不一定那么让人恐慌了。面对教育实践的技术化行动，密切而深入地考量它是否出离教育实践者群体主体性发展范围，是一直需要进行的探索。

第二，教育实践的技术化发展必须顾及教育实践者的操控力水平。教育实践的技术化可能会因为不能被很多教育实践者个体操控而难以日常化，或者教育实践中要应用的某种技术因为难以操控而使教育实践者产生逆反和排斥，这些都非常不利于教育实践的技术化发展。从教育实践发展现实来说，真正对教育实践者操控力水

---

① 吴国盛. 技术与人文[J]. 北京社会科学，2001(2)：90-97.

平构成挑战的教育方法或设备主要有两种：一是教育方法或设备本身的操作很难，很多教育实践者因此不能掌握或比较娴熟地掌握；二是教育方法或设备因更新换代过快而没有留出足够的时间让教育实践者去练习操控。从根本上说，教育实践发展本身是一个节奏不能过快的过程。吴国盛提出教育不需要对任何新技术太敏感，这是因为教育本身还包含社会积淀和稳定的力量。[①] 这里所说的社会积淀和稳定本身就说明教育具有一种基本的稳定节奏感，教育实践者应该在这种稳定的节奏感中学习、操控进而超越教育的方法和技术，由此使自己的教育追求和理想得以完满实现。在这个方面可以说，教育实践的技术化发展要能够允许教育实践者培育自己的匠心。

第三，教育实践的技术化发展要处理好教育实践技术化与艺术化发展之关系。教育实践的基本逻辑结构是目的—手段，这里的手段并不是只有技术，与技术相并列的还有艺术。关于艺术的定义本身非常复杂，但是不同的艺术观都相对达成共识的是艺术的基本精神在于独特性、超越性、自由性，这与技术所具有的标准化、规范化正好相对，它们共同构成世界独特性/普遍性和变动性/确定性的辩证整体。舍恩曾经论述了包括教育实践领域在内的确定性/不确定性并存的二元格局，技术主要被用来解决实践领域的确定性问题，艺术主要解决实践领域中的不确定性问题。[②] 这个观点是对教育实践为什么会出现技术化问题的一个解释，如果使用技术手段和思维来处理本来就不确定的教育实践事务，那么就会出现两个问题：一是技术的鼓吹欺骗问题，二是教育实践结构的僵化问题。因此，教育实践的技术化行动需要严格限定在确定性的领域和层次上，那些不确定性的教育实践问题要借助教育实践艺术化行动来应对。

技术化是教育实践发展的一个基本内涵，获得积极的教育实践技术化效果需要从根本上思考教育实践的目的—手段链问题。在这种思考中，技术可以被总体定位在教育实践的手段位置中，但这里的手段中同时还存在艺术，而且重要的一点是包含技术的手段与目的之间还有不可简化的双向关系。只有在整体思考教育实践中的主体、目的、手段、技术和艺术等基本成分的基础上，教育实践的技术化努力才能获得积极的前景。

---

① 吴国盛. 技术革命与教育改革[J]. 人民教育，2018(1)：20-24.
② 舍恩. 培养反映的实践者：专业领域中关于教与学的一项全新设计[M]. 郝彩虹，张玉荣，雷月梅，等译. 北京：教育科学出版社，2008：3-4.

/ 第三章　教育理论的实践价值与实现途径 /

不同类型和流派的教育理论大都宣称对教育实践具有价值和意义，不同教育理论类型和流派经常表示只有自身对教育实践的价值和意义才是最大的。但让研究者常常难以接受的是，不少教育实践者并不认同很多教育理论类型和流派宣称的对教育实践的价值和意义，他们经常给教育理论研究者的回应是"教育理论脱离实践"或"教育理论经常是正确的废话和空话""教育理论常常艰深晦涩难以理解"。教育研究者对教育实践者的这些声音反应不一，有的创新教育理论研究的理念和方法，有的宣称教育理论与教育实践之间存在鸿沟的必然性，有的建构教育理论和教育实践之间的桥梁。本书认为，怎样改变"教育理论脱离实践"的现状和怎样转变教育理论研究方式还是后话，应该先处理的问题是如何理解教育理论的实践价值，以及为何产生教育研究者和教育实践者关于教育理论实践价值问题的观点分歧，解决这样的问题既要站在教育理论的角度，又要站在教育实践的角度。在这些探索之后，教育理论实践价值的重要实现途径问题需要进一步思考和分析。

一、教育理论的实践价值体系与实现逻辑

"理论指导实践"是不少教育理论支持者常用的观点，用以说明教育理论对教育实践的巨大推动作用。细思起来，这个观点不仅表达了教育理论实践价值的巨大，还有"不可或缺"和"高高在上"的意思，言外之意包括"没有指导可是要犯错误的"和"老老实实听理论的"。很多实践者的具体疑问是"教育理论凭什么能够指导实践"和"教育理论的实践作用能否达到指导的程度"。为了澄清这些观点，我们需要从具体分析教育理论到底能对实践做什么开始，进而探讨教育实践到底需要教育理论做什

么，以此为描述教育理论的实践价值体系和筹划主要实现途径奠定基础。

（一）教育理论能对教育实践做什么

无论多么抽象和宏观，教育理论对教育实践总是怀有一种情结，或直接或间接，或热烈或内敛。教育理论具有实践情结的一个内在原因是，教育是一种实践活动，对教育的理解和理论建构总要考虑教育实践的现状，同时在根本上总离不开对作为实践的教育的帮助。如学者杨小微在对教育研究界观察时所看到的那样，虽然很多教育研究者在热烈争论教育理论与实践关系问题之后进入安静时期，但是"实践问题也成为盘桓在教育学研究者心中的一个'情结'"①。从教育理论发展的过程来看，这种实践情结应该是长久存在于研究者的内心的，不过不同历史时期的强弱和明暗程度处于不同的水平。为了细致地探讨教育理论的各种实践价值，这里很有必要对各类教育理论的实践价值观做一个概要的解读。

教育理论是一个"大家族"，里面有很多分支，这些分支的维度会因视角不同而异。教育理论可分为"知"和"行"两个板块，两者的分界是普遍化程度：那些能提供普遍性知识的教育理论属于"知"的类别，那些基于情境与个体性的教育知识属于"行"的范畴。这个分类还可以再分为具体的几个方面。具体分类中比较典型的有两分法，如涂尔干对关于"应是"的教育实践理论和关于"是"的教育科学理论的区分。②三分法很有影响，这个方面的代表是布列钦卡关于教育哲学、教育科学和实践教育学的区分。③陈桂生在三分法的基础上提出了四分法，把教育理论划分为教育技术理论、教育科学理论、教育价值理论和教育规范理论。④唐莹基于卡尔对教育理论的两种分类提出了五分法：常识取向教育理论、应用科学取向教育理论、实践取向教育理论、解释取向教育理论和批判取向教育理论。⑤概览这几种说法，可以看到几种说法主要体现出历史阶段、视野范围和粗细程度的差异。为了细致地探讨已有教育理论类型的教育实践价值类型，本书以"最小公倍数"的方式，把教育理论主要分为：常识教育理论、价值教育理论、科学教育理论、技术教育理论、解释教育理论、实

---

① 杨小微. 教育学研究的"实践情结"[J]. 教育研究，2011(2)：36-40，46.
② 涂尔干. 道德教育[M]. 陈光金，沈杰，朱谐汉，译. 上海：上海人民出版社，2006：253-254.
③ 布列钦卡. 教育知识的哲学[M]. 杨明全，宋时春，译. 上海：华东师范大学出版社，2006：20.
④ 陈桂生. 教育学的建构：增订版[M]. 上海：华东师范大学出版社，2009：54.
⑤ 唐莹. 元教育学[M]. 北京：人民教育出版社，2002：342-343.

践教育理论和批判教育理论。按照顺序，本书在类型阐释和举例说明的基础上对这七种教育理论的实践价值进行逐一概述。

1. 常识教育理论

常识教育理论不是从教育理论内容取向上的分类，而是从教育理论抽象程度和日常化特征的角度进行的分类。由于常识教育理论本身表述上的白话化和内容上的日常化，有人不把这个领域作为教育理论的一部分。这里之所以把它作为教育理论的一部分，是因为常识教育理论从根本上是基于对教育理解的一整套思想观念体系，而且发挥着不可替代的作用。从产生来看，常识教育理论是人们在从事具体教育活动中对教育的直观把握，来源于直观思维强调的概括和推断方式。可以说，人类有了教育活动就有了常识教育理论，孔子和柏拉图等人的一些教育观点是这个方面非常典型的代表。就常识的实践作用，孙正聿的说法是："常识，它作为人类把握世界的基础层次的概念框架，既具有描述和解释世界的功能，又具有约束和规范人的思想和行为的功能……常识既是人们的思想和行为的根据，也是人们的思想和行为的限度。"[1]常识提供了对人的思想和行为基于经验的解释和规范，是比较普遍而又非常直接的形式。在把常识教育理论作为独立分类的基础上，卡尔认为基于常识建构教育理论与实践之间的关联的方式有两种：一是找出优秀实践所隐含的概念、原则和技术，二是把这些作为确认实践胜任力和校正实践表现缺失的基础。[2] 根据这些观点和分析，常识教育理论的实践价值主要体现为对教育实践进行基于经验的解释和规范，以此提高实践能力和修正实践的不足。

2. 价值教育理论

价值教育理论的说法主要来源于陈桂生的教育理论四分法中的教育价值理论，主要是指以探讨教育价值取向为核心内容的教育理论。在教育理论的发展中，很多研究者致力于超越常识地探索教育到底应该是什么或者教育到底应该追求什么的问题。从理论发展来看，价值教育理论是人类使用概念思维探讨普遍教育机理的结果。近代以来，很多人建构的教育理论含有丰富的价值教育理论内容，如夸美纽斯、赫

---

① 孙正聿. 哲学通论[M]. 长春：吉林人民出版社，2007：81.

② CARR W. For education：towards critical educational inquiry[M]. Buckingham：Open University Press，1995：47.

尔巴特、杜威、赫钦斯、布拉梅尔德等人的教育理论。陈桂生概括教育价值理论为：基于关于教育"是什么"的事实判断和一定社会—文化情境的价值观念，对已经存在的教育事实做出价值判断和价值选择。他还认为这类理论的成果形式是教育理念的原理和原则。[①] 在布列钦卡的三分法中，价值教育理论主要对应的是提供规范的教育哲学理论，在这个分类体系中教育哲学理论主要探讨的是教育的价值判断和规范问题。[②] 根据这些已有的认识，这里可以把价值教育理论的实践价值定位为通过探讨教育应该追求什么和应该是什么的问题来提供价值判断及其相应的选择和规范。

3. 科学教育理论

教育理论的科学化可以从赫尔巴特等人的探索开始算起，科学教育理论是在经验实证科学精神和方法运用到教育研究之后产生的，拉伊、梅伊曼、桑代克等人的教育理论探索为科学教育理论的发展开创了思路和方式的先河。布列钦卡对科学教育理论的理解较为广义，不仅包括了基于经验科学的科学教育理论，而且包括了后面要阐释的解释论教育理论。[③] 他提出的教育科学主题观可以为这里要说明的科学教育理论提供一方面的理解。卡尔对科学取向的教育理论的基本理解是教育现象可以依循科学研究方法去发现并解决产生的问题，而且科学解释的逻辑标准能为建构教育理论提供标准。[④] 在卡尔的理解中，科学教育理论主要使用科学的方法，秉承科学的标准去探讨、发现教育和解决教育的问题。陈桂生对科学教育理论主题的理解是其研究的"是什么"类型的教育问题，其理论成果形式是反映教育规律的原理。[⑤] 概括来看，科学教育理论的实践价值是通过科学研究的方法探索教育的规律，特别是阐释教育中目的—手段的关系规律，以此为验证教育实践的具体化原则和探索高效教育的原则与技术。

4. 技术教育理论

技术在基本的含义上主要是技巧和方法，如果从广义来看可以包括创造性的技巧和方法，即包括艺术的意思。技术教育理论主要是一种广义的内涵，凡是能够为

---

① 陈桂生. 教育学的建构：增订版[M]. 上海：华东师范大学出版社，2009：55.
② 布列钦卡. 教育知识的哲学[M]. 杨明全，宋时春，译. 上海：华东师范大学出版社，2006：185.
③ 详见本书第一章"教育理论的类型"部分的相关论述.
④ 瞿葆奎. 元教育学研究[M]. 杭州：浙江教育出版社，1999：347.
⑤ 陈桂生. 教育学的建构：增订版[M]. 上海：华东师范大学出版社，2009：55.

实现特定教育目的而提供技巧、手段和行为方式的教育理论都属于技术教育理论。这里的技术教育理论超越了常规意义上的教育技术范畴，包括德育、教学、管理等教育事务的一些具体技巧和方法。可以说，技术教育理论很早就出现了，从孔子、苏格拉底到赫尔巴特、杜威都有关于具体方法的思想或论述。特别是人类社会进入现代之后，工具理性的发展使教育中各种技巧和方法意义上的技术层出不穷，形成了比较丰富的各种技术教育理论。对于技术教育理论，陈桂生的理解是：这类教育理论的研究对象是教育中的做什么—怎样做，其主要的理论命题类型是程序性命题，其理论成果形式是教育规则。① 尽管现代化技术主要基于科学的发展，这个意义的技术教育理论还没有得到较多的认可，但是其相对独立的形式和功能类型可以使它独立于教育科学来被认识。概言之，技术教育理论的实践价值主要是提供针对具体教育目的的技巧和方法。

5. 解释教育理论

解释教育理论主要来源于人文科学思想的发展，是使用人文科学的精神和各种方法对教育展开研究而得来的教育理论总称。人文科学的思想和概念出现于 19 世纪，赫尔德、李凯尔特和狄尔泰等人是这种思想的早期典型代表。这种思想认为人类世界不能使用自然科学来认识，需要通过人文科学的思想和方法来理解，人文科学的使命是理解与人类不可分割的世界的意义问题。在这种背景下，文化教育学应理解人类处身于其中的教育世界的意义，并为教育提供规范。这种以理解教育世界意义为核心的解释教育理论后来又得到以韦伯社会科学认识论、解释学、定性研究等思想方法为核心的各种教育研究成果的丰富，这些教育研究成果共同的取向是通过理解教育世界的意义来解释教育世界和人。卡尔看到，诠释学方法论主张教育研究必须根植于教育实际行动，诠释取向的教育研究的目的范围限于理解教育实践活动。② 唐莹对解释取向的教育理论实践定位概括为"为实践者理解自身提供更深、更广、更系统的知识，是一种描述性的理论"③。可见，解释教育理论的实践价值主要是通过理解教育世界的意义来解释教育世界的人文存在。

<hr>

① 陈桂生. 教育学的建构：增订版[M]. 上海：华东师范大学出版社，2009：55.
② 程亮. 教育学的"实践"关怀[D]. 上海：华东师范大学，2006：20.
③ 唐莹. 元教育学[M]. 北京：人民教育出版社，2014：342.

6. 实践教育理论

在布列钦卡、卡尔和陈桂生的教育理论分类中，实践教育理论都作为一种类型出现了。从概括的角度来说，实践教育理论是为具体教育实践提供直接相关知识内容的教育理论，这一观点已成为共识，尽管不同的论者对实践教育理论有不同的理解角度。卡尔认为，实践取向教育理论的目的在于探寻实践者的实践智慧，提供实践者解释性理论，以阐释和理解实际情境。[①] 在区分实践教育学两种可能内涵的基础上，布列钦卡认为，实践教育学就是指一种规范性教育理论，它适合于实践或为行动提供指导。[②] 在此基础上，布列钦卡认为实践教育理论需要包含情境分析的、目的论的、方法论的、动机的和职业的伦理学取向的要素。[③] 显然，布列钦卡理解的实践教育理论比卡尔理解的要广泛得多。在陈桂生那里，实践教育理论主要为教育实践提供指导，这种指导主要是提供一套有别于教育实践规范的规范理论，它诉诸实践者的理性，主要以价值理论、价值原则和有关规范的知识启发实践者的思考。[④] 概括来看，实践教育理论从广泛意义上主要提供一种规范性指导，帮助身处具体实践情境中的实践者分析情境，选择方法和目的，促进思考和增进情意。

7. 批判教育理论

20 世纪中期之后，批判教育理论获得了迅速的发展，阿普尔、布迪厄、弗莱雷和吉鲁等人对教育中的意识形态问题进行了深刻的揭露和批判。总体来看，批判教育理论是与教育实践交织的教育理论，主要为实践提供批判、反思的思考和方式，核心实践价值是有助于批判和转化实践者的信念、理解、常识、习惯和不证自明的真理。[⑤]

需要承认，这里使用的教育理论分类还不够精细，每种分类在其他不同体系的分类观中具有大小不一的内涵范围，这里概括出的每种教育理论的实践价值主要在要点的层面上，是一种基本的定位。从这些概括中可以看出，每种教育理论都可以向实践做出自己的努力和支持，因而这些实践价值本身是非常多样的，都有各自的角度和水平。虽然未必都明言，但不同教育理论的建立者和提倡者都相信自己的教

---

① 程亮. 教育学的"实践"关怀[D]. 上海：华东师范大学，2006：20.
② 布列钦卡. 教育知识的哲学[M]. 杨明全，宋时春，译. 上海：华东师范大学出版社，2006：214.
③ 布列钦卡. 教育知识的哲学[M]. 杨明全，宋时春，译. 上海：华东师范大学出版社，2006：219.
④ 陈桂生. 教育学的建构：增订版[M]. 上海：华东师范大学出版社，2009：78.
⑤ 唐莹. 元教育学[M]. 北京：人民教育出版社，2002：343.

育理论对实践的价值比其他理论更大，都以不同方式来显示自身的理论对教育实践来说更有必要。所以，有关教育理论实践价值的问题还要继续探讨，下一步的重要任务是建构教育理论的实践价值体系，处理各类教育理论的实践价值之间的关系。既然是探索教育理论的实践价值，那么建构价值体系的任务应该看一看教育实践本身的需要了。

（二）基于教育实践需要的教育理论实践价值体系

何谓价值和很多概念的定义问题一样，是难以简单回答和存在很多争议的问题。从基本定义来看，价值曾被从实体、属性和关系的范畴来理解，从关系角度来界定价值内涵是越来越常用的做法。从关系来看，价值可以被理解为在主客体相互作用中客体对主体的效应，确切说是对主体存在、发展和完善的效应。[①] 根据对价值的这个理解，谈论价值问题离不开探讨主体存在、发展和完善的需要，只有那些能够很大程度满足主体存在、发展和完善核心需要的客体才具有很大的价值，对应主体存在、发展和完善核心需要的价值才是核心的价值。为教育理论的多种实践价值建立体系，就是要区分出哪些价值满足了教育实践存在、发展和完善的核心需要，并以此为中心层次来逐步扩展范围，涵盖更多类型的实践价值，最终形成教育理论的实践价值"版图"。

实践的定义有广义和狭义之分，实践的所指就有了大小之分。当亚里士多德开始在人类知识中区分思辨、创制与实践时，实践就是指以自身为目的的行动了。[②] 无疑，这种实践观是有个人主观色彩和文化色彩的实践理解，它为我们理解教育实践提供帮助的同时激发我们去思考很多的问题。创制，以生产产品为目的的活动，能否成为实践的一部分，这是广义和狭义实践观一直争论的问题。如果继续一般化地讨论实践的定义，那么这个问题的纷争可能还要继续下去。但是，这里是对教育实践的探讨，而且算是为最终改进教育现实进行的探讨。从"实"的现实之义和"践"的行动之义来看，教育实践应该是广义的，应该包括所有的现实教育行动。而且，教育实践的"教育"二字既可以是内涵的应然限制，又可以是名义的指称。然而，从改进教育现实的考虑来看，范围不能局限于应然教育的领域，那些阶段性的、辅助性

---

① 王玉樑. 21世纪价值哲学：从自发到自觉[M]. 北京：人民出版社，2006：151-152.
② 亚里士多德. 形而上学[M]. 苗力田，译. 北京：中国人民大学出版社，2003：120.

的和边缘性的教育领域需要纳入教育实践内部。

把教育实践理解为教育之名下的各种行为活动，这种扩大化的定义必然需要对教育实践进行分层和分类，以期能够对教育实践进行广泛而又不失精准的理解。对教育实践进行分类，一个可行的思路是利用广义教育实践内部已经存在的明显界限顺势进行切分，这样能够得到较多的共识和认可。① 至此，考察教育实践需要教育理论做什么可以转变为技术性规范教育实践和情境性自由教育实践需要教育理论做什么的问题。

1. 指向技术性规范教育实践的教育理论实践价值

技术是一系列技巧和方法，越是高效的技术越是能够让人无须多虑地操作实施且最终能够实现既定的目标。虽然如伽达默尔所看到的那样，技术的发展会让人陷入丧失理性思考的危险，但是技术化的趋势在很长的历史时期内不可避免，在教育实践中也是如此。技术是指向特定目标的一系列技巧和方法，由此可以说教育实践的目标越明确、越固定，越可能实现高水平的技术化。教育的各个领域都在进行着技术化，认知技术和信息技术提高了教学的技术化水平，政治与管理技术推动了教育管理的技术化发展，甚至德育中都因对思维和情感理解的加深而出现了越来越多的技术。在教育理论所指涉的思想观念领域中，技术性规范教育实践最直接且最大的需要就是各领域高效的教育技术思想和观念，或者说是思想观念形态的各领域高效的教育技术。需要说明的是，技术本身有多种形态和水平：有直接针对事物的技巧和方法，也有直接针对人的技巧和方法；有非常严密精细的技巧和方法，也有相对突出重点的技巧和方法。具体来说，思想观念形态的各领域高效教育技术可以涵盖教育行政、教育组织管理、课程教学、德育等各个教育领域，这些领域的技术性规范教育实践的存在、发展和完善最直接需要的就是各种高效的教育技巧和方法。在对高效的教育技术直接需要的背后，技术性规范教育实践需要的是：有关教育规律的认识、有关教育人文存在的理解、有关教育目标内涵的理解甚至包括对以上这些方面的常识性把握等。如果把这些需要对应具有相应教育实践价值的现有教育理论领域，技术性规范教育实践直接需要的是技术教育理论发挥实践价值，间接需要科学教育理论、解释教育理论、教育价值理论和常识教育理论等理论板块。学者刘

① 详见本书第二章"教育实践的核心领域及其特征"部分的相关论述。

庆昌对教育工学进行了较为深入的研究，他认为教育学研究非常缺失联结教育理论和教育技艺的教育工学研究，从而造成了教育理论与实践的脱节。① 实际上，技术性规范教育实践直接理论需要和间接理论需要之间的联结的缺失造成了被紧迫需要的技术教育理论的缺失，这是今后教育理论要解决的重要问题。

2. 指向情境性自由教育实践的教育理论实践价值

自由有很多含义，但是情境性自由教育实践中的自由有自身的核心内涵。根据亚里士多德和伽达默尔等人对实践的思考和论述，这里的自由最核心的内涵是：自我追求在行为本身之中和不被思想强制。可以说，这里的两个内涵是情境性自由教育实践区别于技术性规范教育实践的基本点。伽达默尔之所以把技术化当作巨大威胁，就是因为人在技术中的不自由状态：行为本身没有自我追求，思想被强制或摒弃。技术除了对人的思想形成威胁之外，还有一个重要特点是超越具体所处的情境，即技术的应用追求不受外界环境的随机影响。但是，在不能使用技术超越情境的领域，教育实践的情境性非常明显。如亚里士多德强调的"实践的逻各斯只能是粗略的、不很精确的"②那样，发生在具体情境之中的教育实践会受情境中时空等各种因素的影响。这种影响其实多少来源于这些教育实践的自由性特征，教育实践者会根据一些关键的情境因素来调整直接体现自我追求的行为，也会运用自己不被强制的思想来感受情境的变化因素并做出自己的变化。当然，情境对教育实践者的一些影响即使本人没有意识到也会存在。从情境性自由教育实践的自由和情境两个方面来看，它在思想观念层面上的需要可以分为两个方面：一方面，情境性自由教育实践的自由性直接需要明智的教育实践自我追求和不被强迫的教育实践思考，即在教育行动中清醒地理解、把握自身的认识、洞察以及情境性的批判—解放性教育实践的思考。在这种直接需要定位之后，情境性自由教育实践的自由性间接需要可以包括教育实践的多种价值目标、对教育人文存在的理解、批判—解放性教育实践的思考和方式等。从现有的教育理论板块来说，教育实践的自由性直接需要不能直接通过教育理论来满足，要从满足间接需要的教育理论来满足，这些教育理论及其实践价值包括由价值教育理论提供的多样化教育追求、由解释教育理论提供的教育实践人

---

① 刘庆昌. 教育工学初论[J]. 教育理论与实践，2007(5)：1-6.
② 亚里士多德. 尼各马可伦理学[M]. 廖申白，译. 北京：商务印书馆，2003：38.

文存在理解、由批判教育理论提供的批判反思及其方式。另一方面，情境性自由教育实践的情境性直接需要基于教育情境洞察的智慧行动，间接需要对教育情境的分析认识、多样化的教育技术、智慧教育行动的决策方式等。从教育理论来看，情境性自由教育实践的情境性直接需要靠间接需要来满足，这些教育理论及其实践价值包括科学教育理论和解释教育理论对教育存在和规律的认识和理解、由教育价值理论提供的教育价值观、技术教育理论的教育技巧和方法。总体来看，教育理论对情境性自由教育实践的直接理论需要进行满足是比较困难的，但现存的一些教育理论能够比较确切地间接满足理论需要。还是要承认，教育理论面对情境性自由教育实践的理论需要是不足的，需要考虑完善这些需要对应的理论缺失领域，提升各种相关教育理论的质量。在这个方面，科学教育理论和解释教育理论提供的对教育存在和规律的认识，还远未达到充分支持智慧的情境性教育实践行动的程度，这是一个明显的问题。复杂系统理论所指出的系统的、有组织的复杂性[①]，在教育世界中还没有得到整体和动态的认识，对教育世界的认识还在努力揭示规律性和描绘零散复杂性的过程中。

从教育实践的角度来看，各种教育理论的实践价值体系逐渐形成了层次和联系，最核心层的教育理论实践价值对应教育实践的直接需要，外层的教育理论实践价值对应教育实践的间接需要。可以用表 3-1 来表示基于教育实践需要的现有教育理论实践价值体系。

表 3-1　基于教育实践需要的现有教育理论实践价值体系

教育实践类型	教育实践直接的理论性需要	直接满足教育实践理论需要的现有教育理论类型及其价值	间接满足教育实践理论需要的现有教育理论类型及其价值
技术性规范教育实践	高效的教育技巧和方法	技术教育理论提供的教育技巧和方法	①由科学教育理论提供的教育规律认识 ②由解释教育理论提供的教育人文存在认识 ③由教育价值理论提供的教育价值观 ④由常识教育理论提供的对教育的经验把握

---

① 莫兰. 方法：天然之天性[M]. 吴泓缈，冯学俊，译. 北京：北京大学出版社，2002：97.

教育实践类型	教育实践直接的理论性需要		直接满足教育实践理论需要的现有教育理论类型及其价值	间接满足教育实践理论需要的现有教育理论类型及其价值
情境性自由教育实践	自由性	明智的教育实践自我追求和不被强迫的教育实践思考	—	①由价值教育理论提供的多样化教育追求 ②由解释教育理论提供的对教育人文存在的理解 ③由批判教育理论提供的教育批判反思及其方式
	情境性	基于教育情境洞察的智慧行动	—	①由科学教育理论提供的教育规律认识 ②由解释教育理论提供的教育人文存在认识 ③由教育价值理论提供的教育价值观 ④由技术教育理论提供的教育技巧和方法

(三)教育理论实践价值的实现思路

以上对教育理论实践价值体系的分析主要就教育理论的发展现状而言,是在理论层面上的实践价值。所谓在理论层面上探讨,主要是指只在一般状态和逻辑可能性上探讨。这种理论层面上的教育理论实践价值如果要真正成为现实,还需要考虑的一个核心问题是通过何种途径实现这些价值。一个基本的道理,如果没有合适的实现途径,所有这些理论意义上的教育理论实践价值还只能停留在想象的水平上。

1. 关于教育理论实践价值实现途径的既有认识和反思

无论教育理论对教育实践可能的价值有多么多样,不少研究还是把这些价值的实现途径定位在教育实践者个人的学习、领会和践行上。李政涛在探讨教育理论与教育实践的双方转化逻辑时,提供了一段比较有代表性的表述:"当理论人试图把自己的思想传递给实践人,转化为实践人的思维方式和行为方式的时候,当实践人试图把想出来的上出来(上课),又把上出来的说出来(说课),把说出来的写出来(写作)的时候，都指向于教育实践，都属于教育实践的一部分。"①这个表述的代表性是指理论人的思想—实践人的思维方式和行为方式是教育理论实践价值实现最为典型的途径，只是具体的传递方式不同，既可以是自学、阅读，也可以是上课、听讲座。刘庆昌细致地论述了教育理论通过教育实践主体发挥实践价值作用的过程，他认为："教育理论向实践转化，无法逾越作为教育实践主体的教育实践者，现实的路径只能是把教育理论转化为教育实践者的教育力量。这里所谓教育力量是由教育实践者的教育价值信念、教育思维及教育行为规则有机合成的。因此，教育理论只有转化为教育实践者的教育价值信念、教育思维和教育行为规则才能最终走进实践。"②从两位学者的这些具体表述来看，在实践应用中实现教育理论价值的基本途径是把理论转化为教育实践者的价值信念、教育思维和教育行为规则。

此外，还有一些研究者对教育理论实践价值的实现途径的探索关注到了教育实践的类型，从而在教育实践本身的层次类型的基础上提出了实现途径观。在将教育理论和教育实践关系分层的基础上，周浩波提出教育理论对教育实践的作用主要是在制度层面、技术层面和理性批判层面，是教育理论自身的努力意向和目标。③ 可以说：一方面，这个观点等于把教育实践具体化，也等于对教育实践者进行了教育制度建设实践者和教育活动实施者的分类；另一方面，这个观点等于把教育理论实践价值的方向做了分类，制度层面和技术层面是对教育理论的正面应用，理性批判层面是对教育理论在实践中的辩证应用。可以说，这个实现途径观基本上是通过作用于教育实践者来实现对教育理论实践价值观点的扩充的。

以教育实践者的吸收和应用为教育理论实践价值实现途径的观点，是教育理论的一个基本观点，也是一个比较有共识的观点。在对这个实现途径观表示尊重的同时，有一些疑问需要回答：第一，教育理论在教育实践世界中的应用是否存在普遍性的基础机制？第二，教育理论可否通过他人的切实帮助对教育实践者产生影响？下面对这些问题做出必要的具体阐释和说明。

第一，教育理论在教育实践世界中的应用是否存在普遍性的基础机制？在一定

---

① 李政涛. 论教育实践的研究路径[J]. 教育科学研究，2008(4)：3-7，19.
② 刘庆昌. 教育理论向实践转化的现实路径[J]. 教育学术月刊，2015(6)：3-8，63.
③ 瞿葆奎. 元教育学研究[M]. 杭州：浙江教育出版社，1999：195-198.

程度上可以说，之前的不少教育理论实践应用探索或多关照很宏观的领域，或多关照个体教育实践者的角度。实际上，教育理论的实践应用既可以是个体教育实践者主导的，也可以是群体教育实践者合作的。阿伦特在论述人的存在境况时指出，"复数性是人类行动的境况，是因为我们所有人在这一点上都是相同的"①。这个观点具有一个重要的启示，即人的存在是以并存或共存的形式进行的，对应用教育理论的教育实践者来说这个观点是成立的。因此，对教育理论实践价值的普遍性实现途径探索来说，需要找寻能够包含个体层面应用和群体层面应用的聚合视角。从基本的道理来说，从与教育理论直接对应的教育实践元素维度来探索教育理论实践应用途径是特别需要关注的一个基础角度。

第二，教育理论可否通过他人的切实帮助对教育实践者产生影响？一般说来，教育理论直接通过教育实践者本人实现实践价值，但是这里要注意到，还存在一些借助他人切实帮助的可能和必要。除了一些教育实践者因缺少现实条件不能直接学习和应用教育理论而需要他人的切实帮助外，还要考虑这个过程需要他人切实帮助的两个重要方面：一是教育实践者在个人学习和理解教育理论的过程中受到自身思维方式和个人价值观的深层制约，如自主克服会需要相当长的时间且还未必能够做到；二是教育实践特别直接需要的一些理论还不具备，需要通过间接的渠道来加工转化，这本身是一个困难的过程。因此，在直接通过教育实践者本人实现实践价值的同时，还要注意构建他人的思想支持途径作为辅助。

2. 教育理论实践价值实现途径的特别关注方向

一般情况下，对教育理论实践价值实现途径的思考只需要从总体上思考如何把教育理论转化为教育实践者的思维和行为的问题。但是，这个方面的思考还有进一步深化的必要和可能。前面提出的两个问题已经显示出对这个问题的思考还有必要深入下去，需要通过进一步的思考来筹划和想象两个基础问题：一是如何确定教育理论在教育实践世界中对应的基本元素，并在此基础上建构对教育理论实践应用基础途径的理解；二是如果通过他人帮助来吸收和应用教育理论，还可以构建什么途径。当然，这两个问题只是在思考教育理论实践应用途径时需要考虑的基础问题，事

---

① 阿伦特. 人的境况[M]. 王寅丽，译. 上海：上海人民出版社，2009：2.

实上与教育理论实践应用途径相关的方面还有策略技巧问题和能力素养问题，这些相关的问题将在后续的探索中重点考虑。受一些思想和实践现象的启发，本书认为教育理论实践价值的实现特别需要关注两个方面的途径问题：一是教育理论如何通过技术和艺术的二重共在机制实现向教育实践基础元素的转变，这可以说是教育理论实践应用途径的基础层面，算是对教育理论实践应用基础机制的探索；二是如何通过其他能够吸收和应用教育理论的人以直接帮助的形式来实现教育理论的实践价值，即基于教育理论的教育实践咨询途径。下面分别对这两个新途径做必要的解释和说明。

第一，教育理论实践应用的技术—艺术机制。

如果只从教育理论在教育实践者层面的应用来考虑教育理论实践价值的实现途径，相对容易出现两个方面的问题：一是容易忽略教育实践者能够以多种途径和方式使用教育理论来促进自身的教育实践发展；二是容易忽略虽然教育实践者并没有直接从教育理论中受益，但事实上自身所受益的根源是教育理论。在日常教育实践中，一些没有接触过合作学习理论的人可以从学校下发的合作学习操作方案中获得对自身教学实践的支持。单就这个现象来看，如果不把教育理论实践应用问题视野放在操作方案这一元素上，就难以认识到这些没有接触过教育理论的教育实践者如何参与教育理论的实践应用。以使用泰勒原理来开发校本课程的教育实践为例，一门课程的开发经常并不是一个人能够完成的，而是一个团队来完成的，不同的教育实践者在这个工作中要负责不同的工作，如理论解读、目标阐述、内容选择、内容编排、评价方式开发等。甚至在这个团队的外围，这个团队的校本课程开发成果还会以校本课程开发操作流程和实施流程来影响同行。在这个教育实践事务圈中，直接接触教育理论的人是少数的，更多的人在相互传递的技术性操作流程中间接接触到了教育理论的实践价值。所以，在现实教育实践过程中，教育理论实践价值的实现需要特别关注可以归入教育实践内部构成的技术或艺术元素，需要考察教育理论如何通过转化成具体的技术或艺术元素来建构最为基础的实践应用途径。

第二，基于教育理论的教育实践哲学咨询。

教育理论不能为教育实践提供"师傅带徒弟式"的指导[①]，这是陈桂生在谈论实践

---

① 陈桂生. 教育学的建构：增订版[M]. 上海：华东师范大学出版社，2009：78.

教育理论时特别指出的一点。但是，从教育实践的需要来定位价值水平，这种"师傅带徒弟式"的教育理论指导又是特别需要的和具有很高价值的。如何解决这个问题，这里要特别提出教育实践咨询的途径。教育理论之所以不能提供"师傅带徒弟式"的指导，主要是因为教育实践经常具有的自由性特征，这个特征本身意味着教育实践者在从事教育实践特别是没有强烈技术规范的教育实践时最终要靠自己的理解、选择和判断。由于教育实践者本身非常多样，教育实践的情况非常不同，教育理论无论如何都不能穷尽各种可能，更何况即使有了相关教育理论，教育实践者自身也未必能够很快理解、认同和应用。在这个背景下，教育实践哲学咨询的途径就非常必要了。教育实践哲学咨询的基本思路是：让具有教育理论吸收和应用能力的人，在思想层面设身处地地为特定教育实践者提供充分考虑情境的教育实践建议。如果这个过程比较顺利，那么教育实践者可以通过这种咨询的方式获得有针对性的教育实践建议，从而推动教育理论实践价值的实现。

教育理论的发展在满足教育实践的需要方面还有很多不足，已有的教育理论仍然有很大的实践价值和开发空间。在教育实践者个体探索、吸收、应用教育理论的同时，教育理论的实践价值实现还需要在基础的层面上得到途径的揭示和筹划。教育理论实践化的技术—艺术机制和基于教育理论的教育实践咨询这两种方式是值得特别重视的，这是后续章节进一步探索教育理论实践应用具体技巧策略的基础和前提。

二、教育理论实践化的技术—艺术机制[①]

在深入探讨教育理论与实践的关系问题时，一个经常追求的理想效果是能够让教育理论对教育实践产生积极的作用，这种积极的作用既可以在指导和规范的意义上，又可以在引导和建议的水平上。如何才算是教育理论对教育实践产生了彻底的积极作用呢？在不少人看来，这种彻底的理想就是把教育理论直接变成有用的教育行动，创新有用的教育行动才是最为彻底的教育实践发展。虽然这种彻底的理想可

---

① 本标题下的内容以《论教育理论行为化的技艺二重机制》为题发表于《国家教育行政学院学报》2020年第 7 期，收入本书时有改动。

能招致重做轻说或简单化实践的嫌疑，但是直接创新教育行动在教育实践发展中的核心地位并不能轻易被否定。增强教育理论对教育实践的积极作用离不开深入探讨如何把教育理论转化为有用的教育行动的问题。在这个研究路线上，已经有相关研究需要得到优先的关注和理解。

（一）教育理论行动化的工程技术思路及其挑战

在探讨教育理论与教育实践的关系问题上，教育学界的一个传统思路就是对教育理论与教育实践的关系做静态分析。一方面，教育理论与实践的内在联系在这种分析中被揭示出来。比如，有研究者指出："一种类型的理论的产生，必然有其现实的需要与感性的基础，实践活动的分化、深入，导致了种种理论的产生；另一方面，理论研究的逐步深入、对教育实践本身的理解也在不断地深化。"[①]另一方面，教育理论与实践的内在分歧同时被越来越明显地认识到。比如，有研究揭示了教育理论与实践的不同逻辑基础并具体指出"教育理论具有逻辑理性，而教育实践具有实践理性"[②]。在此基础上，一些研究者进而在历史和理论层面上分析教育理论与实践或分或合的现实、必然或原因，最终提出改进教育理论研究的建议或给出让人接受两者或分或合状态的确切理由。

当然，对教育理论与实践关系的探讨并没有就此结束，现实中出现的"教育理论脱离实践"现象把这个探讨引向如何理解教育理论与实践的动态关系以及如何有机地联系两者。学者叶澜对教育理论和实践主体的反思为联结教育理论与实践提供了一种主体改进的思路，即教育理论主体和实践主体各自都需要加强个人内在理论和学习实践。[③] 在教育研究者和实践者的双向转化关系建构中，学者李政涛实质上是从改变主体的角度来探索如何联结教育理论与实践的。[④] 除了主体改变的思路之外，阐明教育理论可以对教育实践产生哪些方面的积极影响是另外一些研究选择的探索方向。例如，周浩波在研究中指出教育理论与教育实践在制度层面、技术层面和批判层面

① 瞿葆奎. 元教育学研究[M]. 杭州：浙江教育出版社，1999：195.
② 郭元祥. 教育理论与教育实践关系的逻辑考察[J]. 华中师范大学学报（人文社会科学版），1999（1）：38-42，105，158.
③ 叶澜. 思维在断裂处穿行：教育理论与教育实践关系的再寻找[J]. 中国教育学刊，2001（4）：1-6.
④ 李政涛. 论教育实践的研究路径[J]. 教育科学研究，2008（4）：3-7，19.

上相互联结。① 当然，在解决"教育理论脱离实践"问题的研究中，越来越普遍的一个做法是寻找合适的中介，进而通过中介构建从教育理论到中介再到教育实践的三者关系。

在联结教育理论与教育实践的中介研究中，不同角度和类型的中介途径和要素不断地被提出。在这个方面，张应强把教育理论和实践的中介分为三个类型，即教育中介思维、教育中间理论和教育中介机构。② 可以说，这个观点是比较具有概括性的，既是对之前研究的一种概括，又是对之后研究的启发，前后的中介研究多是对其中某个方面的深入探索。具体来说，其他研究提出的一些中介观点有：中介研究沟通了教育理论与实践，主要包括政策研究、案例研究、设计教改方案③；需要加强应用与开发研究，倡导以课题为中介的合作研究与交叉研究，重视教育研究的评价、传播与推广，探索和创设中介系统④；以教师为主体的行动研究可以成为教育实践主动联结教育理论的重要的实践性中介⑤；作为教育观和操作思路的教育思维可以成为教育理论走向教育实践的认识性中介⑥；能够在具体教育情境中使用的教育机智，是教育理论与实践结合的中介⑦；教育理论与实践关联的基点在于真实的教育问题⑧；实践智慧可以成为教育理论与实践交融的桥梁⑨；旨在创建理论和实践工具的教育技术构成教育理论与实践的中介⑩。在以往的研究中，有关教育理论与实践中介的定位既有方法又有要素，既关注了宏观的系统机制又关注了微观的思考行动。在这些思路中，有一种思路既是教育研究者重视且已经深入探索的方式，又是很多教育实践者热切欢迎的方向和结果，这就是教育理论转化为工程技术进而推动教育实践。之

① 瞿葆奎. 元教育学研究[M]. 杭州：浙江教育出版社，1999：195-198.

② 张应强. 教育中介论：关于教育理论、教育实践及其关系的认识[J]. 教育理论与实践，1999(2)：20-24.

③ 毛祖桓. 中介研究：高等教育理论向实践转化的桥梁[J]. 教育研究，1998(12)：41-45.

④ 陈智慧. 加强中介 促进转化：略论教育理论向实践转化的中介问题[J]. 中国教育学刊，1999(5)：54-56.

⑤ 宋秋前. 行动研究：教育理论与实践相结合的实践性中介[J]. 教育研究，2000(7)：42-46.

⑥ 刘庆昌. 教育思维：教育理论走向教育实践的认识性中介[J]. 教育理论与实践，2006(9)：6-10.

⑦ 李雪，张国平. 教育机智：教育理论与教育实践结合的中介[J]. 辽宁教育研究，2006(3)：15-16.

⑧ 刘德华，付荣. 教育理论与教育实践关联之基点[J]. 教育发展研究，2012(9)：6-9，14.

⑨ 侯云燕，王晋. 实践智慧：教育理论与教育实践交融的桥梁[J]. 中国教育学刊，2014(12)：28-33.

⑩ 王良辉. 论教育技术是教育理论与教育实践的中介[J]. 现代远程教育研究，2016(3)：26-34.

所以说很多教育实践者热切欢迎工程技术的方式，主要是因为教育实践者经常表现出对教育操作的关注，叶澜看到的教育实践者群体就包括"把个人实践的改变寄托在他人提供具体的、操作性指导上"①。

在教育理论如何通过转化工程技术来改进教育实践的问题上，刘庆昌在教育思维和教育工学方面的探讨比较深入且有一定的代表性。在界定教育思维和分析教育思维内在构成的基础上，他提出，"教育思维要表达的就是教育观及其支配下的教育操作思路的统一体"，"充任教育理论思维化主体角色的应该是'教育工程师'"，"教育操作思路的确定，是一个工程筹划和设计的过程"，"具体说来，教育操作思路会包含以下内容：教育目的的工程化阐释；教育内容的处理和使用策略；教育活动的程序；教师和学生的存在方式及相互作用的方式；各种教育方式的配合策略"。② 这些观点展示了根据工程思路对教育理论进行行动化的基本思考，其中"操作""设计""程序""工程""处理"等词语能够直接体现这种工程思路追求高效率和可控制化的过程和效果，贯穿于其中的是目的—手段的基本思路。把教育理论通过技术进行行动化的思路可以这样去理解，"教育技术作为教育理论与教育实践的中介，其主要任务就是创建理论与实践工具"，"当我们从理论走向实践的时候，就需要创建实践工具，实践工具包括实践主体的身体技能以及可以使用的工具手段"。③ 可以说，"技能""工具"和"手段"是比较能够突出体现技术化特征的词语，从中可以解读出一种对效用和可控制的追求。正是由于在追求上具有一致的方向，才将这些思路统称为教育理论的工程技术化思路，以此表达这种教育理论行动化的思路。

如果教育理论确实能够顺利地转化为工程技术，教育实践确实以工程技术为全部需求，那么教育理论的工程技术化就是非常理想的一种教育理论行动化方式，这种方式能够直接满足很多教育实践者对具体教育操作的需求。但是，从现实来看，教育理论转化为工程技术的理想状态并没有出现，这背后应该不只是很少有人想到或践行这个思路的问题。从教育理论和实践的发展现状来看，教育理论行动化的工程技术思想在相当长的历史阶段会遇到极大的挑战。具体来说，这里的挑战主要分

---

① 叶澜. 思维在断裂处穿行：教育理论与教育实践关系的再寻找[J]. 中国教育学刊，2001(4)：1-6.
② 刘庆昌. 教育思维论[M]. 广州：广东教育出版社，2008：206-214.
③ 王良辉. 论教育技术是教育理论与教育实践的中介[J]. 现代远程教育研究，2016(3)：26-34.

为两个方面。

一方面，教育实践的复杂性挑战了教育工程技术的应用。无论是从教育实践的发展历史和现状来看，还是从人类实践的发展历史和现状来看，教育实践和人类实践都是一个复杂的世界。单就教育实践来说，教育实践至少从规范性和情境性的维度根据技术性和自由性的水平，可以分为规范性的技术实践和情境性的自由性实践，而且情境性和自由性的教育实践构成了教育实践最为活跃的核心领域。① 研究包括教育在内的各种专业实践的舍恩形象地表达："在专业实践的各种地形图上，有一块坚实的高地俯视着一片沼泽地。在这块高地上，易控制的问题通过应用基于研究的理论和技能而得到解决。在沼泽低地，棘手而混乱的问题无法通过技术手段解决。"② 面对"沼泽地"的复杂性，教育工程技术并不容易通过控制手段来为工程技术的使用奠定基础，即便开发出来也会遇到很大的挑战。

另一方面，教育理论的科学化水平挑战了教育工程技术开发的基础。即便技术既可以来源于实践经验又可以来源于科学原理，但是技术越来越建立在科学原理基础之上。由此，教育理论行动化的工程技术思路又遇到了一个挑战，即现有的教育理论的科学化水平能否支撑教育工程技术开发的问题。虽然教育理论体系经过科学化的各种努力已经发展出了相对独立的教育科学板块，但是从教育理论总体来看，丰富而主导的是那些规范性教育理论板块。如奥康纳所言，那些规范性的教育理论总是包含着形而上学、价值观和经验的成分，这些都很难让教育理论成为科学理论。③ 可以说，教育理论行动化的工程技术思路还遇到了科学教育理论发展水平的挑战。

虽然面临着比较大的挑战，但是教育理论行动化的工程技术思路依然可以作为一种尝试，毕竟存在发展的条件和空间。需要进一步考虑的是怎么能够全面地实现教育理论的行动化以及在技术之外还可以加入什么来完善。

（二）教育理论行动化需要技术—艺术机制

提起与技术既相对又在同一层面的概念和事物，那就是风格不同的艺术了。从

① 余清臣. 何谓教育实践[J]. 教育研究，2014(3)：11-18.

② 舍恩. 培养反映的实践者：专业领域中关于教与学的一项全新设计[M]. 郝彩虹，张玉荣，雷月梅，等译. 北京：教育科学出版社，2008：3.

③ 瞿葆奎. 教育学文集：第1卷 教育与教育学[M]. 北京：人民教育出版社，1993：467-484.

常识来看，如果说技术的特点偏向高效用和可控制性，那么艺术的特点就是自由性和美的个性了。当然，这些还都是主要层面的感受，下面将从两者确切的定义开始进一步探讨它们共同作为教育理论行动化机制的可行性。

何谓技术？这是一个回答众多且在不断增加的问题。在《辞海》中，技术有狭义和广义之分，分别是：泛指根据生产实践经验和自然科学原理而发展成的各种工艺操作方法与技能；相应的生产工具和其他设备，以及生产的工艺过程或作业程序等。[①] 这个解释是对众多技术定义的汇总和普遍化，特别指出了技术来自生产实践经验和自然科学原理以及技术作为工艺操作方法与技能的实质，这些都是技术定义的核心方面。在技术研究领域，技术的内涵多属于技术哲学的范畴，技术哲学学者邦格在对技术深入理解方面取得了比较有影响的成果。他提出，技术是旨在控制和改变自然、社会现实的研究和行动领域，技术通过认识来进行改变。[②] 在这个定义中，邦格明显强调技术的功能（即控制和改变自然、社会现实），同时表达出对技术多样性的理解（即构成了一个研究和行动领域）。基于对技术含义的简洁梳理，巨乃岐等人提出，技术是人们运用知识、信息、经验和技能，并借助于物质手段以认识、改造和建设世界的完整系统和过程。随后给出的关于技术内涵的具体解释和核心思想非常有启发性，他们认为技术的四个层面是：技术是硬的物质手段和力量，技术是软的方法和能力，技术是显的信息和符号，技术是动的过程和机制。技术的核心思想有效用至上的基本原则，通约、量化的数学方法，分解组合的结构方法，自然解蔽和生命祛魅的价值。[③] 虽然这些对技术的定义还存在不少分歧，但总体来看，技术可以理解为基于认识理解产生的控制和改造物质世界和社会世界的工艺操作方法和技能，其核心特征是追求效用和确定性。虽然这个理解具有很强的包容性，但还是会反对技术的无限泛化，至少那些在目的和手段上具有不确定性且不能达到控制和改造效果的方法和技能还是不能轻易归入技术的领域。

何谓艺术？这是一个令很多人迷惑的问题。在艺术领域甚至存在艺术能否被下

---

① 陈至立. 辞海[M]. 7 版. 上海：上海辞书出版社，2020：1982.

② SCHARFF R C, DUSEK V. Philosophy of technology：the technological condition：an anthology[M]. Malden：Blackwell Publishing, 2003：173.

③ 巨乃岐，邢润川. 技术：天使抑或魔鬼：关于技术的哲学思考[J]. 科学技术与辩证法，2007(2)：58-63，111.

定义的论争，艺术领域存在不承认艺术具有独立本质的反本质论[1]。当然，这种反本质论只能反对从本质的角度下定义、做解释的方式，并不能反对从描述性实然或纲领性多样化应然的角度界定内涵的方式。《辞海》对艺术的主要定义是：人类以情感和想象为特性的把握世界的一种特殊方式。即通过审美创造活动再现现实和表现情感理想，在想象中实现审美主体和审美客体的互相对象化。[2] 在这个普遍化的定义中，情感和想象被确定为艺术的核心手段特征，艺术的终极功能是把握世界。在对艺术内涵特别关注的艺术哲学研究中，有一些观点对理解艺术的内涵具有比较明显的启发性。在对艺术本体论的追问中，有研究从艺术在人类存在论的价值角度把握艺术，认为艺术的内涵体现在两个方面：代偿性，艺术是人类自我保护的重要手段；超越性，艺术是真正自由的生命活动。[3] 可以说，对艺术的这种理解是非常具有存在论色彩的，对理解艺术和其他事物之间的关系具有重要的启发意义。在对艺术内涵直接的洞察中，科林伍德认为艺术的本质包含认识、意动和情感三个方面，具体分别为：理论上作为想象的艺术，实践上作为美的追求的艺术，情感上作为美的享受的艺术。[4] 根据对艺术的普遍化定义和深入理解，可以得到对艺术理解的一些基本要点：艺术是一种把握世界的方式，想象是艺术的基础，美是艺术的目标状态，艺术突显人生命的自主状态。

如何理解技术与艺术的相关性？这是能够把技术与艺术放在一起的内在认识基础。从技术在西方的词源来看，技术本身就与艺术有亲密的关系，技术的拉丁语 technicus 和希腊语 tekhnikós 都是艺术、手艺的意思。有研究专门对技术与艺术的关系做过考察，提出"在技术与艺术之间原本有着一种深层的血缘关系，技术与艺术最初的一体是本元的"，"但是文艺复兴以来，西方就一直过分宣扬技术优越论"。[5] 由此可以看出，技术与艺术在历史发展中经历了从合到分的变化，从起初的一致性到后来的差异性。就历史发展经验和技术、艺术的基本内涵来看，技术与艺术之所以

---

① 朱狄. 当代西方艺术哲学[M]. 武汉：武汉大学出版社，2007：66.
② 陈至立. 辞海[M]. 7版. 上海：上海辞书出版社，2020：5223.
③ 王卫东. 现代艺术哲学引论[M]. 北京：中国文联出版社，2001：7-13.
④ 科林伍德. 艺术哲学新论[M]. 卢晓华，译. 北京：工人出版社，1988：3-21.
⑤ 李立新. 本是同根生：谈技术与艺术的关系[J]. 苏州大学学报（工科版），2002(6)：7-10.

能够形成一个相互联系的整体，主要是因为三个方面：一是技术与艺术在实质上的一致性和并列性。无论是技术还是艺术，都是把握世界的一种行为方式，即积极作用于世界的一种行为方式。这个方面的共性决定了可以把技术与艺术放在一个层面来对待，二者具备了构成整体关系的首要条件。二是技术与艺术分别具有确定性和自由性的对立特征。虽然技术与技术都是积极对待世界的行为方式，但是两者之间不能合并，因为技术以确定的方式追求确定的效果，艺术则以自由的方式追求自由的效果。三是技术与艺术在面对世界的确定性和不确定性、行为的工具性和自主性上可以互补。世界是一个包括确定性和不确定性的整体，行为是工具性和自主性的存在，完满的世界和人类行为需要同时具有这两个方面。技术在确定性和工具性方面占据核心位置，艺术在不确定性和自主性方面占据核心位置，两者互补才能构成完满。所以，技术与艺术具有构成一个整体的既对立又互补的二重性，两者的对立和互补关系可以成立于两者存在的每个微观和宏观世界。

教育理论行动化的技术与艺术二重机制即技术—艺术机制，既来源于技术与艺术作为整体普遍存在的必然性，又根源于教育理论和教育实践世界本身对立互补的系统性。在前面探讨的基础上，需要分别具体探讨教育理论和教育实践世界对立互补的系统性对技术—艺术机制的必然需求。

一方面，教育理论兼具科学性和艺术性。教育学是科学还是艺术，这是教育学发展史上的一个核心主题，事关教育理论的基本性质定位和发展方向。布列钦卡在探讨教育理论的发展时，直接考察了历史上对教育理论的不同理解。他提出，古代的教育被认为是艺术，它们(最初的教育理论)是教育艺术中的教学或教育作为艺术的理论，教育学仍然只不过是教育性教学实践的一种多彩的混合物。[①] 教育学是艺术的观点在乌申斯基那里得到了直接的表达，他认为教育学要研究指向未来的实践活动，因要满足"最伟大的需要"而构成了"一切艺术中最广泛、最复杂、最崇高和最必要的一种"[②]。杜威明确提出仅有教育科学是不够的，他基于教育作为社会工程学的

---

① 布列钦卡. 教育知识的哲学[M]. 杨明全，宋时春，译. 上海：华东师范大学出版社，2006：9-13.
② 乌申斯基. 人是教育的对象：教育人类学初探：上卷[M]. 郑文樾，译. 北京：人民教育出版社，1989：17.

定位提出教育要有科学内容和艺术内容。① 时至今日，教育理论已经发展成为多种成分并存的体系化世界，不仅有教育科学和教育技术的理论，还可以包括教育价值和规范的理论。② 面对这样的教育理论世界，其行动化问题就不能只有技术或艺术一种选择，两者应该共同成为教育理论行动化的机制。如果说教育科学理论可以通过教育技术的机制来进行行动化，那么教育价值和规范的理论则需要多考虑教育艺术的机制。教育科学的确切性能够与教育技术的确定性控制和转变追求相匹配，教育价值和规范的宏观方向性则为教育艺术的想象性留下了空间。

另一方面，教育实践是确定性和不确定性共有的存在。作为人类现实状态的一种实践活动，教育实践从产生到现在都没有实现完全的控制化，即便很多人认为教育实践越来越规范化和技术化。虽然教育实践越来越有规划，技术被越来越多地应用，但是它还没有从人类一般实践中完全脱离而展示出完全的控制化程度。虽然技术的推广威胁到作为人类生活方式的实践③，但是这表明人类的行为世界可以分为技术和情境性、自由性的实践。这样的观点同样可以用在对教育实践世界的认识中，因为教育实践并没有在这种基本构成上展示出与人类其他实践的截然不同。这种区分意味着教育实践本身具有可以应用技术的确定性层面，以及不能套用技术的不确定性层面，教育实践作为一个整体对教育行为的需求不是唯一的，它既需要面向确定性层面的技术，又需要面向不确定性层面的艺术。面对这样的教育实践需求，由技术和艺术共同构成的二重机制即技术—艺术机制是教育理论行动化的必然选择。

总体可见，技术—艺术机制是教育理论行动化既可能又必要的选择，科学性和艺术性并存的教育理论提供了可能性，确定性和不确定性共在的教育实践提供了必要性。

(三)教育理论行动化的技术—艺术机制的核心环节

一直以来，无论是教育理论研究者还是教育实践研究者都非常期望教育理论能够积极作用于教育行为，这构成了教育理论的一个核心价值功能领域。从历史上来看，教育理论作用于教育行为经历了一个从外在逐渐过渡到内在的过程。涂尔干认

① 杜威. 杜威教育论著选[M]. 赵祥麟，王承绪，编译. 上海：华东师范大学出版社，1981：281-282.
② 陈桂生. "教育学"辨：元教育学的探索[M]. 福州：福建教育出版社，1998：49.
③ 伽达默尔. 科学时代的理性[M]. 薛华，高地，李河，等译. 北京：国际文化出版公司，1988：63.

为他之前的教育学主要是一种以应是为核心的教育学，这种教育学主要制定行动的准则和告诉什么是必须做的事情。[1] 虽然这样的教育理论作用于行为，但是这种作用只提供了一种比较外在的规范形式。虽然这样的方式被一些人看作教育理论的艺术化行为机制，但是很明显，这种方式并没有触及技术的核心层面。随着教育理论不断发生变革式发展，形式越来越多样、对教育实践理解越来越深入的教育理论促成了多样、内在的行动化机制探索。

从教育理论行动化研究的状况来看，教育理论的行动化探索主要有三种思路：心理思路与工作程序思路、工程技术思路、机智思路。在心理思路与工作程序思路上，教育理论主要通过观念内化和工作程序安排来实现行动化。有研究提出教学理念向教学行为转化主要是"一个由外到内、由内至外的转变过程"，要经历学习理解—认同内化—创新生成—外化实践的环节。[2] 在工作程序上，有研究认为教学规程可以指导教学理念转化为教学行为，主要包括规则、要求和操作策略。[3] 可以说这种思路主要从心理和工作层面解释了教育理论行动化的过程，没有具体从行为类型的层面进行考量。在工程技术思路上，教育理论的行动化主要强调较为严谨的目的—手段模式。有关教育工学的一项研究指出，从教育理论到"教育如何做"的基本结构是"确定教育目标—分析教育目标—设计教育过程—制定教育操作的规则"，这里的设计是基本的方法和灵魂。[4] 在工程技术思路上，教育理论行动化的过程有三个步骤：基础理论的统合、明确教育技术学的基本原理、开发具体的方法。开发环节是基础理论和原理的具体化，需要考虑效果。[5] 严格来说，工程与技术二者的思路之间有宏大与具体、包容性与纯粹性的差异，但是工程偏技术的风格使它们被归在一起。在机智思路上，教育理论的行动化主要是在教育实践者"用心"的状态下，在接受教育理论的启迪中，最终由个体主导行为创生的一种机智。范梅南对教育机智进行了全面的探讨，他强调教育理论在教育实践中的机智应用，以达到"使我们的心向着孩

---

① 涂尔干. 道德教育[M]. 陈光金，沈杰，朱谐汉，译. 上海：上海人民出版社，2006：253.
② 段作章. 教学理念向教学行为转化的内隐机制[J]. 教育研究，2013(8)：103-111.
③ 吴永军. 教学规程：将教学理念转化为教学行为的指南[J]. 课程·教材·教法，2015(5)：21-27.
④ 刘庆昌. 教育工学初论[J]. 教育理论与实践，2007(5)：1-6.
⑤ 杨开城. 教育技术学："开发取向"的教育理论探究[J]. 教育研究，2004(5)：30-34.

子"的状态。① 从上述观点中可以管窥，范梅南所强调的机智不是一种算计式的谋略，而是一种艺术化的追求和思路。

可以说，以往关于教育理论行动化的探讨已经分别涉及技术和艺术的机制，并分别为两种机制积累了有益的理论资源。在这个基础上，要进一步探索的问题是如何到位地分别把握教育理论行动化的技术和艺术机制，以及如何系统化地整合教育理论行动化的技术和艺术机制。在已有研究的启发下，这里在探索构建教育理论行动化的技术—艺术机制时将采用由合到分再到合的思路，即从整合状态的教育理论出发，分解教育理论并分别进行技术化和艺术化处理，最终在两者的实践中实现最终的整合。具体来说，教育理论行动化的技术—艺术机制在路径上具有三个核心环节。

第一，对目标教育理论进行构成分析与成色评估。教育理论行动化的起点是教育理论，这一点与基于特定实践问题的教育理论应用不同，后者要从问题本身来定位使用什么教育理论。就 21 世纪的教育理论而言，规模、结构、层次和表述都不同。有些理论非常简单，可能就是关于某个具体教法程序性的陈述或者关于某个现象的陈述。有些教育理论相对复杂，不仅包含具体做法的程序性陈述和规范性陈述，而且有关于目的甚至是深层假设的表述。可以说，不断发展的教育研究生产着结构和组成越来越复杂的教育理论，这些教育理论一般不只有单一类型的成分，很多量化教育调查报告的最终结论包含具有哲学意味的普遍化讨论和观点。由此，如果要对教育理论进行行动化，就要分析作为目标对象的教育理论，理解教育理论自身的结构与构成。在分析教育理论构成方面，陈桂生提出的教育理论四分法是可以使用的一个基本框架。陈桂生认为教育理论有四种类型：教育技术理论，回答做什么—怎么做的问题，内容是程序性命题，形式为教育规则；教育科学理论，回答是什么的问题，内容是描述性命题，形式为反映教育规律的原理；教育价值理论，回答应当是什么的问题，内容是评价性命题，形式为教育理念的原理原则；教育规范理论，回答应当做什么—怎么做的问题，内容是规范性命题，形式为教育规范。② 根据这个

① 范梅南. 教学机智：教育智慧的意蕴[M]. 李树英，译. 北京：教育科学出版社，2001：42.
② 陈桂生. 教育学的建构：增订版[M]. 上海：华东师范大学出版社，2009：55.

框架，特定教育理论就可以在理论类型或由哪些类型的理论构成上做出具体的分析理解：特定教育理论总体上是否为某一类型的单一成分理论；对于复合性教育理论，哪些部分属于比较客观而细致的教育科学理论和教育技术理论，哪些部分属于比较具有价值倾向且宏观的教育价值理论和教育规范理论。

在对教育理论构成进行分析之后，就需要对教育理论成分做出成色评估。不同的教育理论成分类型不仅在内容、形式和功能上不同，而且在主要成分的成色和质量上也不尽相同。因此，特定教育理论要转化为特定的行动，就要在主要构成成分上得到成色和质量的评估，这样才能为后面的技术化和艺术化做准备。无疑，教育科学和教育技术类型的理论成分本身主要对应技术层面，所以对这两类成分主要考察其效用性和可控制性水平，或者考察其可能转化成效用性和可控性的确定性水平。对另外两类教育理论成分来说，主要根据艺术的核心内涵来考察其人文性和新颖性，只有那些与教育实践者生命主体活动有关的新颖性教育理论成分，才可能成为教育艺术重要的来源。当然，对教育理论成分进行艺术性标准评估时，需要兼顾基本的逻辑标准，这是艺术方面的一个基本要求。

第二，以确定性和机智性为核心取向对目标教育理论成分进行技术和艺术开发。除了一些直接构成技术或艺术的简单教育理论之外，多数教育理论都需要对其不同类别的理论成分按照技术或艺术机制进行行动上的开发。

对教育理论通过技术机制进行行动化，需要坚持确定性的核心取向。对于确定性，杜威进行了深刻的论述。杜威认为人生活在危险的世界中就要找寻安全，找寻安全的途径可以是与各种决定力量和解，可以是发明艺术并利用自然力量，也可以是改变自我的感情和观念。[①] 他认为，近代实验科学则是一种控制事物的艺术，这种控制带来的是按照我们的意愿来改变它们和指导其变化的能力扩大了。[②] 可以说，杜威深刻地指出了科学与技术的根源与特性，它们起源于对确定性的追求，追求控制的目标，本身成了控制的手段与工具。根据科学确定性的精神，对教育理论进行技术方面的行动化就是创造和生产能够确切达到某种教育目的的控制工具和手段。借

① 杜威. 确定性的寻求：关于知行关系的研究[M]. 傅统先，译. 上海：上海人民出版社，2004：1.
② 杜威. 确定性的寻求：关于知行关系的研究[M]. 傅统先，译. 上海：上海人民出版社，2004：97-105.

助技术开展的一般路线，借助理性推理的逻辑，坚持确定性的原则，最终得到指向特定教育目的的确切的控制工具和手段。

与技术强调确定性不同，艺术是在丰富的想象中追寻美的主体性自由行动，因此教育理论在艺术上的开发需要以机智性为核心取向来进行。在这个方面，范梅南做出了一个非常典型的示范。范梅南认为教育学不是科学也不是技术，教育需要的是机智。他关于机智的一系列表达有："机智需要的是一个微妙的规范"，"机智的基础条件是某种智慧和倾心的关注"，"运用机智意味着能够看到呼唤敏感性的情境，能够理解所看到的东西的意义，能够感受到这个情境的重要"，"机智是一种实践中的规范性智慧，它受见解（insight）的支配同时又依赖于情感"。[①] 在这些表达中，看到情境、理解意义、感受情境的重要、见解、情感等一系列概念意味着这种类型的教育行为需要对教育有富有想象的广泛认识，需要在不确定性的情境中追求并享受教育的完满状态。教育的艺术行动最终要鲜活地存在于现实的情境中，因而对教育理论在艺术方面的行为开发主要就是为情境中实施的教育艺术行为做最为重要的准备。对教育理论进行艺术开发主要包括：从教育理论中开发出开阔教育想象的资源和方法，从教育理论中开发出激发主体性教育美感的资源和方法，从教育理论中开发出多样的教育行动选择。

第三，在实践应用中最终整合源于同一目标的教育理论的技术与艺术。教育理论行动化的技术—艺术二重性机制是一个需要相互照应的整体，从同一目标的教育理论开发出来的技术与艺术只有相互配合，才能整体地达到理想的行动化效果。然而，前面两个环节得出的技术和艺术似乎是分离的状态，因此二者需要进一步整合。由于大多数教育理论本身有机地包括可以进行技术化和艺术化的两个层面，即便阐述的思路是分开的，但是两个层面会因同根性而具有整合的根本可能性。此外，尽管基于同一目标的教育理论的技术与艺术是分离的，但这种分离只在准备的意义上或准备过程之中的阶段，两者现实的整合会体现在实践使用中。

专业实践领域是复杂的，本身有专业高地和沼泽地，两者构成了一个不可分割的整体。在这样的专业实践格局中，舍恩认为："应用科学和建立在研究基础上的技

---

① 范梅南. 教学机智：教育智慧的意蕴[M]. 李树英，译. 北京：教育科学出版社，2001：193-195.

术占据了虽有限但极为重要的领地，正是技艺使之在诸多方面与其他领域泾渭分明。存在一门框定问题的艺术、实施的艺术以及即兴应对的艺术——所有这些对于调和应用科学与技能实践的运用都是必需的艺术。"①舍恩的这个观点清晰地表达了包括教育在内的专业实践领域整合技术与艺术使用的基本原则：把技术应用在那些易控制、结构良好的领域，把艺术用在复杂、模糊甚至混乱的领域。在教育实践中，有序和无序、清晰和模糊、结构良好和混乱都是相生相伴的，因此基于教育理论的技术与艺术在实践的应用中会相伴相生。由此，在实践应用中，同一目标的教育理论的行动化可以完整实现：基于目标教育理论开发的技术在实践应用中得到了目标效果的确证和完善，进而在可以控制的教育实践情境层面实现确定性的特定效果；基于目标教育理论创生的艺术在实践应用中得到了美的显现与升华，进而在变动模糊的教育实践情境层面实现机智性的特定效果；根据教育实践情况的确定性水平划分与联结，基于目标教育理论开发的技术与艺术实现了在实践应用中的应用分化与效果整合。

三、基于哲学咨询的教育理论实践应用②

教育理论进入教育实践之中发挥实践价值的途径本身并没有完全通畅，教育实践的一些核心需要的满足还不能真正得到现有教育理论的支持。理论上说，改进这种状况可以通过两个方面的努力：一是进一步升级教育理论，产出切近于教育实践需要的教育理论；二是创新教育理论在教育实践中的应用途径，建设出尽可能充分发挥教育理论实践价值的方式和途径。在这两个方面的努力中，第一个方面已经逐步得到教育理论研究者的接受和认可，理想的效果会在教育理论研究者不懈的努力中显现。如果要产生直接的积极改变，第二个方面就要得到积极的重视和关注。在人类社会的历史发展中，在思考教育理论如何进一步实现实践价值问题时有一个现

① 舍恩. 培养反映的实践者：专业领域中关于教与学的一项全新设计[M]. 郝彩虹，张玉荣，雷月梅，等译. 北京：教育科学出版社，2008：12.
② 本标题下的内容以《教育实践哲学咨询的内涵与实施方略》为题发表于《南京社会科学》2021年第3期，收入本书时有改动。

象值得关注：富有学识的谋士、智者为身处具体情境的实践者提供切实的建议，这些建议一方面建立在深厚的学识基础上，另一方面又契合并针对实践者自身的取向和所处的情境。教育理论如何进一步实现实践价值，需要深入思考已经被国家政策和学术研究关注的教育咨询活动。

(一)教育实践咨询的发展现状与主要问题

在教育理论研究者经常考虑能够为教育实践做什么的时候，教育实践者会时常考虑希望教育理论和理论研究者为教育实践做什么的问题。从当代教育实践越来越紧迫地要求提高效率和水准出发，针对教育实践的咨询需求、实践和理论就应运而生了。

服务于各类教育实践者的教育咨询的需求是非常明确的，也是非常急迫的。不仅家长、教师、校长等教育实践者越来越表现出对教育理论者的教育实践咨询需求，政府相关层面也在国家和区域教育改革实践日益需要决策咨询的背景下，做出了推进国家和教育智库建设的决策。2015年，中共中央办公厅、国务院办公厅印发的《关于加强中国特色新型智库建设的意见》明确指出："探索社会智库参与决策咨询服务的有效途径，营造有利于社会智库发展的良好环境。"2017年，《关于社会智库健康发展的若干意见》指出："探索建立决策部门对社会智库咨询意见的回应和反馈机制，促进政府决策与社会智库建议之间良性互动。鼓励社会智库共享发展成果。"我国教育实践存在强烈的咨询需求，这些咨询需求越来越被认为要由教育理论研究者组成的智库来满足。基层教育实践者的咨询需求是非常明显的，有很多教育现象折射出基层教育机构和教育实践者对教育实践咨询的需求：教育机构为发展规划的制定寻求与研究机构联合设立课题，个体教育实践者在教育理论培训听课的间隙主动寻找教育理论研究者提问交流，等等。无论是国家政府还是具体教育机构和教育实践者，都比较明显地表现出教育实践咨询需求，而且这种需求已经直接向教育理论者提出了。

针对教育实践的教育咨询实践早已有之，而且越来越多样和丰富。陈孝彬曾对这类教育咨询进行了历史和现状考察，他看到，第二次世界大战以后世界"出现一批为政界、财界、军界提供咨询的服务机构"，而"教育咨询是社会问题咨询的一个重要方面"，"国际上的一些咨询公司都有教育咨询方面的业务"。[①] 此外，他还考察了

---

① 陈孝彬. 兴起中的教育咨询业[J]. 教育改革，1995(4)：18-22.

20 世纪 60 年代末之后的几次重要的教育咨询活动，如国际教育规划研究所、卡内基教学促进基金会等机构进行的重要教育咨询。除了国际机构的国际教育咨询实践，陈孝彬注意到 20 世纪 90 年代，我国就已经出现了针对基层教育实践者的咨询活动："目前我国已有一些区、县进行教育综合改革的试验，曾邀请一批专家从多方面为他们提供信息、方案或咨询报告。"[1]一些培训机构在 20 世纪 90 年代末为了让中小学校长学以致用，针对中小学校长的培训者进行了教育咨询的培训，用以实现中小学学校办学质量的提高。[2] 针对教育实践的教育咨询在很多方面同时开展，从国际组织、国家与区域教育部门、各类学校到个体教育者都在寻求教育理论者做出的有针对性的咨询。

针对教育实践的教育咨询得到了教育理论研究者的关注和思考，教育实践咨询的内涵、内容和功能都得到了一定的阐释和框定。关于教育实践咨询的内涵，主要有："教育咨询是社会问题咨询的一个重要方面，它主要是为政府教育行政部门、社会组织、社区、各类学校提供有关政策分析、决策论证、规划设计、情况调查、成果评定、问题诊断、教改方案设计、师资培训战略、规章制度建立之类专业性的服务活动"[3]；"通常是指人们特别是政府有关部门就教育问题开展的咨询活动"[4]；"教育咨询专家向咨询者提供的有关教育及相关问题的知识、对策和解决方法等方面的说明、解释、指导或直接的教育干预的活动"[5]；等等。关于教育实践咨询向教育实践者提供的实质内容及其来源，已有研究给出的主要观点有："咨询专家根据项目的要求有计划地开展调查、统计、文献分析、诊断、评价之类活动，最后写出教育咨询报告"[6]；"运用多学科的知识和方法，进行系统分析和综合研究"[7]；"这种帮助可能是知识的、技能方法的，也可能是理念的"[8]；教育智库"能依靠具有一流专业水准和研究智慧的专业团队，以严谨科学、求真务实的专业态度，采用科学的研究方法，

① 陈孝彬. 兴起中的教育咨询业[J]. 教育改革，1995(4)：18-22.
② 卢元锴. 教育咨询与诊断：探索对培训者培训的新途径[J]. 中小学管理，2000(2)：38-39.
③ 陈孝彬. 兴起中的教育咨询业[J]. 教育改革，1995(4)：18-22.
④ 周洪宇. 教育咨询与教育决策[J]. 孝感师专学报(社会科学版)，1996(3)：33-36.
⑤ 刘全礼. 教育咨询学引论[M]. 天津：新蕾出版社，2009：3.
⑥ 陈孝彬. 兴起中的教育咨询业[J]. 教育改革，1995(4)：18-22.
⑦ 周洪宇. 教育咨询与教育决策[J]. 孝感师专学报(社会科学版)，1996(3)：33-36.
⑧ 刘全礼. 教育咨询学引论[M]. 天津：新蕾出版社，2009：10.

开展深入扎实的研究与分析"①; 教育智库的研究技术"由传统文献研究、问卷调查向依靠互联网、云计算、大数据平台等新技术转变"②; 等等。此外, 对教育实践咨询的研究还涉及教育实践咨询的主要领域、方法和流程等方面, 这里不一一论述。从对教育实践咨询的内涵和内容供给研究来看, 教育实践咨询的研究中有这样一些基本理解: 教师实践咨询是提供给教育实践者的专业服务活动, 教育实践咨询提供的实质内容主要是关于教育实践问题的知识、对策和解决方法等, 教育实践咨询提供这些实质内容的主要途径是在越来越强调科学研究的基础上综合使用各种研究方法。无疑, 基于以上这些理解的教育实践咨询确实会对教育实践起到比较明显的专业支持作用, 会提高教育理论在教育实践中的价值贡献。这个方向的教育实践咨询还需要被进一步追问: 这类教育实践咨询是否直指教育实践的核心地带? 这类教育实践咨询是否整体上拉近了教育理论与教育实践的距离?

从现有教育实践咨询的实践和研究来看, 现有教育实践咨询主要提供通过研究特别是科学研究方式得来的知识、对策和方法, 然而这类教育实践咨询在全面关照教育实践的主要领域、拉近教育理论与教育实践的距离两个方面还有很大的发展空间。在亚里士多德和伽达默尔等人实践思想的启示下, 广义的教育实践已经明显分化为两个领域或层次: 一是技术化的规范教育实践, 二是情境化的自由教育实践。如果从主要强调的研究方式和主要提供的内容支持来看, 现有教育实践咨询在以下三个方面显示出不足。

第一, 现有教育实践咨询主要直接指向技术化的规范教育实践。虽然现有教育实践咨询提供的知识、信息、方法和对策有助于教育实践者解决情境性和自由性的教育实践问题, 但是这种帮助并不直接。如果说现有教育实践咨询靠提供知识、信息、方法和对策就能直接帮助教育实践的话, 那么这类教育实践应该是指技术化的规范教育实践。在技术化的规范教育实践中, 现有教育实践咨询提供的知识和信息能够直接成为已有技术的元素, 而方法和对策有助于提升、改进和细化教育实践的技术。

第二, 现有教育实践咨询对教育实践情境性的超越需要进一步加强。在非技术

① 庞丽娟. 我国新型教育智库若干重要问题的思考[J]. 教育研究, 2015(4): 4-8.
② 周洪宇. 创新体制机制, 建设中国特色新型教育智库[J]. 教育研究, 2015(4): 8-10.

化的教育实践中，情境性就成了教育实践的基本特征之一。通过专业研究方法特别是科学研究得出的结论对具体情境来说经常是不够的。现有的专业研究方法，特别是科学研究方法主要揭示的是程度水平、基本关系和主要趋势，这些类型的研究成果在概括和预测宏观的状况时是比较合适的，但是就处于具体情境的教育实践来说，这些研究成果还不足够。对情境性的教育实践来说，它需要的帮助不仅要能够预测宏观的状况，还要能够为可能的要素、变化和影响关系留下空间。这个方面，恰恰是现有教育实践咨询会暴露不足的地方，也是教育理论者需要认真思考如何补救的地方。

第三，现有教育实践咨询需要深度触及教育实践的自由性层面。对一个思维凌乱、境界不高、教育追求偏差的教育实践者来说，即使为其提供再多的知识、对策和信息的帮助，也很难从根本上提升其教育实践的质量。在非完全规范的教育实践领域，教育实践者的自由性是非常明显的特征。这种自由性主要体现在思维、价值追求和人生境界等方面，这些方面都是现有教育实践咨询较少触及的层面。因此，教育实践咨询的发展要充分考虑如何对教育实践者的自由性进行着力，唯有如此才能深入地实现对教育实践的帮助。

总体来说，现有教育实践咨询在积极组织与教育实践问题相关的研究和促进具有直接实践应用性理论研究成果直接用于教育实践两个方面做出了自身的贡献，然而在深度触及情境性和自由性的教育实践方面还需要进一步加强。为了实现深度触及情境性和自由性教育实践的目标，教育实践哲学咨询是现有教育实践的核心发展方向。

(二)教育实践哲学咨询的内涵与现实性

提到咨询，很多人可能想到的主要是较早发展起来的心理咨询、管理咨询和科技咨询等。就教育领域来看，教育咨询是后来发展起来的一种咨询形式，人们常说的教育咨询本身有两个宽窄不同的含义：狭义的教育咨询主要是指教育领域中对学生发展问题特别是心理发展问题的咨询；广义的教育咨询包括了对教育实践方法和信息的咨询，即教育实践咨询。为了使教育实践咨询深入触及教育实践内部，教育实践咨询需要向哲学咨询方向发展。理解这个观点，需要从理解哲学咨询的内涵开始。

何谓咨询？《辞海》对咨的解释主要是商量、咨询，对咨询服务的解释主要是接受企事业单位、团体或个人委托，为它们提供各种专门知识的智力服务。[①] 咨询的英语动词形式是 consult，其来源于 consulere，意思为商量，征求意见。在一些咨询理论研究中，咨询被这样理解："它以专门的知识、信息、技能和经验为资源，帮助用户解决各种复杂难题，提供解决某一问题的建议或方案，或为领导决策提供参谋性意见"[②]；"所谓咨询，即现代咨询，指来自政府、企业、团体等组织外部的人员或机构，在与其确定某种委托关系的前提下，由受托者独立客观地运用知识与技能向委托者提供智力服务的科学调查和研究活动"[③]。根据这些理解，处在发展中的咨询主要可以被定义为运用专业素养提供建议和意见的活动。

在很多人的观念中，哲学是一门"无用"的学科，很多哲学家一直试图去反驳这种观点或改变这种"无用"的状态。哲学咨询是 20 世纪 80 年代以来哲学实践化发展的一项重要成果，也是哲学应用的一条重要思路。从发展来看，哲学咨询诞生于 20 世纪 80 年代的德国，以德国人阿亨巴赫(亦译作阿申巴赫)于 1981 年在科隆创办名为"哲学实践"的咨询机构为标志。[④] 此后，哲学咨询在欧洲和北美迅速发展壮大，很多哲学家开始开办哲学咨询的机构并探讨哲学咨询的学问，马里诺夫就是一位在哲学咨询理论探索方面非常著名的学者。下面就主要根据马里诺夫的哲学咨询理论探索，并结合其他学者的哲学咨询思想，来阐释哲学咨询的主要思路和观点。

从现实的背景来看，哲学咨询起源于对心理咨询的反思和重建。用马里诺夫的话来说，美国已经成为一个以心理咨询和精神病学为中心的治疗化社会，但是这两种方式在提供有价值的援助的同时凸显出心理疾病和精神病的扩大化问题和心理咨询和精神病治疗无力的问题，"20 世纪 80 年代，精神病学家估算美国人中十分之一的人有精神病。在 90 年代，是二分之一"，心理分析医生总是要挖根源找原因，而"过生活远比总是挖掘其根源有益健康得多"。[⑤] 虽然当时没有提出哲学咨询的概念，

① 陈至立. 辞海[M]. 7 版. 上海：上海辞书出版社，2020：5873.
② 焦玉英. 咨询学基础[M]. 武汉：武汉大学出版社，1992：5.
③ 余明阳，杨芳平，张明新，等. 咨询学[M]. 上海：复旦大学出版社，2005：5.
④ 欧阳谦. 哲学咨询：一种返本开新的实践哲学[J]. 安徽大学学报(哲学社会科学版)，2012(4)：20-25.
⑤ 马里诺夫. 柏拉图灵丹：将永远的智慧应用于日常问题[M]. 郭先上，译. 昆明：云南人民出版社，2002：14-18.

但是意义治疗的开创者弗兰克尔一样看到很多人的焦虑其实是一种"存在之焦虑"，"而绝非心理疾病"，这不是传统的心理分析咨询和治疗关注和努力解决的问题层次。① 在对很多人产生困扰的问题进行深刻分析之后，哲学咨询的提倡者发现，缺乏长远的眼光和宽广的视野、价值观和人生观虚无或倒错、缺乏思想或思维方式混乱是经常出现的导致人们精神或心理问题的根源。由此，专门针对这些根源的哲学咨询思想与实践就产生了。关于哲学咨询的内涵，马里诺夫的主要表述是：哲学咨询从那里开始并且向前直到帮助人们培养一种观察世界的建设性的方法，以至于形成一种如何日复一日凭着方法行动的容易理解的方案；对现存个人问题获得真实、持久解决方法的唯一方法是钻研、解决，从中学习，将所学的应用于将来，那正是哲学咨询的重点；哲学咨询是一种探索问题本身并与问题本身达成和解的方法。② 根据这些表述，哲学咨询的基本内涵可以得到这样的理解：哲学咨询是使用哲学进行的咨询，是针对人的思想问题而寻求和提出意见的活动。

具体一些来看，关于哲学咨询所针对的人的精神思想问题，有学者这样概括其内容和类型："哲学咨询主要处理三类问题：由于思想观念冲突而引起的困惑和矛盾；非器质性病变而由精神问题导致的精神性疾病；思维方式问题。哲学咨询主要围绕的是人生观、价值观等关于人的存在与发展问题。"③哲学咨询主要处理什么问题，这需要看哲学是什么和哲学有什么。从哲学发展的历史来看，哲学的类型很多，因而积累的内容很多。到底哪些内容能够与人的精神问题相关呢？舒斯特曼在探索哲学与人的生活关系时特别提出：哲学有紧要的、攸关生存的使命，即通过自我认识、自我批判和自我控制来改善我们自己，帮助我们通向好的生活。④ 在这个定位上，很多哲学知识都能找到自己的位置，与自我认识、自我批判和自我控制直接相适应的主要问题领域有：世界观与视野问题、思维方式问题、人生观与境界问题。

虽然教育实践的哲学咨询是还没有被明确提出的概念，但是它的理论内涵可以在哲学咨询定义的基础上产生。参照哲学咨询的基本内涵，教育实践的哲学咨询在

---

① 弗兰克尔. 活出生命的意义[M]. 吕娜，译. 北京：华夏出版社，2010：124.

② 马里诺夫. 柏拉图灵丹：将永远的智慧应用于日常问题[M]. 郭先上，译. 昆明：云南人民出版社，2002：15-32.

③ 卫春梅. 论哲学咨询与心理咨询之异同[J]. 安徽大学学报(哲学社会科学版)，2013(5)：46-51.

④ 舒斯特曼. 哲学实践[M]. 彭锋，等译. 北京：北京大学出版社，2002：3-6.

内涵上可以这样定位：教育实践的哲学咨询是使用与教育相关的哲学进行的教育实践咨询，针对的是教育实践者的思想问题，是针对教育实践者的思想问题而寻求和提出意见的活动。如果从哲学与生活关系的定位和哲学咨询主要适应的问题领域来看，教育实践的哲学咨询应该针对教育实践者的世界观与视野问题、思维方式问题、人生观与境界问题。当然，这一切还都是筹划，现在需要思考的问题是教育实践的哲学咨询是否具有基于可能性和必要性的现实性。

一方面，教育实践的哲学咨询具有可能性。从与教育相关的哲学发展情况来看，教育实践哲学咨询所需要的与教育实践者世界观与视野问题、思维方式问题、人生观与境界问题相关的知识板块已经有扎实的研究基础。在与教育实践者相关的世界观与视野问题上，关于教育世界的具体研究已经非常丰富，如基于观察的、量化的和质性的研究。而且，这些丰富的具体研究已经形成了具有普遍性味道的、哲学形式的教育世界洞察，如布迪厄、阿普尔、弗莱雷等人对现实教育世界的透视。当然，能够涵盖教育世界的具有普遍性的现实世界的研究成果是这个方面的成果。在有关教育实践者的思维方式问题上，批判教育学研究和分析教育哲学研究都提供了比较有直接针对性的研究成果和资源，因而能够为这个方面的咨询提供可能。当然，在教育实践的思维方式上，其他相关教育研究都可以作为丰富的资源基础。在有关教育实践者的人生观与境界问题上，教育伦理学的研究成果和各类教育思想家的教育哲学思想研究成果都可以成为直接的专业资源。总体来看，教育实践哲学咨询可以针对的主要问题类型都有了比较丰富的专业资源储备，当然，这些专业资源领域如果需要，可以通过已有的研究方式来生产一些比已有资源更具针对性的专业资源。

另一方面，教育实践的哲学咨询直接对应教育实践的核心需要。根据实践的形态特征，教育实践可以分为技术性规范教育实践和情境性自由教育实践。技术性规范教育实践从教育的信息和技术咨询中可以得到直接的帮助，已有的教育实践咨询却在满足情境性和自由性的教育实践需要上表现不足。现实中具有可能性的教育实践哲学咨询在满足教育实践的情境性和自由性需要上有独特的优势，应通过自身的特长去超越教育实践的情境性和自由性问题。事实上，超越教育实践的情境性难题需要具备高位且不虚空的教育实践视野，再配合比较灵活的教育实践思维方式，这些正是教育实践哲学咨询所擅长的。同样，超越教育实践的自由性难题需要教育实践者具备积极而合理的教育实践人生观和境界，并且需要有助于深化自我认识的教育实践思维方式，这两个方面也是教育实践哲学咨询这种方式所擅长和能提供的。

以上是对教育实践哲学咨询的现实性进行的理论分析，也是教育实践哲学咨询的现实状况。从教育实践哲学咨询的现状来看，虽然没有突出"教育实践哲学咨询"的名称，但是实质上的教育实践哲学咨询是存在并发展的。在现实中，教育实践哲学咨询的一些明显形式包括教育哲学学者被邀请参与教育实践问题的研讨，教育实践者主动结交对自己有帮助的教育哲学学者，教育研究学者承担或参与教育实践者和机构委托的项目，等等。

(三)教育实践哲学咨询的方法建设与发展战略

从实质上看，咨询关系是一种智力或思想上的帮助关系，教育实践咨询关系就是有关教育实践的智力或思想帮助关系，教育实践哲学咨询关系就是基于相关哲学在有关教育实践上形成的智力或思想帮助关系。从帮助关系的实质来看，教育实践哲学咨询实质上就是咨询提供者学习或研究相关哲学理论(主要是教育哲学理论)，再结合教育实践者的问题、自我状况和情境而提出帮助性建议和意见。教育实践哲学咨询需要被单独提出，其意义主要是能够使教育理论和教育实践更加紧密相连，能够相对较好地突破教育实践中教育理论使用所带来的情境性和自由性难题。为了充分地发展教育实践哲学的咨询功能，提升教育理论的实践价值实现度，需要着重探讨教育实践哲学咨询的方法建设问题与发展战略问题。

1. 教育实践哲学咨询的方法建设

从教育实践哲学咨询的提供者和需求者的关系来看，教育实践哲学咨询的方法在实质上主要解决促进咨询提供者和需求者之间有关教育实践问题的哲学性观点交流问题，即咨询提供者和需求者之间的主题哲学对话谈论法。关于哲学咨询的方法，哲学咨询的探索者对是否存在方法有过不同的意见。比如，马里诺夫提出：毕竟连从事哲学这行业都没有普遍的方法，哲学咨询活动又如何能有呢？[①] 即便如此，从事哲学咨询的研究者还是给出了一些典型的方法：宁静过程五步法、三元素自然对话法、苏格拉底式对话法、哲学家的咖啡馆讨论法等。这里尝试把这四种主要方法应

---

① 马里诺夫. 柏拉图灵丹：将永远的智慧应用于日常问题[M]. 郭先上，译. 昆明：云南人民出版社，2002：33.

用于教育实践的哲学咨询之中。

第一，宁静过程五步法。这种方法是马里诺夫提出的，由五个步骤构成：问题（problem）、感情（emotion）、分析（analysis）、沉思（contemplation）和平衡（equilibrium）。① 恰好，这五个步骤的英文单词的首字母构成了宁静的英文单词（peace）。马里诺夫认为，虽然哲学咨询的谈话可以非常自由，但还是指出成功的哲学咨询一般包括这五个步骤：问题，识别问题；感情，查清该问题所激起的所有感情；分析，列举出解决问题的选择方案并评估；沉思，获得远景透视，沉思整个情景；平衡，达到宽阔平稳的状态。② 这种方法用在教育实践咨询中，在按照步骤进行的基础上，要特别注重分析和沉思两个环节。在分析环节上，教育实践的哲学咨询提供者要特别注重应用深刻而灵活的教育实践思维方式，这是能够把教育理论素养转化为实践帮助的第一个核心环节，也是能够取得效果的专业保障环节。在沉思环节上，教育实践的哲学咨询提供者要注重应用关于教育世界的整体视野和通透理解，发挥教育哲学所具有的观看教育世界的宏观视野的优势。

第二，三元素自然对话法。这种方法是学者温带维提出的哲学咨询方法。他认为：在现实的辅导过程中，大部分时间是需求者与咨询提供者之间的"自由对话"，很多时候回应和表达都是随机的、即兴的或凭灵感涌现的……这些重要的元素不外三项：①确定当事人的问题；②检视当事人的难题；③重新思考如何面对难题。③ 这种方法可以说是对宁静过程五步法的简化和提炼，突出了自然和自由的特点。在教育实践的哲学咨询中，咨询提供者使用这种方法时要抓住自然和自由的特点，以期能促成平和愉快的氛围。在这种方法中，咨询提供者的专业素养主要体现为检视教育实践问题时使用的思维方式以及重新思考如何面对难题时使用的教育世界观和人生观，这些都是专业介入的核心环节。

第三，苏格拉底式对话法。相对于前两种方法，这种方法是更具有历史渊源的哲学咨询方法，也是对经典教育方法改造后的群体咨询方法。在借鉴苏格拉底问答

① 马里诺夫. 柏拉图灵丹：将永远的智慧应用于日常问题[M]. 郭先上，译. 昆明：云南人民出版社，2002：34.

② 马里诺夫. 柏拉图灵丹：将永远的智慧应用于日常问题[M]. 郭先上，译. 昆明：云南人民出版社，2002：34-35.

③ 温带维. 正视困扰：哲学辅导的实践[M]. 香港：三联书店（香港）有限公司，2010：17-18.

法基于个人经历和逻辑反驳方法的基础上，哲学咨询提供者发展出了苏格拉底式对话这种新的咨询方法。苏格拉底式对话法具体被理解为："它运用个人的经历作为基础，来发现手边事物的既明确表达的又准确的具有普遍性的定义。它采取个人的质疑和经过努力赢得的意见一致以使你回答诸如'自由是什么?'或者'健全是什么?'的问题。"①具体来说，苏格拉底式对话法包括的主要环节是：决定需要回答的问题，让每一个参与者基于个人经历想出一个包括问题主题的例子，小组挑选一个例子来深入考虑，详尽地复述被选中的故事梗概并且提出所有澄清性问题，将整个故事分解为最小的组成部分，小组形成一个定义，用那些额外的例子来试着反驳那个定义。②在教育实践的哲学咨询中，这种方法作为集体咨询方法，具有应用的现实性。在应用这种方法的过程中，教育实践的咨询提供者实质上主要运用教育实践的思维方式来提出建议，同时通过这种思维方式来调用已经积累的专业教育理论资源。这种方法的哲学性主要体现在反思性的思维方式上，这是教育实践的哲学咨询者需要充分重视的。

第四，哲学家的咖啡馆讨论法。这是回归哲学原初意图的一种方法，这种方法试图"为人们每天的生活提供思想的食物并且鼓励他们去过仔细检查过的人生"③。这种方法的基本要点是：由一位哲学家来主持，来的人将头脑中的一些问题提出来，在讨论中挑战别人的观点和使自己的观点得到挑战，遵循礼貌原则，讨论那些通过其他途径无法讨论的事物(因为不体面或复杂)，在一些敏感问题上聆听别人的观点。④可以说，哲学家的咖啡馆讨论法是一种融于日常生活的哲学咨询方法，这种方法通过给日常生活增加哲学生活环节来实现哲学咨询的功能。对教育实践的哲学咨询来说，这是相当实用的群体咨询方法。在教育实践的哲学咨询操作中，这种方法的使用者所要完成的最主要的专业工作就是在具体的讨论和交流中，展示并培养基

---

① 马里诺夫. 柏拉图灵丹：将永远的智慧应用于日常问题[M]. 郭先上，译. 昆明：云南人民出版社，2002：261.

② 马里诺夫. 柏拉图灵丹：将永远的智慧应用于日常问题[M]. 郭先上，译. 昆明：云南人民出版社，2002：261-263.

③ 马里诺夫. 柏拉图灵丹：将永远的智慧应用于日常问题[M]. 郭先上，译. 昆明：云南人民出版社，2002：256.

④ 马里诺夫. 柏拉图灵丹：将永远的智慧应用于日常问题[M]. 郭先上，译. 昆明：云南人民出版社，2002：258-259.

于教育理论的思维方式，补充和丰富关于解决教育实践问题的世界观与人生观内容。

2. 教育实践哲学咨询的发展战略

从现实发展水平来看，一些实质性的教育实践哲学咨询活动已经在教育者培训、教育合作项目或教育智库服务中开展。但是，教育实践哲学咨询的名分还没有明确，对教育实践哲学咨询的认识和理解还需要进一步加深。为了进一步发展教育实践哲学咨询，这里有几个方面的重要任务需要致力于教育实践哲学咨询的人共同承担。

第一，深化对教育实践的哲学透视。在教育实践中，困扰教育实践者的哲学问题主要是教育实践世界观和视野狭隘问题、教育实践思维方式粗浅问题、教育实践者人生意义取向和境界偏差问题。面对这些问题，教育哲学研究还需要丰富和提高。当务之急是对教育实践开展具有世界观意义的教育实践世界系统研究，只有这种研究取得突破，教育实践哲学咨询提供者才能以此为基础进行拓展教育实践者世界观和视野的咨询。在对教育实践世界进行系统研究时，纯科学方式不能成为唯一的研究方式，因为纯科学研究方式在追求确定性的过程中经常会遗漏那些偶发的、未曾确切认知的元素辩证存在。因此，在对教育实践世界进行系统研究时，需要充分重视教育实践的系统复杂性，通过基于哲学修炼的普遍性视野来扩展已有科学研究的视野领域。这种获得普遍性视野的哲学传统就是古典哲学的传统，这种传统认为哲学是一种修炼，旨在让我们超越自身和片面的、局限的视角，从而在宇宙的、普遍性的视野里看待事物与我们个体的存在。[①]

第二，开发教育实践哲学咨询新方法，培育教育实践哲学咨询专业人员。哲学咨询已经摸索出一些行之有效的方法，这些方法都可以应用到教育实践的哲学咨询之中。然而，在教育实践的哲学咨询中应用这些方法，还需要一些必要的开发工作，如这些方法的应用者在教育实践哲学咨询中的操作要点、面对不同的教育实践主题如何灵活使用这些方法。在对这些方法进行开发的同时，可以加紧培育教育实践哲学咨询人员。从专业素养来说，教育实践的哲学咨询提供者一方面需要掌握广泛的关于教育实践的哲学性理论知识，另一方面需要能够操作具体的哲学咨询方法。只有培育了一批高素质的教育实践哲学咨询人员，这个领域的实践工作才能真正开展

---

① 阿多. 作为生活方式的哲学：皮埃尔·阿多与雅妮·卡尔利埃、阿尔诺·戴维森对话录[M]. 姜丹丹，译. 上海：上海译文出版社，2014：116-117.

起来。

第三，建设教育实践哲学咨询的示范项目，出版教育实践哲学咨询经典对话录。关于教育实践哲学咨询的发展，还需要解决的一个核心问题是教育实践者对这个工作的认识和接受问题。为了促进教育实践者的认识和接受，现有的实质性教育实践哲学咨询活动需要进一步独立出来，单独成为活动项目。通过精心准备，这些教育实践哲学咨询项目可以较为紧密地围绕教育实践的哲学性问题，充分调动高水平教育实践哲学咨询提供者的专业素养，最终让这些项目展现出教育实践哲学咨询在"医治"教育实践者思想问题上的魅力。在一些教育实践哲学咨询项目取得明显成效之后，教育实践哲学咨询提供者和需求者可以联合出版教育实践哲学咨询经典对话录。由于教育实践的思想问题本身具有一定的共性，这种困惑经常不具有高度的隐私性，因此教育实践哲学咨询成果完全可以通过对话这种古典哲学常用的展示形式来出版传播，最终让教育实践者了解、感受和接受。

/ 第四章　面向实践应用的教育理论转化 /

在以往探索教育理论如何在实践中应用的情境中，不少探索者有意或无意接受的一个观念是"教育理论完全可以直接应用在现实的教育实践中"或者说"好的教育理论完全可以直接应用在教育实践中"。但是，这个观念本身是可疑的，其普遍性是很容易被常见的现象冲击的。在日常教育领域中，很多教育实践者即使使用同一个教育理论，也会有效果上的差异。通过这些差异常常可以发现，不同教育实践者对同一个教育理论的"加工处理"是不一样的，只有那些坚持教育理论实质但同时又能灵活转换的教育实践者才可能取得理想的效果。因此，对教育理论实践应用问题的思考要特别关注教育理论在实践应用中的转化问题。

一、面向实践应用的教育理论实践化改造思路①

随着教育改革日益深入，提高教育理论在教育改革中的贡献度越来越成为教育界的基本共识。从现实来看，很多成功的教育改革实践有比较明确的教育理论根源，教育理论在此发挥着非常重要的推动作用。但是，还有很多教育理论并没有在教育改革实践中发挥明显的作用。很多教育改革实践虽然使用了特定的教育理论，但这些理论并没有按照预示的方向发挥明显的作用。因此，我们有必要对教育理论在教育实践中应用的过程予以反思，以寻找和改进其中的关键环节与要素。

（一）当代主流教育理论应用中的教育理论自身问题分析

无论是否承认教育理论的价值主要在于促进教育实践发展，教育理论的研究者

---

① 本标题下的内容以《论教育理论的实践化改造》为题发表于《教育研究》2016 年第 4 期，收入本书时有改动。

大都还是会非常愿意看到教育理论应用到教育实践之中。但是，现实的情况并非如此乐观。虽然不少很有成就的教育实践者认可教育理论具有重要的作用，并且能够很好地在教育实践中运用教育理论，但同时还有很多教育实践者并不承认教育理论能够成功地应用于教育实践之中。比较这两种现象，这里可以得出一个观点：教育理论应用于教育实践之中不会自然而然地进行。这里面还有很多问题值得探讨。

除了限制教育理论在实践中应用的各种资源因素之外，很多教育研究者还看到了其他很多问题：教育理论的品质问题[①]、教育理论与教育实践之间缺乏范式转化或中介研究的问题[②]、教育研究者和实践者的主体性问题[③]等。毋庸置疑，这些问题都会影响教育理论在教育实践中的应用，对这些问题的解决会增强教育理论的应用效果。在进一步的思考中，有一种现象值得特别关注：虽然一些成功的教育实践者宣称应用了教育理论，但从他们的著述中可以发现这些教育实践者所使用的教育理论都不完全是"教科书"样式的经典教育理论，都经过了很多个性化的丰富、改造、剪切、变形和深化。这种发现可以引发我们进一步思考经典教育理论是否能够直接应用于教育实践之中的问题，对此问题的探索需要我们回到对教育理论自身的分析上来。

总体来说，当代教育理论已进入一个比较多元化的发展时期，教育理论生产中出现了多种方法和视角，形成了多样的范式和形态。但就主要教育理论而言，教育理论还是一种比较崇尚规范化、普遍性的知识体系，这一点可以从普遍使用的教育理论教科书的基本内容中得到证明。[④] 对这种教育理论进行分析，不难看出当代主要的教育理论依然具有三个方面的明显特征。

---

① 李政涛. 把教育理论转化为生产力[J]. 中小学管理，2004(1)：1.

② 李有发，严万跃. 范式的转化研究：教育理论实践化的桥梁[J]. 集美大学学报(教育科学版)，2003(4)：35-38.

③ 吴洁. 试论教育理论成果转化中的主体性问题[J]. 教育理论与实践，2004(17)：13-16.

④ 教育理论已经形成了多层次的体系，周作宇曾把教育理论体系分为直接源于教育实施过程中的问题、对教育本身性质、意向的判定和关于教育理论本身三个理论层次。按照这个分类，关于教育理论本身的理论由于主要在教育理论研究领域使用，因而不涉及实践化的问题，其他两类教育理论由于都有非常明显的教育实践应用需求而需要考虑实践化的问题。这里所说的主要教育理论是就前两个层次的教育理论而言的，即关于具体教育实施问题的理论和关于教育性质、意向的理论。这两个层次的教育理论之所以被称为主要教育理论，一是因为这两个层次的教育理论占据优势地位的丰富性，二是因为其与现实教育活动的直接对应性。理论层次的分类具体参见：周作宇. 问题之源与方法之镜：元教育理论探索[M]. 北京：教育科学出版社，2000：8.

第一，坚持本质主义信念。关于当代主要教育理论坚持本质主义信念的具体表现，石中英给出了这样的描述：第一，教育学者们普遍相信含而不露的事物本质包括教育本质之存在；第二，将透过纷繁复杂的教育现象，应用各种各样的研究方法，探究一般的教育本质及各种具体教育活动的本质设定为研究的主要任务；第三，在具体的研究活动中不断地提出各种各样的本质问题；第四，在各种各样的研究论文、专著、教材以及学术演讲中频繁表达自己关于教育本质的观点；第五，教育本质一词与教育现象、教育规律等已经成为各种版本教育辞典所收集和定义的基本概念；第六，本质论争成为教育学术争鸣的主要形式；第七，最为典型的，上述这些建基于本质主义之上的教育学术信念、认识与行为习惯已经成为或内化为教育学术界的集体无意识……①根据这些表述可以认为，当代主要教育理论由于坚信教育事物具有一个固定且一般的本质之存在，教育理论的研究方向就会朝向探索那个固定存在的本质之内涵以及由此而来的教育规范。可以说，这个方面构成了当代主要教育理论的一个基本特征。虽然当代教育理论出现了很多具有反本质主义信念的研究，但是这些研究还没有真正触动本质主义教育理论的根本地位，当代教育理论还主要是发现教育一般本质或规律的成果。

第二，抽象性特征。作为坚持本质主义信念的一种必然表现，当代主要教育理论具有超越情境的抽象性特征，其主要有三个方面的表现：一是教育理论与自身产生的背景相脱离，二是在教育理论在内容上一般不考虑特别情境，三是教育理论一般不对自身的应用情境做出具体说明。在理论产生的背景上，除了教育思想史的专门研究外，教育理论教科书多隐去或只简单地提及理论产生的背景。从教育学体系的发展来看，此前的教育理论发展得比较充分的板块是布列钦卡所说的教育科学和教育哲学板块。教育科学的基本主题是希望受教育者达到的人格状态（目的）和特定教育活动、教育制度（手段）之间的关系②，这个知识板块具有科学的一般特征，主要强调发现类似于规律的规则。布列钦卡所说的教育哲学主要是一种规范性教育哲学，强调对教育进行道德、法律、审美、宗教、经济、卫生价值判断，进而确定规范。③

① 石中英. 本质主义、反本质主义与中国教育学研究[J]. 教育研究，2004(1)：11-20.
② 布列钦卡. 教育知识的哲学[M]. 杨明全，宋时春，译. 上海：华东师范大学出版社，2006：54.
③ 布列钦卡. 教育知识的哲学[M]. 杨明全，宋时春，译. 上海：华东师范大学出版社，2006：185.

根据对教育科学和规范性教育哲学的具体认识，可以说当代发展较为充分的教育理论板块在学科追求上本身就强调一种抽象性，强调对一般性规则和规范的发现和确立。由于当代主要教育理论在目标上追求超越具体情境的一般性，它们自然不会特别提出应用情境的问题，或者说这些教育理论都展示出能用在任何具体情境中的普遍性。此外，就教育理论的表述来看，当代主要教育理论使用抽象性的理论语言，因为只有这些语言才针对一般性的问题。整体而言，当代主要教育理论呈现出脱离具体情境的抽象性特征。

第三，片面性特征。当代主要教育理论的片面性特征在上述分析中同样体现出来，如不少教育理论的陈述脱离了具体的产生背景。这里所说的片面性特征主要包括另一个方面：当代主要教育理论都有一个具体而明确的理论主题，这个主题或是一个现象，或是一个效果目标。虽然有些教育理论在具体的内容上会涉及其他主题，但这种涉及一般有限，因为其他主题有专门的教育理论。可以说，教育理论的这种片面性特征是与教育理论的方法、视角联系在一起的。在当代教育研究方法中，研究主题选择的基本要求是明确、具体和有限。赫斯特在论述教育理论所使用的学科视角时指出：每一门学科，即使在它关注教育实践时，也都有它自己的概念，并用这些概念提出它自己的独特的理论问题，这些问题基本上可以说具有哲学的、心理学的或历史学的性质，而不是实践性的。[①] 由于研究方法和视角的限制，教育理论的片面性特征越来越凸显，越来越关注片面的研究主题，使用片面的研究视角，从而造成了教育研究只关注一部分问题或问题的一部分的典型现象。

可以说，当代主要教育理论具有的三个基本特征决定了这些教育理论并不能直接应用于教育实践之中，因为这些特征与教育实践的根本需要有明显的不符。

首先，就基本信念来看，教育实践的发展并不会那么坚持本质主义，有时恰恰需要崇尚宽松的多元主义。特别是在当前比较强调特色、本土、品牌的时代，教育实践的发展在满足一般性需求的基础上，要着重发展出特别之处。

其次，教育实践需要具体的认识和指导。如陈桂生所言：关于"师傅带徒弟"式的指导，虽然人们不至于对教育学明确提出这种要求，实际上却隐含着这种期待。[②]

---

① 瞿葆奎. 教育学文集：第 1 卷　教育与教育学[M]. 北京：人民教育出版社，1993：444.
② 陈桂生. "教育学"辨：元教育学的探索[M]. 福州：福建教育出版社，1998：150.

然而，这不是当代主要教育理论的特长和特点。他由此认为："假定有一种理论能够提供这种狭隘的指导，它将是一种令人怀疑的理论；它，不具备理论的概括性和一定程度的抽象性。"①

最后，教育实践的发展需要整体性。教育实践的主题还没有达到教育理论主题那样高度专门性的水平，教育实践上的改进在现实中经常采用的思路是以点带面或重点突破，如很多学校希望以学校文化建设带动德育、教学工作水平的提升。如此而言，教育实践需要的教育理论应该能够提供整体化主题的理论资源，或者能够在理论中突出多个研究主题之间的联系，或者能够为多个研究主题之间的对接留下便利条件。当然，当代主要教育理论经常很难具备这些基础。

总体而言，当代主要教育理论的基本特征决定了很多教育理论不能自然地应用到教育实践之中。教育理论在应用中需要进行进一步的实践化改造，需要依照教育实践的特点来改变，变成一种能够契合教育实践基本特征的实践化教育理论。

（二）基于教育实践特征的实践化教育理论定位

对当代主要教育理论进行实践化改造，把它们变成一种契合教育实践基本特征的实践化教育理论，需要追问的一个基本问题是教育实践的基本特征是什么。由于对这个问题的探讨与教育理论相关，还要将其放置于与教育理论特征的对比之上。

关于教育实践的特征有很多研究，提出了很多不同的观点，主要有：教育实践的基本特征是能动性与现实性②，教育实践的特性是情境性、智慧性和反思性③，教育实践具有复杂性和大跨度的特征④，等等。对这个问题的回答还可以追溯到对实践有深刻理解的思想家亚里士多德那里。根据亚里士多德的论述⑤，我们可以看到实践有情境性与自由性两个方面的基本特征，这可以成为理解教育实践基本特征的基础。可以说，对教育实践基本特征的理解为我们具体认识教育实践不同于教育理论的特征提供了重要的启示和方向。下面将在这些思想的启发下结合教育实践的现实形态具体分析教育实践及其关键要素的特征。

---

① 陈桂生. "教育学"辨：元教育学的探索[M]. 福州：福建教育出版社，1998：151.
② 金顺明. 论教育实践[J]. 浙江教育学院学报，2004(4)：8-14.
③ 邬志辉. 论教育实践的品性[J]. 高等教育研究，2007(6)：14-22.
④ 马凤岐. 教育实践的特性与教育学的科学化[J]. 教育研究，2009(11)：36-40.
⑤ 详见本书第一章"现代教育学体系的实践取向与逻辑构成"部分的相关论述.

首先，教育实践具有情境性的特征。教育实践的情境性特征主要是指教育实践要受各种情况和相关因素的影响，这意味着很难存在固定形式的教育实践。法国学者布迪厄在探讨人类实践时，特别注意到人类的实践感与所处世界（即场）的内在关系。在这种关系中，布迪厄认为支配人类日常实践的实践感是"对一个场（champ）的要求的预先适应"。[①] 即便在把模糊的实践感上升为理性实践意识的时候，对情境因素的精细考察应该成为实践情境性的明确标志。情境性特征并没有因为教育实践相对于一般人类实践的具体性而得到淡化，反而得到明显的加强。在日常教育实践中，教师会根据班级的差异而调整自己的教学安排，会因为学生的不同而采取不同的行为。作为教育主体的学校和区域教育部门一样如此，对形势、情况的衡量成为日常实践决策的必然环节。这一特点在思考教育实践的特征中必须得到重视。

其次，教育实践中的人是具有复杂人性的人。虽然人类在对自身的认识历史中特别习惯于通过描绘出一种固定的人性形象来认识人性，虽然教育思想史中有很多教育思想家通过"拿来"一种固定的人性形象来思考教育，但是处于日常实践中的教育人没有办法总是显示出理想化的某种固定的人性形象，如文化人、社会人、自然人、宗教人等。在美国学者西蒙使用有限理性人形象来修正经济人形象的过程中，他使用了知识的不完备性、预期的难题、行为的可行性范围三个因素来论证现实中的人没有办法总是具有经济人的完备理性。[②] 与一般社会生活中的人一样，教育现实中的人一样无法总是具有某种高水平的固定特征，如主体性教育理论所认为的高水平自主性没有办法在所有学生那里得到证实。教育实践是人的实践，人的复杂人性特征必须在教育实践的理解和改造中得到关注。

再次，教育实践的主题具有关系性特征。由于追求研究的深度，教育理论的生产越来越强调专门化的程度。这种专门化通常反映在研究主题上，就是把研究对象限制在很小的范围内，越来越强调对有限的主题进行研究。然而，教育实践不是这个样子。在一所学校内部，课堂教学工作的改进经常会影响到德育部门的工作，这里可能的原因是领导注意力的分配、领导的表扬或教师的精力分配等。同样，在一个区域，一所后进学校的崛起可能会引发整个区域学校改革的热情。按照复杂系统

① 布迪厄. 实践感[M]. 蒋梓骅，译. 南京：译林出版社，2003：101.
② 西蒙. 管理行为：第四版[M]. 詹正茂，译. 北京：机械工业出版社，2004：84-86.

理论，系统内部的各种因素会复杂地联系在一起。那么，即便不把这种复杂性考虑得很细致，教育实践也有很多明显相关的主题并没有得到教育理论研究的关注，如合作式课堂模式需要什么样的德育与之相配套的问题。

最后，教育实践的语言具有生活化特征。语言是交流的工具，也是思想的载体，因此构成了教育实践的核心要素。如丁钢所言，强调规律性、发现真理的宏大叙述并不具有"管理实践的使命"，教育实践的表达以一种生活化的叙事来进行，这是一种不同于逻辑语言的生活语言。[①] 其实，布迪厄在探索人类实践时非常关注实践的语言特征问题。他认为实践中的语言虽然有理智主义色彩，但并不同于规范化的理论语言，这种语言具有"总体相似和不确定抽象"的特点。[②] 当然，当代教育实践由于不断受到教育理论的影响，很多理论语言在教育实践中并不陌生，它们有些早已成为教育实践不可抽离的元素。这只是教育实践的一类现象，当代多数教育实践者还是把过于脱离生活的理论语言当作一种特殊语言，只在特定场合中使用，甚至是形式化地使用。

教育实践及其要素的这四个方面的特征是理解教育实践的关键点，也是教育理论进入实践时需要努力契合的对象，还是定位实践化教育理论的基点。基于这四个方面的特征，努力契合教育实践的实践化教育理论必须做到如下四点：能够尊重教育实践的情境性与多样性，能够兼容教育实践中的复杂人性，能够与其他教育理论实现对接，能够使用亲近教育实践者的语言。

（三）教育理论实践化改造的基本方式

如上所述，教育理论要在实践中很好地应用就必须进行实践化改造，就必须改造为与教育实践相契合的形式，即要对教育理论中与教育实践不符合的内容和形式进行再加工，最终使教育理论变为一种实践化的教育理论。为了达到这个目标，必须慎重考虑实践化改造教育理论的基本方式问题。

根据前述内容以及对成功经验的反思，可以认为要把不契合教育实践特征的教育理论改造为契合教育实践的理论，应该包括四个基本的环节：第一，深刻解读教育理论；第二，丰富教育理论的情境性内涵和复杂人性内涵；第三，揭示教育理论

---

① 丁钢. 教育经验的理论方式[J]. 教育研究，2003(2)：22-27.

② 布迪厄. 实践感[M]. 蒋梓骅，译. 南京：译林出版社，2003：139.

的潜在观点和影响；第四，转换教育理论的语言表述方式。为了具体说明教育理论的实践化改造方式。下面分别对这四个环节进行解释。

第一，深刻解读教育理论。和很多其他加工或改造过程一样，仔细认识"原材料"是非常必要且应该首先完成的。深刻解读教育理论的第一个要求就是理解教育理论的全部内涵，既包括教育理论陈述出来的结论，又包括这些结论所对应的论证过程与证据。深刻解读教育理论的第二个要求是着重理解教育理论产生和发展的社会历史文化背景。在很多时候，社会历史文化背景为理论的产生提供了必要性基础，如飞速发展的社会与素质教育理论之间的关系。正如英国学者穆尔提出的教育理论建立在种种假设基础之上[①]，深刻解读教育理论的第三个要求是解读支撑教育理论的基本假设，如人性假设、知识假设、社会假设、教育根本目的假设等。这三个要求可以为改造教育理论提供基本前提，因为它们是实践化改造所要处理的核心领域。

第二，丰富教育理论的情境性内涵和复杂人性内涵。当代主要教育理论的抽象性特征把教育理论的存在和应用情境泛化为任何情境，同时把人描绘成一种固定形象的人。但是，日常教育实践具体发生的情境及所处其中的人并非如此，如发展缓慢的历史时期未必需要过多地强调创造性教育，也并非所有的学生都具有高水平的主体性。因此，坚持本质主义信念的抽象性、片面性教育理论需要融入丰富的情境性和人性形象。具体来说，改造者一方面需要不断追问在各种与这些教育理论发展背景不同的情境下，这些理论应该进行哪些调整，如在科技创新背景下发展的创造性教育在文化创新背景下应该进行哪些调整；另一方面需要不断追问在面对不同于教育理论预设人性的各种人时，这些教育理论该如何调整，如在面对理性水平不够高的学生时思考如何调整主体性教育的各种观点。由于教育实践的情境和人都非常多样，所以这个环节的丰富进程很难说有彻底的尽头。这个环节要达到的效果就是不断增加在教育理论关键因素（如人、时间、场合、时机等）多水平变化下教育理论内涵的变化。

第三，揭示教育理论的潜在观点和影响。如赫斯特看到的那样，很多教育理论所使用的学科视角在帮助人们的同时，也在制约着人们关注很多的问题。在教育理

---

① 瞿葆奎. 教育学文集：第 1 卷　教育与教育学[M]. 北京：人民教育出版社，1993：492-494.

论应用的过程中，经常出现教育理论应用者"只见树木不见森林"的问题，这种情况肯定不是关系性存在的教育实践所需要的。关系性存在的教育实践需要关注某个主题的教育理论应用是否给周围其他领域的教育实践带来影响，特别要注意教育理论是否具有潜在的观点及影响。例如，某学校文化建设理论提出必须进行高水平的学校办学理念设计，这里面隐含的一个观点是学校必须拥有或能够找到具有较高理论水平的人，此时这个领域的事情就可能牵涉到学校人事工作或学校社会资本开发工作。对教育理论的实践化改造需要揭示教育理论的潜在观点和影响，最大化拓展教育理论的现实内涵，为实践应用中多种理论的结合提供现实条件。

第四，转换教育理论的语言表述方式。[①] 经过上述环节，教育理论的内容改造问题基本上都涵盖了，下面是影响教育理论实践化的关键形式问题——语言表述问题。坚持本质主义信念的抽象性、片面性教育理论在语言表述上比较强调精确化、逻辑性、专业性，这些语言特点阻碍了这些理论向教育实践的靠近。当然，上述布迪厄所概括的日常实践语言的不规范性、模糊性特征虽然很真实，但这不应该是教育实践发展的最终要求，即教育理论在语言上的转换不应该追求不规范性和模糊性。从教育理论实践化的需要来看，教育理论在语言上转换的主要目的是使用对教育实践者亲和的语言，这就是说要有利于教育实践者理解、认可和应用。因此，教育理论的语言表述转换应该强调减少不必要的专门化，凡是与理论内涵没有根本区别的教育实践语言，就应该尽量使用。如果教育实践中没有完全对应的语言，应该努力做好注释和翻译工作。此外，教育理论的语言应该多配合使用具有教育实践效果的生活语言元素，在这个方面，口号和隐喻是非常不错的选择。如美国学者谢富勒所看到的那样，教育口号是鼓动教育运动的主要观念与态度的信号，可以说明并助长整体精神，吸引新的拥护者，同时对旧成员提出保证和鼓舞。[②] 对于隐喻，谢富勒看到了隐喻能够"赋予理论陈述以感染力、说服力，从而具有实践的力量"[③]。根据这些认识，我们可以看到在教育理论走向实践的过程中，需要多使用这些既能够基于严谨

①　转化包括形式和实质的改变，转换主要指一种形式变成另一种形式。转换是转化的方式之一，此外还有教育理论内容、前提和结论的增减变化。由于语言是理论的形式，教育理论转化在语言方面多使用转换一词。

②　唐莹. 元教育学[M]. 北京：人民教育出版社，2014：133.

③　唐莹. 元教育学[M]. 北京：人民教育出版社，2014：135.

的教育理论又能达到重要实践效果的语言形式。例如，"让课堂焕发生命活力"就构成了生命教育理论的重要口号，在引领生命教育实践中起到了非常重要的作用。

在教育学界，教育理论与实践的关系问题一直以来是一个大家都非常关注的基础问题，特别是让众多教育研究者苦恼的教育理论与实践脱节问题。在众多解决教育理论与实践脱节问题的方式中，积极地推进教育理论走向实践应该是一个核心工作。在教育理论走向教育实践的过程中，教育理论应根据教育实践的特征和需要转化基本信念、内容和形式。经过上述基本改造过程，原先比较规范化、抽象化和片面化的教育理论就相对具有了情境弹性、具体性和对接其他教育理论的可能性，这将大大提升教育理论的应用可能性和价值。当然，在教育理论的实践化改造中，还有很多具体的影响因素要求这个过程顺势而为，考虑不同教育理论本身的情况。比如，本身就具有较高理论水平的教育实践者对教育理论语言转化就没有那么高的要求。总体上，可以相信，这种转化之后的实践化教育理论将以亲和的姿态进入教育实践之中，将有利于在实践中应用。

二、人性假设维度上的教育理论实践化改造[①]

一般来说，教育理论不能在教育实践中很好应用的原因可以有很多，既可能是教育理论应用方式和方法的问题，又可能是教育理论本身的问题。就教育理论本身的问题来看，有些教育理论本身就具有不能融入教育实践的特质，在这些不能融入教育实践的特质中，人性假设是其中非常关键的一个因素。在直观上，不能深刻融入教育实践的教育理论在人性假设因素上主要呈现出的状态是：教育理论对人的描述和定位在教育实践中得不到确认和实现的可能。对待这样的教育理论，如果直接抛弃未免过于简单，也太可惜，因为这些教育理论具有的思想及其表达系统可能有很多值得保留和应用的部分。因此，需要深入探讨对这些教育理论进行改造的问题，以期能够较大限度地为教育实践积累积极的教育理论资源。

----

① 本标题下的主体内容以《教育理论的实践化改造：基于人性假设的组合》为题发表于《教育科学研究》2018 年第 10 期，收入本书时有改动。

（一）人性假设基础上的教育理论现实偏离

教育理论本身是一个庞大的体系，内有不同的理论类型和板块。然而，无论什么类型和板块的教育理论，都要面对或直接或间接与教育实践发生联系的根本问题，因为教育理论中的教育从根本上离不开其作为实践的内在特质。尽管教育理论一旦被生产出来就有了相对于教育实践的独立性，但是教育理论在整体上还是逃不开在教育实践中发挥作用的命运，否则其地位和价值会受到深刻的质疑。同时需要看到的是，教育理论在教育实践中的应用本身并不是一个自然而然的理想过程，现实的复杂情况是：有些人能把教育理论应用好，有些人不能把教育理论应用好；有些教育理论能被轻易地应用好，有些教育理论不能被轻易地应用好；有些教育实践比较有利于教育理论的应用，有些教育实践使教育理论比较难以应用。这些现象总体上意味着，教育理论的实践应用问题应该得到深刻的分析和认识，虽然这并不是很多人能意识到的问题。

从现实来看，教育理论在实践的应用中会遇到很多困难，并表现出很多问题。迪尔登曾专门对教育理论的应用问题进行探讨，他认为以实用为核心取向的教育理论在应用中有很多难题，主要包括：理论应用中的绝大部分思考不是理论性的思考；从理论中推导出来的思考都保持着一定的概括性；教育实践的变革不能通过演绎从教育理论中推导出来，这需要一种创造性的综合。[①]正如迪尔登所指出的那样，教育理论的实践应用细致探讨起来确实有很多具体问题需要深思，这些具体问题既包括教育理论本身的问题，又包括教育实践本身内在的问题。尽管很多问题很重要，但是教育理论本身的问题在探讨中应该先得到关注，毕竟教育理论本身的质量在实践应用问题上构成了对最终结果和起点方向的制约。

虽然不同类型的教育理论可以在教育实践中应用，但教育实践从根本上需要应用的教育理论是那些全面包括目的和方法的实践性教育理论。按布列钦卡的观点，现代教育理论有教育哲学、教育科学和实践教育学三个板块[②]，它们分别有提供规范原则、描述解释和行动指导的作用。从根本上看，教育实践需要的不是这三种分散的教育理论而是它们的有机组合，这种有机组合从根本上则指向一种含义较为全面

---

① 瞿葆奎.教育学文集：第1卷　教育与教育学[M].北京：人民教育出版社，1993：550-553.
② 布列钦卡.教育知识的哲学[M].杨明全，宋时春，译.上海：华东师范大学出版社，2006：20.

的实践性教育理论。在这个方面，穆尔认为广义的(也是较为全面的)教育理论才是在教育场合有效发挥作用的理论，其根本上是一种特殊的实践性理论。[①]

在教育理论实践应用问题的探讨中，对教育理论本身的分析应该把目标放到这种全面的实践性教育理论上来，要从教育理论的内部来分析教育理论自身的问题。按照穆尔的观点，实践性教育理论的内部结构必然包括三个方面的假定，即关于目的或种种目的的假定，关于受教育的人的本质的假定，关于知识的性质和教授方法的假定。[②] 根据穆尔的这个观点，可以把研究的重心进一步聚集在教育理论内部的核心假设上来，特别是直接指向第二个假定并与第一个假定内在相关的教育理论人性假设之上。这里的道理正如石中英所言，教育的对象是人，教育的目的是培养新人。[③] 据此可以认为，教育理论包括的这三个假定在第一个方面可以看成对新人的假设，第二个方面可以看成对人的假设，人性假设成为理解教育理论的核心出发点。

古今中外，完整形态的教育理论在思想和体系中都包含各自对人性的基本看法或假设，很多学者对此问题进行了研究和梳理。黄济认为我国古代的教育家都关注了人性问题，他们关于人性的重要主张有性善说、性恶说、性无善无恶说、性有善有恶说和性三品说。[④] 石中英对教育理论中人性假设的探讨主要从分析教育理论中人的形象入手，他认为教育知识传统中存在宗教人、自然人、理性人、社会人四种典型人性形象，教育知识的发展重塑了游戏人、文化人和制造人的人性形象。[⑤] 丁念金以人性为线索对东西方教育文化变迁进行了系统的历史研究，这种思路的一个思想基础是认为对待人性的态度从根本上造成了中西教育文化的极大差异[⑥]，这个研究较为全面地揭示了不同教育文化的人性假设基础。此外，还有很多研究探讨了不同教育思想的人性观基础，并把人性观分析作为理解不同教育思想的一个核心角度。

概观之，不同的教育理论建立在内涵明确的不同人性假设之上，并以此为构建教育理论思想体系的原点。这个观点在教育理论实践应用问题分析上的一个重要作

---

① 瞿葆奎. 教育学文集：第1卷　教育与教育学[M]. 北京：人民教育出版社，1993：492.
② 瞿葆奎. 教育学文集：第1卷　教育与教育学[M]. 北京：人民教育出版社，1993：492-494.
③ 石中英. 教育哲学[M]. 北京：北京师范大学出版社，2007：70.
④ 黄济. 教育哲学通论[M]. 太原：山西教育出版社，1998：35-39.
⑤ 石中英. 教育哲学[M]. 北京：北京师范大学出版社，2007：70-83.
⑥ 丁念金. 人性的力量：中西教育文化变迁[M]. 福州：福建教育出版社，2011：16.

用是让人们直接地意识到：不少教育理论与教育实践的分离从教育理论的人性假设原点上就开始了，一些教育理论在根本上就偏离了教育实践的现实。具体而言，教育理论在人性假设上偏离实践现实的典型问题可以分为以下三类。

第一，教育理论的人性假设高于人性现实的问题。诚然，教育理论本身需要包含教育的理想，其人性假设适当高于人性现实的做法是可以理解的。但是，如果教育理论的人性假设过于完美，并以此为目标，甚至为出发点来思考教育，只能导致这类教育理论缺乏现实基础的问题。在这个方面，性善说和理性人两种人性假设比较容易出现高于人性现实的问题。这种高于人性现实的问题可以具体分为两个方面：一是把至高的品德或理性能力作为教育目的，而现状是真正达到这种目的的人寥寥无几；二是把受教育者的基础设想得太理想化，而教育措施不能应对品格和理性缺陷。

第二，教育理论的人性假设低于人性现实的问题。与教育理论的人性假设高于人性现实的问题相对，一些教育理论的人性假设存在低于人性现实的问题。在教育理论的人性假设过低方面，性恶说和自然人是容易发生此类问题的代表性人性假设。性恶说的假设过低问题比较突出地表现为：倾向于对受教育者进行严格惩罚或规范，把学生当作没有惩罚和规范就会出现恶性的人。在自然人作为教育理论人性假设会低于人性现实的问题上，石中英提出了两个重要方面：不能说明人的发展的所有现实性和未来可能性；要求教育在自然本性的后面亦步亦趋是绝对错误的，这样做就等于从根本上取消了教育。[①] 在根本上，教育理论人性假设低于现实就是过于通过人性的缺陷或初始状态来认识人性，从而造成了对人性现状和目标过低认识的问题。

第三，教育理论的人性假设过于片面的问题。在教育理论人性假设与人性现实的映射中，能明确做出过高或过低评价的是少数，多数的人性假设是在人性现实的映射中出现了不好做出高低评价的片面性问题。在片面性问题上，除了已经做出过高或过低评价的人性假设本身必然存在片面问题之外，还有社会人、文化人、宗教人等人性假设都有明显的片面问题，因为人既是社会的又是自然的，既可能是宗教的又是文化的、生物的。在面对其他人性假设时，很多教育理论的人性假设就显示

---

① 石中英. 教育哲学[M]. 北京：北京师范大学出版社，2007：76-77.

出片面的问题了。例如，石中英对社会人的缺陷进行分析时就指出："尽管说，'离开了社会，人就不成其为人'，但是，人却并不是社会政治和经济生活的'产物'。"①

总体而言，教育实践比较需要应用的教育理论形式是内容全面的实践性教育理论，而必然建立在特定人性假设之上的教育理论却经常不能表现出与教育实践现实的匹配性或兼容性。很多教育理论在人性假设的原点上就已经明显地偏离了教育实践中的人性现实，或高或低，较为普遍的是片面性问题。教育理论因人性假设原点而偏离教育实践的问题，从根本上需要从人性假设方面得到调整和改造，从而为教育理论的实践应用积累高品质的教育理论资源。

（二）人性整体认识立场的实践化教育理论定位

人性假设，顾名思义，就是关于人性的基本假定。这里对假设一词的使用主要是在认识论意义上的，其基本思路是在不同的人性认识都有自己的逻辑而又无法相互取代的情况下把各种人性认识都当作认识上的假设。何谓人性？《哲学大辞典》的定义是"人区别于动物的各种特性或属性的总合与概括"②。《辞海》给出的人性的解释是"人区别于其他动物的共性"③。这两本工具书给出的人性定义都是当代取得共识的定义，实质上是比较狭义的人性定义。之所以说是狭义的定义，是因为这两个解释都直接强调区别于其他动物。那么，由此而来的问题是：人和其他动物一样的特性和属性是否为人性的内涵呢？如果没有特别的目的和考虑，对人性的理解完全可以定位为人的各种特性或属性，无须强调区别于其他动物。据此，人性假设可以理解为关于人的特性或属性的基本假定。

不同的教育思想有不同的人性假设，略一比较这些人性假设就会发现它们有非常不同的角度，不同角度的实质性存在拷问着单一角度人性假设的充分性和可靠性。黄济在分析我国传统不同人性观在本原问题上的差异之后，指出："以上有关人性论的论述，不但以不同方式论述人性的本原问题，同时反映出在人性问题中自然属性与社会属性之争。"④可以说，每种人性假设都基于自身特定的视角和思想立场。宗教

---

① 石中英. 教育哲学[M]. 北京：北京师范大学出版社，2007：77.
② 金炳华. 哲学大辞典[M]. 修订本. 上海：上海辞书出版社，2001：1184.
③ 陈至立. 辞海[M]. 7版. 上海：上海辞书出版社，2020：3629.
④ 黄济. 教育哲学通论[M]. 太原：山西教育出版社，1998：41.

人假设体现出以宗教为本的视角和立场，社会人假设体现出把社会整体放置在个人之上的基本态度，其他人性假设都能找出明显的思想角度和立场。需要追问的是：这些人性假设对人性的定位是唯一的还是可选的？如果坚持了一种人性假设是否能够同时接受另一种人性假设？这两个具体的问题事实上都指向人性是否为单一属性这一根本问题。

从人类的发展和现实来看，人性并不是一个单一的具体属性，人性是一个复杂整体。在对人类进化历史追溯的研究中，莫兰认识到人类的本性是同一面孔的很多侧面，这些侧面包括理智的人(智人)和疯狂的人(狂徒)，以及生产的人、技术的人、建设的人、焦虑的人、享乐的人、亢奋的人、歌舞的人、不稳定的人、主观的人、想象的人、神话的人、充满危机感的人、神经症的人、色情的人、放纵的人、破坏的人、有意识的人、无意识的人、巫术的人、理性的人。[①] 在这种认识背景中，莫兰提出对人类本性的理解应该追求：理解它在多样性中的统一性、它在统一性中的多样性。应该认识多中之一，一中之多。[②] 莫兰对人性的这些认识和思路为超越教育理论人性假设的单一性和片面性提供了基本的思路，这种思路的基本逻辑就是：在不同教育理论人性假设的既对立又互补的关系中建构基于现实的人性整体认识，以此为整个教育理论体系的人性假设基础。

基于现实的人性整体认识是对已有人性假设的综合，它将真正能够避免各种具体的人性假设偏离人性现实的多种问题，因此只有从根本上指向人性整体认识的教育理论才能真正成为值得应用于教育实践的教育理论资源。具体而言，从根本上指向人性整体认识的教育理论应该在具体教育理论、教育理论之间的相互关系及教育理论体系三个层面得到认识。

第一，在具体教育理论层面，从根本上指向人性整体认识的教育理论能够做到人性假设定位明确和具体观点在人性指向上明晰。虽然很多教育理论被解读出不同的人性假设，但是有很多教育理论的人性假设并没有清晰地陈述出来，或省略或隐藏其中。在从根本上指向人性整体认识的定位下，具体教育理论只能是基于这个整体之中的一个具体人性假设的定位，对具体人性假设定位的省略或隐藏都可能带来

---

① 莫兰. 迷失的范式：人性研究[M]. 陈一壮, 译. 北京：北京大学出版社，1999：130.
② 莫兰. 复杂性理论与教育问题[M]. 陈一壮, 译. 北京：北京大学出版社，2004：41.

教育理论在应对人性现实中的错位。从根本上指向人性整体认识的具体教育理论必须具备清晰的人性假设定位，这样才能让实践应用者直接判断出这种人性假设定位所对应的教育目的和基础是否符合当时的情况，由此才能避免因人性假设定位偏离当时的情况而导致的教育理论的应用问题。除了明确具体的人性假设定位之外，具体教育理论从根本上指向人性整体认识还需要在具体观点上人性指向明晰。很多具体的教育理论虽然基于某种特定的人性假设，但是由于生产者相信这种人性假设已经足够完备，所以在教育理论具体观点的表述上不再强调人性的指向，由此很多具体教育理论的观点从表面上看好像适应于所有的教育实践情况。为了避免这种误解，从根本上指向人性整体认识的具体教育理论提供的一定是人性指向明晰的具体观点，从而使实践应用者能够方便地根据人性指向是否符合现状来对教育理论进行选择和使用。

第二，在教育理论的相互关系层面，从根本上指向对人性整体认识的教育理论强调差异性和互补性。在教育理论的发展历史中，很多具体教育理论是以取代基于不同人性假设的其他教育理论为目的而生产出来的，所以很多具体教育理论在论述中常以其他教育理论为批判的靶子。在这个方面，非常典型的例子是杜威教育理论在论述中经常将赫尔巴特的教育理论作为反例。之所以经常批判具有不同人性假设的其他教育理论，根本原因还是不少教育理论研究者只相信人性假设只有一种具体的定位，所以一个教育理论要论证自己的正确性和合理性，就必须不断地批判其他具有不同人性假设的教育理论。但是，这种情况在从根本上指向人性整体认识的教育理论格局中就无须出现了。因为任何一个具体的人性假设都是人性整体认识的一个侧面，不存在哪一个具体的人性假设较为正确的问题。因此，从根本上指向人性整体认识的教育理论在具体教育理论之间的关系上强调差异性和互补性。具体来说，有两个方面的意思：一方面，具体教育理论的生产在保证人性假设确实是现实存在的一个侧面之后，要明确和其他教育理论在人性假设上的差异，以提供丰富人性假设的具体教育理论为重要目标；另一方面，具体教育理论的生产要注意所基于的人性假设和其他教育理论人性假设的互补关系，要追求为已经出现的不同教育理论人性假设建构互补的教育理论，或者追求确定和其他教育理论人性假设的互补关系。

第三，在教育理论体系的层面，从根本上指向人性整体认识的教育理论追求形成包容多样人性侧面的教育理论体系。教育实践从根本上要促进人的发展，人的发展既是人性的整体发展又是各种人性侧面的发展。为了达到推动教育实践促进多样人性侧面发展的目的，从根本上指向人性整体认识的教育理论在最终目标上要形成基于多样人性侧面的复合教育理论体系。在莫兰的研究中，他列举了人性统一面目的不同侧面，指出未来的教育的基本使命之一是审视和研究人类的复杂性，教育应表明和说明具有多重面目的人类的命运，即族类的命运、个人的命运、社会的命运、历史的命运，所有命运相互纠结，不可分离。① 在这里，教育应说明具有多重面目的人类的命运，实质上就需要教育理论形成对应多样人性侧面的复合体系，这是保障在不同情况中的教育实践都能够找到所对应的具体教育理论的基础。

人性假设是对人的特性的基本假定，人的特性在现实中有很多侧面，因此基于一个具体人性假设的具体教育理论是很难从整体上对应现实的教育实践的。从人性假设的角度来看，对应现实教育实践的教育理论是从根本上指向人性整体认识的教育理论体系，其在单个教育理论层面上能够达到人性假设定位明确和具体观点在人性指向上明晰，在教育理论的相互关系层面强调差异性和互补性，在教育理论的体系层面追求形成包容多样人性侧面的教育理论体系。

（三）人性组合逻辑中的教育理论实践化改造

现实的人类实践是复杂的，教育实践虽有自身的特点，但在这一点上是同样的。在教育实践中能够应用的教育理论至少有两个方面的总体状态，一是在总体上是复杂且相互联系的，二是在具体上是明确而清晰的。现有的教育理论在直观上时常并不具备以上两点，很多教育理论在总体上难说已经形成了足够复杂且相互联系的关系，不少具体的教育理论难言明确而清晰。因此，要实现这样的目标，教育理论本身还有很长的改造和生产之路。面对这样的目标，需要驻足来深入理解复杂的教育实践为什么需要以人性假设为线索去改造现有的教育理论。唯有如此，比较繁重的教育理论改造工作才不至于轻易耗散从事此工作的人的热情。

在对关于实践的思想史的梳理和对教育实践的思考中，笔者曾提出教育实践或教育实践的核心领域有两个基本的特点：自由性和情境性。② 在论述教育实践的自由

---

① 莫兰. 复杂性理论与教育问题[M]. 陈一壮，译. 北京：北京大学出版社，2004：46.
② 余清臣. 何谓教育实践[J]. 教育研究，2014(3)：11-18.

性和情境性时，主要使用的材料是亚里士多德的观点。[1] 在明确自由性和情境性作为教育实践的核心特征之后，为什么要以人性假设为线索来改造教育理论的问题，其原因可以进一步集中在实践或教育实践的两个基本特征上，特别是情境性与人性有何相关的问题之上。

人性与情境密切相关，主要体现在两个方面，一是人性具有历史性，二是具体的情境会使人性展现不同的侧面。在考察从原人到现代人类演变的过程中，莫兰发现了人类的很多侧面，并进一步指出在它们(人性的许多侧面)的变换中，原人终于演变为人类。[2] 这个结论直接表明了人性的历史性。石中英在对不同历史时期教育思想中人的形象的考察中，在分析宗教人、自然人、社会人、理性人等形象时指出不少人性形象与它们兴起的历史时期紧密相关，如西方中世纪的宗教人和文艺复兴时期的自然人等。[3] 当然，教育实践的情境性直接地意味着具体情况和环境上的情境性。在具体的实践情境中，虽然人的根本面孔如个性、社会性和类特性都没有改变，但不同侧面的人性明显改变了。布迪厄指出，"根据'有关事物'这一隐含的实践相关原则，实践感'选择'某些物体或行为及它们的某些方面"[4]。柯林斯在探讨暴力发生机制时，直接指出没有暴力的个体，只有暴力的情境。[5] 作为社会学研究者，柯林斯表达了一个基本的观点：情境限定了人性侧面的表现，情境对人性进行了定义。人性假设直接与教育理论的目的和行动基础相关，教育实践所具有的情境性(包括历史性)将会对人性进行内在的限定，脱离这个限定的教育理论将从根本上远离教育实践本身。这些情况就是人性与情境性的内在联系，也是基于人性假设来考虑对教育理论进行实践化改造的原因。

从人性假设的角度对教育理论进行实践化改造，实质就是解读具体教育理论的人性假设定位，根据人性假设定位明确教育理论的情境条件并梳理观点，根据人性假设定位的相互关系建立教育理论的相互联系，根据人性假设的整体定位把教育理

---

① 详见本书第二章"教育实践的核心领域及其特征"部分的相关论述。
② 莫兰. 迷失的范式：人性研究[M]. 陈一壮，译. 北京：北京大学出版社，1999：130.
③ 石中英. 教育哲学[M]. 北京：北京师范大学出版社，2007：70-74.
④ 布迪厄. 实践感[M]. 蒋梓骅，译. 南京：译林出版社，2003：140.
⑤ 柯林斯. 暴力：一种微观社会学理论[M]. 刘冉，译. 北京：北京大学出版社，2016：2.

论放置在整体体系之中。这四个方面的工作构成了对教育理论根据人性假设进行实践化改造的主要流程与环节。

第一，解读具体教育理论的人性假设定位。具体教育理论一般是指有比较明确的教育目的和教育途径、方式、内容的一个教育理论整体。虽然穆尔认为这种具有教育目的和教育途径、方式的教育理论都必然包含关于人性的假设，但是这些教育理论关于人性的假设并不一定是明确的或被直接表述出来的。很多具体的教育理论虽然可能将关于人性的观点作为原点，但是其关于人性的论述可能是散碎的，也可能是隐藏在字里行间的。具体教育理论的人性假设定位，一般从人的本性、人的发展机制、人的理想目标三个维度来解读。所谓人的本性主要是指人天生具有什么特质，这个特质一般作为教育实践的起点。人的发展机制主要是指人的发展动力和过程，这个方面一般为教育理论中的途径、方式、观点提供支撑。人的理想目标主要是指人最终要向哪个方向进行生长发展，这个方面一般为教育理论中的目的定位提供支撑。以杜威的教育思想为例，其关于人本性的假设主要是有机体的定位，其关于人的发展机制定位是不断主动改组经验的生长，其关于人理想目标的定位是民主社会的成员。

第二，根据人性假设定位明确教育理论的情境条件并梳理观点。人性具有历史性和情境性，在不同的历史阶段人性有不同的内涵，在不同的情境中人性有不同的侧面。每一个有具体指向的人性假设都与具体的历史阶段和情境相配套。为了便于教育理论使用者选择适合情境需求的教育理论，教育理论的改造要在明确人性假设定位之后完善教育理论适用的情境条件说明，如标明杜威的教育理论适合规范、宽松和强调学生主体性发展的教育实践情境。在理想状态下，具体教育理论的观点都应该与其人性假设在逻辑上是内在一致的。由于一些教育理论在生产时并没有陈述明确的人性假设，也有一些教育理论在生产中并不是高度逻辑严整的，因此，在明确人性假设定位之后，教育理论的实践改造者还需要反过来梳理教育理论的主要观点，在梳理中确定教育理论中关于目的、途径、方式的观点与人性假设的具体对应性。

第三，根据人性假设定位的相互关系建立教育理论的相互联系。虽然在教育思想史研究中，研究者经常会从教育理论的相互关系中把握具体的教育理论，但是教育理论在产生时并非总是明确阐述和其他教育理论的联系。从人性的统一性和多样性关系来看，很多教育理论因人性假设的差异和互补关系是可以有机联系在一起的。比如，充分关注个人自然性发展的理论可以与关注个人社会性发展的理论形成互补关系。在明确这些互补关系之后，教育理论的实践应用者就可以根据教育实践情境的转换来组合应用这些教育理论。在明确教育理论相互联系的过程中，教育理论的改造者要为具体教育理论标明与哪些教育理论不同，特别要标明与哪些教育理论直接相对或互补。

第四，根据人性假设的整体定位把教育理论放置在整体体系之中。人性是复杂的，也可以说人是具有不同侧面的。从根本上说，教育要培养的人是复杂的人，教育实践可能需要指向人性的多种侧面。教育实践所需要对应的具体教育理论从人性假设来看，应该是多样的：既要有对应生产人、技术人、社会行动人的教育理论，又要有对应思想人、创新人的教育理论。只有当这些对应不同人性侧面的很多具体教育理论形成了与教育实践对等的复杂体系时，教育实践所需要的教育理论资源才能显示出匹配性。因此，在教育理论的实践化改造上，具体教育理论最终要根据人性假设的不同定位来充实到整体体系的格局中，以此来促进教育理论整体体系的构建。

教育理论的实践化改造实质上就是根据教育实践的需求把已有教育理论变成教育实践适合的形式，其实这本身是一个建设的过程。只是作为改造的建设不是全新的创造，而是对已有教育理论的加工。以人性假设为线索进行教育理论实践化改造的过程，从根本上说就是明确具体教育理论与具体教育实践对应关系的过程，具体包括把这种对应关系增加到具体教育理论内涵之中和在教育理论体系中获得定位的过程。

三、通达教育实践的教育理论话语转化[①]

长久以来，教育理论及其研究者面临着"教育理论脱离实践"的质疑，教育理论

---

① 本标题下的内容以《教育理论的话语实践：通达教育实践之路》为题发表于《教育研究》2015 年第 6 期，收入本书时有改动。

与教育实践的关系因此成为教育理论研究者经常反思的问题。在这种反思中，很多教育研究者主要从教育理论与教育实践的应然关系的角度进行思考，进而得出如何才能避免"教育理论脱离实践"问题的行动要领，当然，这些行动要领主要是针对教育理论者的。这种反思确实在一定程度上起到了启示教育理论研究者改变研究思路和方式的作用，但同时存在两个方面的缺失：一是忽略了不少教育理论没有脱离教育实践的现象，二是没有充分注意到"教育理论脱离实践"不只是教育理论研究思路和方式的问题。因此，对"教育理论脱离实践"问题的关注还需要继续深入。

（一）当代教育理论对实践的融入问题

作为一种元教育学研究，很多研究者探索"教育理论脱离实践"问题主要从分析这个问题的实质和根源入手。在对这个问题根源的分析上，研究者提出了很多不同的观点，包括：教育理论与教育实践有不同的逻辑基础，教育理论具有逻辑理性，教育实践具有实践理性[①]；并非所有的教育理论都有足够的"实践意欲"，具有"实践意欲"的教育理论需要中介的思维、理论或机构才能与教育实践结合[②]；教育研究的本质主义思想导致教育学术界从符合论立场来看待和研究教育概念问题，从而导致教育理论无益于教育实践[③]；做纯粹概念研究、漠视实践问题、用外来的理论去诠释我国实践、用既定的理论程式去说明和规范实践是教育理论脱离实践的四个主要原因[④]。可以说，上述分析主要有两种思路，一是反思教育理论自身的问题，二是寻找教育理论与教育实践之间的断裂之处。与此相对应，解决"教育理论脱离实践"问题的基本思路主要有改进教育理论研究，建立教育理论与教育实践之间的中介机制。可以说，这些观点为解决"教育理论脱离实践"问题做出了贡献，对教育研究的发展产生了积极的影响作用。

随着当代教育理论与教育实践的迅速发展，一个非常值得关注的变化是"教育理论脱离实践"问题的形势发生了转变，教育理论与教育实践在各自的努力下开始建立

---

① 郭元祥. 教育理论与教育实践关系的逻辑考察[J]. 华中师范大学学报（人文社会科学版），1999（1）：38-42，105-158.

② 张应强. 教育中介论：关于教育理论、教育实践及其关系的认识[J]. 教育理论与实践，1999（2）：20-24.

③ 石中英. 本质主义、反本质主义与中国教育学研究[J]. 教育研究，2004（1）：11-20.

④ 郑金洲. 中国教育学研究的问题与改进路向[J]. 教育研究，2004（1）：21-25.

越来越明显的联系，"教育理论脱离实践"问题在一定程度上已经得到缓解。在教育理论研究方面，虽然传统的教育理论研究方式还在继续，但新的教育理论研究方式已经开始追求与教育实践的亲和性。与传统教育理论研究关注逻辑演绎和普遍性不同，新的教育理论研究越来越关注教育实践中的复杂现象，开始直面教育实践的情境性和复杂性。可以说，这种转变在一定程度上是对"教育理论脱离实践"反思的结果，是教育研究者反思之后对教育理论研究方式的变换和创新。在批判传统的宏大理论叙述忽略或过滤现实和实践细节的基础上，丁钢提出的要以叙事的方式对教育实践进行诠释的理论方式①，得到了很多教育研究者的认同。李政涛提出的教育理论向教育实践转化②，是当代很多教育理论研究者选择的立场与做法。与教育理论领域一样，教育实践领域也发生了非常大的变化，一个重要的趋势是教育实践的"理论含量"在不断增加。可以说，教育实践正在以前所未有的程度积极使用着教育理论成果，其中主要的形式有：阅读教育理论书刊、接受教育理论培训以及直接在教育实践中邀请教育理论研究者进行针对性研究与指导。如果再说"教育理论脱离实践"已经不合适，教育理论已经非常明显地和教育实践联系在一起了，"教育理论与实践相结合"已经成为当代教育的基本特征。

然而，"教育理论与实践相结合"并非已经完美，"教育理论与实践的表面结合"成为特别需要关注的问题。尽管"教育理论与实践相结合"同时出现在教育研究领域与教育实践领域，但这里还是主要关注教育实践领域中发生的"教育理论与实践相结合"现象，因为相对而言教育实践领域的变化更加明显，影响更加直接，需要被研究者更多关注。在教育实践领域，"教育理论与实践相结合"主要体现在教育理论的使用之上。如周浩波所论，教育理论对教育实践来说主要是"诠释、规范"教育实践，主要发生在制度层面、技术层面和理性批判层面。③ 但就通常状况来看，教育实践领域中的绩效主义思维使教育理论在教育实践中的应用并不完整，经常出现不求甚解、名实不符的问题。这里不谈只以教育理论去"包装"的名实不符问题，因为这种问题并没有真正实现教育理论与教育实践的结合。具体来看，值得关注的"教育理论与实

---

① 丁钢. 教育经验的理论方式[J]. 教育研究，2003(2)：22-27.
② 李政涛. 论教育实践的研究路径[J]. 教育科学研究，2008(4)：3-7, 19.
③ 瞿葆奎. 元教育学研究[M]. 杭州：浙江教育出版社，1999：195-197.

践的表面结合"问题可以认为是教育理论没有被完整地应用的问题，主要表现为以下三个方面。

第一，教育理论的描述和解释功能被相对忽略。教育理论在实践中应用的过程就是发挥教育理论功能的过程，教育理论的功能发挥得越完整说明应用越充分。一般来说，教育理论主要是指"教育现象和教育规律理性认识的成果"，"表现为以独特的范畴、术语、逻辑，描述教育事实或教育现象，揭示教育特征或教育规律，论述教育的价值取向或行为规范"。① 从这个定义来看，教育理论的直接功能是描述和解释——说明谁在做什么以及解释为什么，教育理论的引申功能是指引和规范——指示追求什么和要求做什么以及怎么做。在教育理论应用实践中，描述和解释的直接功能是被相对轻视的，这一点可以在教育实践者比较愿意阅读的教育刊物和图书类型中得到侧面的印证。从现实来看，得到教育实践者青睐的教育刊物和图书不以描述和解释教育为主。虽然有一些教育实践者，特别是有一定研究能力的教育实践者开始关注描述和解释型的教育理论，但是更多的教育实践者并不习惯使用专门的概念和范畴来描述和解释教育现实。同样的特点反映在优秀教育实践者所撰写的经验总结性文章和图书中，这类文章和图书通常相对较少使用教育理论来对教育实践进行描述和解释。

第二，教育理论的指引和规范功能被片面强调。与教育理论的描述和解释功能被相对忽略相呼应，教育理论在实践应用中一直被特别强调发挥指引和规范功能。这里的规范是一种广义的规范，既包括方向和原则层面又包括技术层面。在当代教育实践中，受到教育实践领域欢迎的教育理论是那些能够直接指示行动方向、提供行动技术和策略的，或者是系统教育理论中的方向建议和模式方法部分。从教育实践发展的现实来看，有关德育、课程、教学、管理的模式、途径、方法、策略和技术层面的教育理论越来越普及。究其原因，教育实践作为直接表现为行为活动的领域，必然倾向于应用那些能够直接影响行为活动的教育理论。特别是在越来越强调绩效评价的教育实践环境下，对教育绩效的强烈追求必然使教育理论对行为活动的指引和规范功能发挥得越来越充分，即在忽略教育理论描述和解释功能的同时强调

---

① 顾明远. 教育大辞典[M]. 简编本. 上海：上海教育出版社，1999：231.

教育理论的指引和规范功能。

第三，教育理论不能融入教育实践。在教育理论的实践应用中，对描述和解释功能的相对忽略与对指引和规范功能的片面强调，会导致教育理论与教育实践在表面上结合而实质上脱节。强调指引和规范功能而忽略描述和解释功能，最大的一个问题就是教育理论应用中的不求甚解，在教育实践中的表现就是只听怎么做的建议而不求为什么做以及谁在做什么的理解。例如，在一些教育实践者应用杜威教育理论的过程中，常常关注开设什么活动课程、教学的五个环节如何设计，而很少关注为什么学校课程要以活动为中心、教学为什么要有这样的五个环节以及这些做法的实质是让学生作为生长者获得经验。在教育理论的实践应用中，不注重描述和解释功能就难以清晰地定位自己的角色和工作实质，不能解释内在的道理，最终导致很难形成对所应用的教育理论的真正认识、理解和认同。可以说，在这种情况下不少教育理论在实践中的应用并没有达到与教育实践的融合。在认识、理解和认同理论上的不足和缺失，使教育理论的应用不少时候只是停留在改变行动的表面之上。如果行动遇到困难或者为其他教育理论的行动建议所吸引，教育实践中的理论应用者就可能终止或改换其他教育理论，这会造成教育理论应用的低效。

可以说，教育理论在很大程度上实现了与教育实践的结合，但这种结合在融入的层面上还存在问题。完整的教育理论是一个整体，应该包括对教育的描述和解释以及基于此的指引和规范，即教育理论的指引和规范应该基于相应的描述和解释。如果教育理论在实践中能够被完整应用，就会与教育实践很好地融合，不仅会在教育实践行动层面产生影响，而且会影响到教育实践者的认识、理解和认同层面。然而，就应用现状来说，虽然教育理论越来越与教育实践相结合，但这种结合还在相当的程度上因不能完整应用理论而产生不能融入教育实践的问题，教育理论还浮在教育实践的表面。要解决教育理论对教育实践的融入问题，需要在机制层面进行创新，也需要寻找更为直接和内在的手段。

（二）教育理论整体建构教育实践的话语实践机制

基于前面的分析可知，教育理论对教育实践的融入问题主要是因为教育理论被片面应用，对这个问题的解决特别需要加强教育理论的描述和解释功能。在常规思维中，加强教育理论在教育实践中的描述和解释功能并不困难，对教育实践者做出描述和解释的示范或讲解似乎就可以解决。其实不然，一次性或偶尔使用教育理论去描述和解释是容易的，但这并不能解决在很多情况下、长时期内众多人对教育理论的认识、理解和认同问题，因而不可能使教育理论完整地融入日常的教育实践。教育理论融入教育实践需要让众多人在长时间内、很多情况下都能够在认识、理解和认同的基础上完成指引和规范的内容，因而需要寻找和发现教育理论整体影响或构建教育实践的内在机制。

在构成元素上，教育理论是一套由概念、范畴构成的语言体系，教育实践是由行为活动构成的事物。因此，寻找和发现教育理论整体影响教育实践的内在机制在实质上就是寻找和发现语言影响事物的机制。基于这种考虑，作为西方哲学 20 世纪主要思想成果之一的话语实践思想应该在此受到高度的关注，因为话语实践思想从根本上架起了语言、行动与存在之间的桥梁。

哲学研究对话语实践的关注开始于 19 世纪末 20 世纪初哲学研究的语言转向。分析哲学家认为哲学研究应该密切关注制约哲学技术和理性的语言问题，澄清和构建哲学思想的语言工具是分析哲学的根本追求。在分析哲学家对语言进行分析的过程中，专注于日常语言分析的一些研究者如奥斯汀创造性地提出了"以言行事"的见解[1]，这种观点引导着后来的研究者去思考语言的本体地位。可以说，正是在这个方向上，哈贝马斯做出了对普遍语用学的探索，利奥塔对科学知识合法性做出了探索，福柯则是以知识考古学为主题直接系统论述了话语实践思想。此后，不少研究者在福柯等人的启示下细致地探索话语世界以及话语分析的方法。可以说，哲学领域已经形成了比较深入的话语实践理论体系。下面以福柯的观点为基础，结合相关研究，对话语实践思想的具体观点进行必要的解释和说明。

话语一词的英文单词是 discourse，其基本意思是"对话，说话；一个主题的讨论"。discourse 来源于拉丁语 discursus，原意为"东奔西走"（running to and fro.）。根据这些定义和解释，话语一词在直接意义上应该是"为了特定目的或主题的语言使用"，其拉丁语义"东奔西走"体现的"为目标多方面努力"能印证这一点。福柯对话语实践的关注来自对整体性和连续的思维史的反思，他认为非连续性和差异是人类认

---

① 陈嘉映. 语言哲学[M]. 北京：北京大学出版社，2006：216.

识和知识历史中的基本现象，只有探索不同历史时期的"话语场"才能真正阐释概念、科学、知识的产生，话语实践是概念、意识、科学、知识、主体产生的源泉。[①] 在福柯的论述中，话语的内涵出现在对"话语空间"的解释中，"话语空间"是"由实际陈述（口头的和书面的）的整体在它们的散落和在各自所特有的层次上构成的"[②]，话语由此可以直接理解为"口头的和书面的实际陈述"。在这个意义上，"陈述是话语的原子"[③]。陈述作为一种功能，其主要作用是"把结构领域与可能单位的领域交叉起来，并以具体内容在时空中把它们揭示出来"[④]。由此看来，话语在福柯那里不是一种语言，而是使用语言发挥的功能，这种功能主要是在特定的范围内建构不同类型的对象与关系。[⑤] 以上观点，不仅解释了话语的内涵，而且从内涵的层面解释了话语的具体功能——建构话语对象与关系。

在福柯等人话语实践思想的影响下，很多学者对话语和话语分析方法进行了具体的研究，这些研究进一步阐明了话语实践的内涵与话语研究的途径。在这个方面，詹姆斯·保罗·吉的研究具有一定的代表性和影响力。詹姆斯·保罗·吉认为话语的常规意思是"使用中的语言或语言的延伸"，作为人类本体性实践的深层意思则是"在'恰当的'地点，'恰当的'时间，按照'恰当的'目标（可以把一个人确定为某一具有社会意义的组织或'社会网络'的成员）使用语言的方法，以及思考、评价、行动和交流的方法所形成的被社会接受的关系"。[⑥] 在话语的功能上，詹姆斯·保罗·吉认为话语的主要作用是建构世界，这种建构作用可以包括七个方面：意义、活动、身份、关系、名利分配、联系、符号系统与知识。[⑦]

在越来越丰富的话语实践思想的启示下，教育理论完全可以通过话语实践的方式进入教育实践之中进而改造教育实践，这主要有以下三个方面的原因。

第一，教育理论可以构成一种教育话语。从前面引述的《教育大辞典》对教育理

---

① 福柯. 知识考古学[M]. 谢强，马月，译. 北京：生活·读书·新知三联书店，1998：23-25.
② 福柯. 知识考古学[M]. 谢强，马月，译. 北京：生活·读书·新知三联书店，1998：31.
③ 福柯. 知识考古学[M]. 谢强，马月，译. 北京：生活·读书·新知三联书店，1998：99.
④ 福柯. 知识考古学[M]. 谢强，马月，译. 北京：生活·读书·新知三联书店，1998：109.
⑤ 福柯. 知识考古学[M]. 谢强，马月，译. 北京：生活·读书·新知三联书店，1998：113-114.
⑥ 吉. 话语分析导论：理论与方法[M]. 杨炳钧，译. 重庆：重庆大学出版社，2011：28.
⑦ 吉. 话语分析导论：理论与方法[M]. 杨炳钧，译. 重庆：重庆大学出版社，2011：11-14.

论的定义来看，教育理论在具体构成上主要是范畴、术语和逻辑，这些都以语言文字的形式存在。可以说，作为语言文字，教育理论已经符合了话语的常规含义或表面含义。进一步来看，作为语言文字的话语可以发挥建构对象和关系的陈述功能。在元教育学研究者布列钦卡看来，虽然教育理论有很多，但主要只有三种类型的知识，即教育哲学、教育科学和实践教育学，它们都具有建构对象和关系的陈述功能。这里的教育哲学主要是规范的教育哲学，内容主要是价值判断和在某种世界观和道德观(从一个基础良好的信仰系统的意义上来讲)的基础上所赞同的规范性契约①，因此这种教育哲学主要发挥着规范或建构对象的功能。教育科学主要研究希望受教育者达到的人格状态(目的)和特定教育活动、教育制度(手段)之间的关系②，因此教育科学理论的主要功能是确认或建构关系。布列钦卡认为实践教育学的理论是一种混合性的规范—描述性的陈述系统的理论③，实践教育学主要发挥着对对象和关系进行规范和描述的功能。通过以上分析可以看出，不论什么类型的教育理论都可以发挥建构对象和关系的陈述功能，当然这里的建构包括确认、明确、改变、指引和规范等含义。因此，教育理论可以认为是能够构成深层意义的话语。

第二，教育理论作为话语可以进入教育实践领域。根据福柯的话语实践思想，教育理论本身是话语实践的产物。同时，教育理论从出现之时就构成了教育理论领域的一种话语，它通过被言说、书写来不断建构着特定对象以及各种关系。作为一种话语，教育理论不仅可以在教育理论领域存在，而且可以在教育实践领域存在，虽然有研究认为这并不容易。有研究提出"教育理论者与教育实践者生活在各自不同的意义世界，并以其不同的意义世界感知、理解、思考、建构和言说着教育"，教育理论者的话语方式是导致教育理论与教育实践脱节的根本原因之一。④ 笔者曾在研究中指出教育理论语言的逻辑性、规范性和专业性特征是教育理论应用于教育实践的主要困难。⑤ 确实，这类研究指出的问题构成了很多教育理论应用到教育实践中的困

---

① 布列钦卡. 教育知识的哲学[M]. 杨明全，宋时春，译. 上海：华东师范大学出版社，2006：185.

② 布列钦卡. 教育知识的哲学[M]. 杨明全，宋时春，译. 上海：华东师范大学出版社，2006：54.

③ 布列钦卡. 教育知识的哲学[M]. 杨明全，宋时春，译. 上海：华东师范大学出版社，2006：212.

④ 白明亮. 理论的话语与实践的视域：教育理论与实践脱节关系的本原性思考[J]. 教育理论与实践，2008(7)：3-7.

⑤ 余清臣. 论教育理论语言的实践转换[J]. 中国教育学刊，2013(10)：26-29.

难，但并不是不可解决的。齐学红在研究中关注到，一些道德教育改革就深受生活化哲学与教育学话语的影响。[①]这可从现实中得到确认：教育理论虽然在话语方式上有自身的特点，但这并不能阻止教育理论作为话语进入教育实践领域。

第三，教育实践可以整体地为教育理论的话语所建构。福柯在《知识考古学》一书中关注话语实践的认识史意义，后来的话语研究者细致地论述了话语对现实世界和事物的建构作用。詹姆斯·保罗·吉在对话语分析方法的研究中具体阐述了话语对世界的七个方面的建构，具体包括使事物有意义，确认正在从事什么样的活动，获得某种身份或角色，明确言说者与他人、组织的关系，建构名利的分配方式，使事物相互联系或不联系，使特定某种符号系统、知识、信仰在特定情景中凸显出来并确立优势或劣势。[②]这些功能在教育实践领域能被教育理论的话语实现。例如，一句"教育即生活"在特定的教育实践情境中可以起到的作用有：使烹饪课程有深层意义，使师生确认自己正在展现生命力并创造生命的意义，让学生获得生活者的角色，明确师生是具有年龄差异的成长伙伴，确定活动课程是学校的主导课程，使学校与社区相结合，使有关生活、生命、生态的伦理学和心理学知识占据优势地位。通过这七个方面的实现，教育理论可以实现融入并建构教育实践的目标和追求。

虽然教育实践者从追求工作扎实性的考虑出发，愿意赞成"说得好不如做得好"，但话语的言说实践并不只具有表现和传达的意义，语言在思考、交流、评价、行动中的地位决定它还具有对教育实践整体建构的功能。教育实践的目标、内涵、角色、人际关系、名利的分配、事物关系和知识地位都需要在思考、交流、评价和行动中通过对语言的实际使用而确立。因此，教育理论要进入和融入教育实践，需要作为话语成分进入教育实践领域的话语实践之中并占据主导位置。

（三）教育理论融入教育实践的话语实践推进策略

教育实践有很多不同角度的定义。这些教育实践的定义虽然视角不同，但总体来说都是从"谁"和"做什么"两个要素来理解教育实践，上面提到受话语影响的意义、活动、身份等七个方面其实都以"谁"和"做什么"为核心主题。因此，教育理论融入

---

① 齐学红. 在生活化的旗帜下：道德教育改革的话语实践[J]. 教育研究与实验，2011(5)：46-51.
② 吉. 话语分析导论：理论与方法[M]. 杨炳钧，译. 重庆：重庆大学出版社，2011：11-14.

教育实践的话语实践需要考虑如何推动教育理论话语成为主导。

日常的教育实践本身在"谁"和"做什么"方面深受话语实践影响。在不同学校，教师对自身身份有不同的话语表达：有些学校（通常为中小学）倾向于以称呼学生为"孩子"来表达教师的"大人"身份，有些学校倾向于以"园丁"来表达"培养者"身份，有些学校倾向于以"教书人"来表达教师的"知识传授者"身份，有些学校倾向于以"工作者"来定位教师的"职业人"角色。同样在教师"做什么"的话语表达上，不同学校的差异很大：有的是"教学生知识"，有的是"教学生学习"，有的是"教学生自学"，有的是"引导学生生命成长"……在教育实践中，不仅关于教师的教育实践是这样，管理者的教育实践亦是如此。通常来说，日常教育实践的话语实践有生活化、经验化和通俗性的特点。需要注意的是，随着教育实践者对理论的学习和接受，越来越多的学术话语开始进入教育实践领域的话语实践之中。这个现象既提醒人们不要以偏概全地认为教育实践领域的话语都是一种风格，又给予人们可以努力用教育理论话语推动教育实践领域话语实践的信心。

探讨如何推进教育理论融入教育实践领域的话语实践需要关注话语建构世界的主要工具或途径。在话语实践建构世界的主要工具或途径问题上，詹姆斯·保罗·吉指出有四种主要的话语工具：社会语言、话语、互文性和会话。具体来说，社会语言主要是一种语言变体，如专业版语言和白话版语言。话语主要是指"语言、行动和交流的组合和整合方式"，以及"思考、相信、评价和应用各种符号、工具和物体的方式，以确定某种社会认可的身份"。互文性是指"不同文本之间或不同类型的文本之间的交叉引用"。会话是指"一个特定社会群体中或整个社会中围绕着一个主要话题、争论或主旨所进行的一切谈话和写作"。[①] 在詹姆斯·保罗·吉的这些观点的启示下，教育理论融入教育实践的话语实践推进策略应该包括以下四个方面。

第一，把教育理论转换成不同版本的语体，形成丰富的社会语言。教育理论在语言上一般是专业化的形式，这种专业化的形式主要体现出专门性、逻辑性和正式性。虽然教育实践领域的话语实践在特定的场合会使用专业化的语言形式，但是还有很多的场合会倾向于使用生活版或白话版的形式。如果教育理论只使用一种语言

---

① 吉. 话语分析导论：理论与方法[M]. 杨炳钧，译. 重庆：重庆大学出版社，2011：19-23.

形式或语体，那么教育理论会因为不适应很多实践场合的语言要求而不能获得核心的话语空间地位。例如，在日常的教师团队教学研讨(即磨课活动，磨课即教学研讨的白话版语体)中，专业化的理论话语"课堂教学中的知识传授维度应该与价值观引导维度相互配合"如果变为"课堂教学中教知识与引导学生做人要无缝对接"，将更符合教育实践者的说话习惯。鉴于教育理论在语言上一般为专业化的语体，这里要特别强调教育理论的应用者需要努力把原本专业化的语体变成生活版或白话版语体。在这个方面，笔者在研究中曾提出教育理论语言的实践转换要多使用常规概念和隐喻的说理方式①，这样做的效果就是使特定的教育理论获得较多版本的语体以适应多样化的教育实践情境。

第二，把教育理论转换成具有话语功能的各种符号，从而为教育实践中的相关个体构建社会性身份。在话语实践建构事物的过程中，一个非常重要的方面就是确定人的社会性身份，即前面所说的建构"谁"的问题。在话语实践建构教育实践的过程中，一个重要的方面就是赋予教育实践中的个体以社会性身份。教育理论要通过话语实践来进入教育实践，就需要为教育实践中的相关个体确定社会化身份。用话语确定社会化身份，不能只靠严格意义上的语言文字，还要配合可以作为广义语言的行为举止、仪态仪表和装饰打扮等。这就总体上要求把教育理论转换成构成广义话语的各种符号，从而为教育实践中的特定个体构建社会性的身份。例如，以生活教育为主题的教育理论要通过话语实践改变教师的行为，就需要帮助教师成为社会认同的生活智者角色，这个角色一般需要展示出优雅而有内涵的仪态、蕴含生活智慧的语言以及得体的行为，这些仪态、语言和行为就构成了把教师建构为生活智者的广义话语。

第三，在教育理论话语中引用经典文本，提升对教育实践者的影响力。教育理论在进入教育实践领域的话语实践空间之后，经常会出现原有的专业化语言缺乏影响力的问题，从而造成来源于教育理论的话语不能成为教育实践的话语空间中的重要话语。解决这个问题的一个非常有效的思路是在教育理论话语进入教育实践领域的话语空间之时多引用经典文本，从而借助这些经典文本的影响力来提升话语的影

---

① 余清臣. 论教育理论语言的实践转换[J]. 中国教育学刊，2013(10)：26-29.

响力。比如，在向某所学校引入生命教育理论话语的过程中，在讨论学生地位时有人提出"学生是人，人就是人，不是其他"。在这个例子中，这里的"人就是人"是哲学家康德的名言，用以表达人应该是目的而不能作为工具的立场。这种引用经典文本的做法，在教育理论进入教育实践的话语空间的过程中，是经常可以采用的做法。在主张培养学生爱心和同情心的教育理论进入教育实践话语空间的过程中，可以引用冰心的名段：爱在左，同情在右，走在生命的两旁……引用的经典文本具有足够的影响力，特别是已经被教育实践领域广泛认可，这种引用可以提升教育理论在教育实践话语空间的影响力。

第四，组织有关教育理论的对话与写作，提升教育实践者对教育理论话语实践的参与度。一般来说，教育理论之所以作为话语进入教育实践之中会显得比较单薄，主要是因为教育理论在生产过程中非常追求概括性、逻辑性和规范化，由此会通过抽象和概括的方式把一些只存在于个别情境的成分抽离掉。但是，当教育理论作为话语进入教育实践话语空间之后，这种概括性、逻辑性和规范化的教育理论就显示出不够丰富和不够多样的问题，从而构成了话语在具体情境中建构教育实践的阻碍。此外，教育理论虽然本身作为话语具有建构教育实践的可能性，但这种可能性变成现实性的一个核心条件是教育实践的主体能够参与到由教育理论主导的话语实践之中，能够在参与话语实践的过程中接受话语的影响来实现对教育实践的整体建构。因此，教育理论作为话语进入教育实践，需要广泛组织教育实践者围绕教育理论的主题进行对话与写作，以促进教育实践者在这种话语实践中丰富和创新话语表达，从而提升教育实践者参与话语实践的程度，推动其接受作为话语的教育理论的影响。主张生活教育的学校可以通过组织全体教师开展教育工作与日常生活的对话或写作，来促进教师在话语上的创新和参与。

总体而言，教育理论已经和教育实践拉近了距离，但还不够融入和走进教育实践。教育理论融入和走进教育实践，不能只是在教育实践的行动表层发挥指引和规范的作用，而是应该特别考虑从教育实践的话语实践机制出发建设教育理论整体构建教育实践的路径，充分发挥话语实践作为教育理论进入教育实践的机制功能。

四、面向实践应用的教育理论语言转换[①]

从很多方面来看，当代教育实践比以往更加注意对教育理论的应用，从国家制定教育方针到教师个体改进教学行为，都明显地反映了这一点。在这个趋势中，教育理论在实践中应用的实效一直是大家都关注的问题。太多的事例表明，教育理论的实践应用是一个需要对教育理论进行智慧加工的过程。在对教育理论进行加工的过程中，教育理论语言的实践化转换问题就是一个关键。

（一）教育理论实践应用中的语言问题

教育理论无论在主题和内容上如何多样，都要以语言的形式表现出来，因为语言在根本上说是人类最重要的交际工具、思维工具和社会上传递信息的工具。[②] 在教育实践中应用理论需要从语言上理解理论，也需要通过教育实践者能够接受的语言形式传播理论，从而影响教育实践者的思考和行动。这是从语言的角度对教育理论在实践中应用环节的解读。根据这种解读，增强教育理论实践应用实效的一个前提是认清教育理论的语言特征与现实。

理解当代教育理论的语言特征需要确定被当代教育实践广泛使用的教育理论范围。需要明确的是，这里主要针对的是专业教育理论在实践中应用的问题，那些还没有完全经过专业化评价的"教育理论"不在此探讨之列。如本书前文所述，当代应用于教育实践的教育理论主要是教育科学理论和教育哲学理论。总体来看，当代教育实践中主要努力应用的专业教育理论是提供经验性描述的教育科学理论和提供普遍化教育规范的广义教育哲学理论。

教育理论的语言特征离不开对教育理论功能的定位。按照布列钦卡的说法，教育科学理论应该是一种经验社会科学，其功能是描述希望受教育者达到的人格状态（目的）和特定教育活动、教育制度（手段）之间的关系。[③] 布列钦卡理解的规范性教育

---

① 本标题下的主体内容以《论教育理论语言的实践转换》为题发表于《中国教育学刊》2013 年第 10 期，收入本书时有改动。

② 王德春. 语言学概论[M]. 上海：上海外语教育出版社，1997：1.

③ 布列钦卡. 教育知识的哲学[M]. 杨明全，宋时春，译. 上海：华东师范大学出版社，2006：54.

哲学主要包含价值判断和在某种世界观和道德观(从一个基础良好的信仰系统的意义上来讲)的基础上所赞同的规范性契约①，这种规范主要是一种行为方面的价值规范。虽然教育科学的科学描述功能与教育哲学的价值规范功能对语言的要求有很多具体差别，但是两者有基本的共性：两者需要的语言都是一种规范性、逻辑性和专业性的语言。对此的具体解释为以下三个方面。

第一，规范性特征。这是在当代教育实践中努力应用的教育理论在语言上的普遍特点。所谓规范性是指这类教育理论所使用的语言有比较明确的规则，不能随意替换或简化。这些规则主要有概念的明确性、表达的层次性和表述结构的完整性等，它们都在教育研究的过程中被要求遵守和限定使用。无论是教育科学理论还是教育哲学理论，其在语言使用中都强调对自身使用的核心概念做出精确的定义，并强调有层次性地表达主要观点，还要保证语言表述结构的完整性。虽然教育理论语言的规范性程度在总体上并未像自然科学理论那样高，如概念的清晰性和可理解性还有待于进一步提升②，但规范性已经成为当代教育理论研究的基本趋势。

第二，逻辑性特征。在教育科学理论中，无论多么强调教育的社会性，经验科学的基本内涵还需强调材料、数据对结论的支持，这是教育科学理论语言必须强调逻辑性的根本原因。虽然教育哲学理论经常比教育科学理论更具有人文性特征，但这并没有改变教育哲学理论同样注重逻辑性的取向，因为规范性教育哲学的哲学特性准确地存在于它的陈述对逻辑验证的开放性上。③ 从这两个方面的分析来看，当代教育实践中主要应用的教育理论在语言上一定要把逻辑性作为核心要求。

第三，专业性特征。诚如陈桂生所言，教育学陈述确实从总体上还存在清晰程度不够、可靠性较低和个人臆造词汇的问题。④ 这些问题恰恰表明当代教育理论追求专业性的合理性。作为一个专业的研究领域，教育研究一直都在寻求专业独立性并不断提升自身的专业水平。可以说，当代教育理论越来越具有专业性的语言特征。

基于理论发展的需要，当代教育实践中努力应用的教育理论在语言上显示出越

---

① 布列钦卡. 教育知识的哲学[M]. 杨明全，宋时春，译. 上海：华东师范大学出版社，2006：184-185.
② 布列钦卡. 教育知识的哲学[M]. 杨明全，宋时春，译. 上海：华东师范大学出版社，2006：65-71.
③ 布列钦卡. 教育知识的哲学[M]. 杨明全，宋时春，译. 上海：华东师范大学出版社，2006：184.
④ 陈桂生. 教育学的建构：增订版[M]. 上海：华东师范大学出版社，2009：98-100.

来越明显的规范性、逻辑性和专业性特征。具有这些特征的语言在强调教育理论内涵精确度和理论合理性的同时，为这些教育理论的实践应用者带来了理解和行动上的难题。这些难题在教育实践中具体表现为：有不少教育理论的实践应用者不明白规范性语言所指的教育实践对象，也有不少教育理论的实践应用者很难在逻辑性的教育理论语言面前保持比较高的热情，还有不少教育理论的实践应用者难以理解专业性教育理论语言的内在思路。这些难题都为教育理论在实践中的应用带来了负面的影响：不明白教育理论指示的对象就可能产生教育理论的误用或乱用，被逻辑性语言淡化热情就很难持续投入教育理论的实践应用，难以理解专业性教育理论语言的思路将减缓或阻碍教育理论的实践应用。上述问题是教育理论的实践应用者要尽量避免出现的，也是需要慎重解决的。

（二）教育理论在实践应用中的语言需求分析

教育实践的改进需要教育理论以较为适合的语言形式来表达。学者李政涛认为教育语言应该以人的发展为中心，教育研究应该关注人在语言中的生命成长。[①] 学者王凯认为人文性和科学性的教育语言缺少实践品性，当代的教育研究需要追求语言的实践性。[②] 在这些观点的启示下，应该思考教育实践改进对教育理论语言的需求。

改进教育实践需要先明确教育实践的内涵与特征。教育实践作为一种非完全技术化、非理论沉思的行为活动，有深刻的情境性和自由性。教育实践的情境性意味着教育实践会随着环境与事态的变化而变化，自由性则意味着教育实践在根本上是教育实践者自主的行为活动。教育理论语言在实践应用中应该紧紧抓住情境性和自由性的教育实践特征，要适应这两个特征对语言的需求。总体上，教育理论在实践应用中需要在语言上满足以下三方面需求。

第一，提供契合教育实践情境的教育理论语言表述。教育实践是一种情境性的社会实践，这种社会实践要求所应用的教育理论尽可能提供与教育实践情境相契合的语言表述。在日常应用教育理论的过程中，很多教育实践者会发现有些教育理论的表述过于抽象或普遍化。例如，不少教育理论在一般意义上使用课堂教学一词，

[①] 李政涛. 教育研究中的四种语言学取向：兼论通向语言的教育学之路[J]. 教育研究与实验，2006 (6)：1-5.
[②] 王凯. 寻求教育学语言的实践品性[J]. 教育研究与实验，2007(6)：12-15.

但高中教师心目中的课堂教学和小学教师心目中的课堂教学不同，它们都和教育理论中的抽象课堂教学不同。虽然不同于通用含义的定义可以通过多次培训来传播，但是这种培训能否真正扭转通用含义的使用习惯，这值得担忧。所以，对应用在教育实践中的教育理论来说，应尽可能提供契合教育实践情境的教育理论语言表述。

第二，合理使用能够激发教育实践者热情的情感性语言。教育实践是教育实践者自主的行为活动，真正的教育实践改进从根本上需要教育实践者实现。教育实践改进的一个内在影响因素是教育实践者是否具有改进的热情和主观倾向。例如，很多学校发现，一些在专业发展消沉期的教师并不是很热衷于新的改革，这种情况多是这些教师并不缺少参与改革的能力，而是缺少投入改革的热情。虽然缺少热情的问题可以通过很多激励措施来尝试解决，但一个比较直接的做法是让所应用的教育理论表述本身就能激发热情。因此，教育理论在实践应用中要合理使用能够激发教育实践者热情的情感性语言。

第三，提供教育实践者容易理解的语言逻辑。影响教育实践者能否自主改进的另一个因素是教育实践者能否完整理解教育理论的语言逻辑。在布迪厄对理论逻辑和实践逻辑对比分析[①]的启示下，可以进一步认为：教育理论的逻辑一般来说追求规范性和形式化，而教育实践者比较倾向于相似性之类的实践逻辑。虽然这里绝不主张完全摒弃教育理论在语言上的逻辑规范性，但是如果教育理论在实践应用中能够转换出让教育实践者容易理解的语言逻辑，这将会很有力地推动教育实践者对教育理论的应用。

总体上说，教育实践具有的情境性和自由性特征要求应用于其中的教育语言能够做出相应的转换，进而发展出适合教育实践要求的语言特征与元素。这些观点在布列钦卡对实践教育学语言的要求中得到了印证。

(三)教育理论语言的实践化转换要点

在当代教育实践中努力应用的专业教育理论语言具有规范性、逻辑性和专业性特征，而教育实践的改进需要教育理论语言能够契合情境性和自由性，这是需要认真化解的一个矛盾。化解矛盾的基本出路是被应用到教育实践中的教育理论需要进

---

① 布迪厄. 实践感[M]. 蒋梓骅，译. 南京：译林出版社，2003：133-134.

行语言上的实践化转换。学者王凯在这个方面给出了很具体的四个建议：在教育实践共同体中增添实践性语言，坚持实践性立场的丰富性与统一性，保持语言的模糊性，不拒语言中的价值涉入。① 这四个建议对教育理论语言的实践化转换具有启发性，指出了所要坚持的一些基本原则和方向。沿着这些观点，下面将探索把握教育理论语言实践化转换的具体要点。

布列钦卡认为在教育研究中应该关注语言最为重要的三种目的：对客体和事实的表征、行为反应的需要以及对个人的情感和由他人激发的感情的表达②，这可以直接表述为丰富认识、塑造意志和激发情感。这个观点让我们意识到教育理论语言有多种功能，需要开发承担多样功能的语言元素。除了专业教育理论比较强调使用的规范性、逻辑性和专业性语言之外，教育理论还可以通过转换语言形式来增加新的元素。在这个方面，谢富勒所着重论述的教育定义、教育口号和教育隐喻正是需要特别重视的语言形式，教育理论可以通过转换来获得与教育实践相契合的语言元素。在谢富勒对教育定义、口号和隐喻观点的根本启示下，教育理论语言的实践化转换可以在以下三个方面重点进行。

第一，转换教育定义。定义是对概念的解释，转换教育定义就是把专业研究中的教育定义转换为面向教育实践的通用定义，以实现教育理论语言的实践化转换。在教育理论生产的过程中，或出于排除特殊情况的考虑，或出于对一类情况的综合考虑，很多概念的定义都是使用特定逻辑思维的结果，如缄默知识理论中对知识的理解就是对不能言说但又明确掌握的能力或技巧进行逻辑思考的结果。当这类定义进入教育实践中时，很多教育实践者由于未具备专业研究基础而产生误用问题。因此，教育理论的实践应用者需要考虑结合特定情境来约定、描述或规划出教育理论概念的通用定义，这里的思考来自对谢富勒有关教育定义观点的加工。所谓约定型的定义转换是指教育理论的实践应用者和教育实践场景中的其他人通过约定来重新确定某个概念在此情境中的定义。所谓描述型的定义转换是指通过整理某个概念已有的用法而得到一种新的定义。所谓规划型的定义转换是指把某个概念和已经对应

---

① 王凯. 寻求教育学语言的实践品性[J]. 教育研究与实验，2007(6)：12-15.
② 布列钦卡. 教育知识的哲学[M]. 杨明全，宋时春，译. 上海：华东师范大学出版社，2006：63.

特定社会行动的已有概念联系在一起而得到一种新的定义。① 例如，课程通过约定型的定义转换可以转换为(在这所学校的讨论中)所有的教学科目，通过描述型的定义转换可以转换为旨在实现学校教育目标而选择的教育内容及其进程，通过规划型的定义转换可以转换为要求学生掌握的社会文明成果。通过这种转换，逻辑的教育定义变成现实教育实践场景中的教育定义，从而可以直接满足契合教育实践情境的需求，也可间接满足让教育实践者容易理解的需求。

第二，创造教育口号。教育口号最为重要的作用是激发情感，进而起到凝聚人心、广泛动员和激发热情的作用。从当代较有影响的教育理论引领教育实践创新的案例来看，教育口号都发挥着非常重要的作用，如"让课堂焕发生命活力""以学生为主体""不看教师教了什么，要看学生学了什么"等。在教育理论进入教育实践的过程中，教育理论要发展出能直接表达教育理论支持或反对的对象、能够激发情感的教育口号。在创造教育口号的过程中，教育理论应用者要准确理解教育理论支持或反对的核心内容，进而通过艺术的表达形式来把这种支持和反对表达出来。例如，一所提倡生活精神教育的学校提出的"拒绝空洞生活"就激发了很多教师改变自身行动的热情。

第三，应用教育隐喻。这是转换教育理论语言逻辑的一个主要做法，意思是在语言表达上使用熟悉的事物及其内在的逻辑关系来表达不熟悉的事物及其内在的逻辑关系。很多教育理论由于基于很深刻的专业背景或理性思考，呈现出复杂的语言逻辑关系。这经常导致一些教育理论应用者不能很好地理解教育理论的逻辑观点，进而使应用教育理论的教育实践者很难做出相应的改进行为。可以说，这种从相似性的角度来把握新事物的做法是人类实践的一种本能，应该得到重视和普遍使用。应用教育隐喻来转换教育理论的语言逻辑，需要教育理论的实践应用者能够深刻地理解特定教育理论的语言逻辑，进而寻找日常生活中大家熟悉的类似事物做语言上的类比。例如，在一次教育讨论中，一位教师在阐释"合作式课堂中的教师角色问题"时就使用了"谈话节目中的主持人"作为隐喻，提出"好的教师就是优秀的课堂主持人"。应用教育隐喻的难点在于把握教育理论的逻辑关系要点，并非常有想象力地

① 唐莹. 元教育学[M]. 北京：人民教育出版社，2014：129.

选择合适的熟悉的事物来隐喻。通过应用教育隐喻，教育理论的实践应用者将容易地理解教育理论的基本逻辑，从而促进这种应用取得实效。

　　总体上看，教育理论的实践应用是一个复杂的过程，教育理论在这个过程中经常要做很多转换。其中，教育理论语言的实践化转换是非常重要的一个方面，这种转换将影响教育理论的实践应用者对教育理论的理解和认同。

/ 第五章 教育理论实践应用者的素养基础 /

在一定程度上可以说，教育理论的实践应用是一个"技术活"，做好这个"技术活"一方面需要掌握所需的核心操作技巧，另一方面则需要具备与其密切相关的核心素养。同样一项工作，不同的人做起来效果不同，其中一个核心的原因是具备的核心素养情况不同。这样的道理放在教育理论实践应用这一事务中应该是成立的。除了掌握教育理论实践应用的核心技巧，教育理论的实践应用者还需要具备相应的意识、能力、视野等个人素养，这些个人素养将为教育理论实践应用提供内在于人的素养基础。

一、教育理论实践应用者的教育理论理解力 ①

教育理论的价值存在于应用之中，其实践方面的价值体现在教育实践方面的应用中，其理论方面的价值体现在教育理论研究方面的应用中。在教育实践界还在关注自身与教育理论脱离和教育理论界追求实现实践转向的时候，找出教育理论在实践应用中的重点和难点环节并予以突破，是努力实现教育理论实践价值的现实选择和重要策略。

（一）理解教育理论的实践需求与主要挑战

作为一种思想和概念体系，教育理论确实能够直接实现的价值是研究方面的价值，毕竟教育理论体系中的不少理论适合在理论世界发挥作用，能够直接地与教育实践相联系的教育理论是教育理论体系中的一部分。但是，从社会结构来看，教育

---

① 本标题下的主体内容以《面向实践应用的教育理论理解力》为题发表于《北京教育学院学报》2023 年第 1 期，收入本书时有改动。

理论体系的存在和发展要体现在其对教育实践以及整个教育领域发展的促进上，即教育理论的实践价值之上。

实现教育理论的实践价值需要明确教育理论的实践价值范围，在这个方面中外学者都进行了研究。在对教育知识的元分析中，布列钦卡认为实践教育学对教育实践的作用包括提供情境解释、列举教育目的、服务教育行动和制度建构、激发和促进教育者的意识和热情四个主要方面。[①] 在教育理论能否称得上理论的争论中，赫斯特认为教育理论是有关教育行动准则的理论，主要为教育实践制定理性的原则。[②] 陈桂生根据教育理论的性质对教育理论进行了四种成分的划分，在对各理论命题类型的表达中体现出了教育理论四种功能：程序、描述、评价和规范。[③] 在追溯教育理论和实践集团分化发展的基础上，周浩波指出教育理论的基本作用是解释和规范，教育理论与教育实践在三个方面相联结，即制度层面、技术层面和批判层面。[④] 在确定相互间动态制衡的总体关系后，教育理论发挥实践影响的重要途径被确定为让教育理论研究者成为"决策型研究者"和"实践型研究者"，与之相对应，决策者和实践者要努力成为"研究型决策者"和"研究型教师"。[⑤] 有研究关注到教育理论在实践方面对大众具有的价值，认为教育理论的价值主要包括：对大众的启蒙价值、对一线教师的导向价值和对行政人员的决策价值。[⑥] 总体来看，关于教育理论实践价值的这些观点在角度上存在较大的差异，有研究是从教育实践的类型来定位和分析的，有研究是从教育实践的要素来分解和阐释的。即便存在这些角度和观点的差异，它们的基本立场也是一致的：教育理论要发挥自身的实践价值，这种实践价值有多样的层次和方面。

虽然关于教育理论实践价值的观点各有不同，但内在能够契合的各种观点从各自角度都表达了教育理论对实践具有确切价值的共识。让人失望的是，在如此清晰地认识到教育理论对实践具有各种价值的同时，这些价值却并不容易成为现实，这

---

① 布列钦卡. 教育知识的哲学[M]. 杨明全，宋时春，译. 上海：华东师范大学出版社，2006：219.
② 瞿葆奎. 教育学文集：第1卷　教育与教育学[M]. 北京：人民教育出版社，1993：443.
③ 陈桂生. 教育学的建构：增订版[M]. 上海：华东师范大学出版社，2009：55.
④ 瞿葆奎. 元教育学研究[M]. 杭州：浙江教育出版社，1999：195-198.
⑤ 林丹. 教育理论、决策和实践关系之澄明[J]. 教育研究与实验，2006(2)：30-33.
⑥ 徐海娇，柳海民. 论教育理论实践价值的表征[J]. 教育理论与实践，2017(4)：10-14.

个方面一个明显的反映是"教育理论脱离实践"现象和批评的流行。尽管"教育理论脱离实践"的批评并不一定有理，但是这个批评反映了教育理论在实践中不能经常使用的现实，不少教育实践者并不能顺利地从教育理论的学习中获得滋养。在分析"教育理论脱离实践"问题的时候，石鸥指出除了行政原因和教育理论原因之外，还广泛存在理论素养不高、不知道理论重要性和哪些理论可以指导实践、理论使用自觉意识不强、遇到问题就要找非常"对症下药"的教育理论等问题。[①] 这个分析在广泛关注"教育理论脱离实践"背后的文化、政治和教育理论自身原因的情况下，特别注意具有过程性的原因：教育理论的实践应用意识和能力问题。教育理论的实践应用意识和能力是一个广泛的领域，可以包括理论信念、理论视野、理论理解、理论实践化改造、理论行动化等方面，这些因素和环节都明显地影响着教育理论的实践应用过程和效果。从教育理论的实践应用过程本身来看，应用者的信念和视野可以看成基础影响因素，更为直接的具体问题是如何理解理论、如何改造理论和如何让理论行动化，在这个问题链条中，理解教育理论成为第一个关键环节。

教育理论容易理解吗？虽然对这个问题的回答应该因人而异，但是"教育理论并非总是很容易理解"这一观点应该能得到很多人的认同。有研究曾描述过教育理论的实践应用者面对教育理论时的一些不满，有些教育理论有时会被他们认为是自我陶醉的、纯文字游戏的、动不动就对教育实践横加批判的，甚至是自我虚幻、自我蒙蔽式的，此外也会出现"接触到的理论不在其理解范围内"的问题。[②] 教育理论在理解上的困难可以在教育研究者的言论中得到突出的表现，在论证教育叙事研究的必要性时，丁钢指出教育理论的主流话语形式是宏大叙事，这种宏大叙事的基本特点就是远离经验形态的精确编码。[③] 有研究将教育理论不太容易理解的特征概括为"高格调"的问题，具体表现为"形式的'阳春白雪'，把浅显的或深奥的问题'贵族化'，一副故意让人不明白、不理解以至拒人千里的样子"。[④] 虽然这些观点主要指向主要的

---

① 石鸥. 在"理论脱离实践"的背后：关于教育理论与实践的关系的反思[J]. 高等师范教育研究，1995(3)：14-21.

② 王海英. 在"教育理论脱离实践"的背后：一种社会学的追问[J]. 湖南师范大学教育科学学报，2005(5)：5-8.

③ 丁钢. 教育经验的理论方式[J]. 教育研究，2003(2)：22-27.

④ 吴黛舒. 教育理论与实践问题之再追问[J]. 教育研究与实验，2002(1)：61-65，73.

教育理论，但是可见一斑。从教育理论体系现状来看，教育理论世界虽然呈现出哲学式、科学化和实践化教育理论分化的多元化格局，但是这种多元化的教育理论世界并没有让教育理论变得容易理解，教育理论的不易理解性至少有三个方面的根源。

第一，变换的理论逻辑。教育理论到底有哪些基本的类型，这是一个存在一定争议的问题。即便如此，一些基本的教育理论类型还是得到研究者公认的，如教育哲学、教育科学和实践教育学等。从这些相对得到公认的主要教育理论形态来看，它们的基本逻辑很不一样。今天的教育科学在努力揭示对教育存在的确切认识，使用自然科学或人文科学的思维逻辑和方法。规范性的教育哲学主要提供价值判断和在某种世界观和道德观(从一个基础良好的信仰系统的意义上来讲)的基础上所赞同的规范性契约①，这种规范性的取向对应了思辨的逻辑和方法。为合理教育行动提供实践知识的实践教育学是一种描述和规范的复合性逻辑，是多种逻辑的并行。从对这三种主要的教育理论形态分析中可以看出，教育理论具有不同的形态，每种形态具有不同的逻辑，理解教育理论需要直面这种逻辑的变换。

第二，深刻的理论结构。尽管教育理论从独立发展到现在不是很长时间，但是它绝不是停留在直白的常识水平上，而是生发出了深层的理解结构。从理论结构的发展来看，无论是以概念为手段的思辨性理论，还是以数字为工具的实证性理论，抑或强调叙事分析的人文解释性理论，都不是描述表面状态和关系的理论。按照陈嘉映的观点，理论从使用概念思维开始就达到了揭示事物内在机制的水平，以数为工具体现了对现实背后的隐秘结构的揭示。② 虽然以数据为代表的实证科学教育理论或以日常叙述为对象的人文科学性教育理论有时看起来并不难阅读和认识，但是真要到理解的层面那就是另外一个问题了，毕竟这些理论蕴含的深层道理和意义并不直白。

第三，精致的语言表述。在日常的"教育理论脱离实践"质疑中，有一种批评就是"故弄玄虚"和"不说大白话"。对教育理论来说，"不说大白话"其实是非常正常的事情。教育理论由于不再停留在常识状态，以"大白话"为主要表达形式的常识性教育理论越来越不能成为教育理论家族的成员。教育理论无论是哪种形态和逻辑，都

---

① 布列钦卡. 教育知识的哲学[M]. 杨明全，宋时春，译. 上海：华东师范大学出版社，2006：185.
② 陈嘉映. 无法还原的象[M]. 北京：华夏出版社，2005：96-101.

在语言表达上趋向精致。李政涛认为教育学语言具有知识论、技术论、艺术论和存在论四种形式[①]，这四种形式虽然在直接性、主体性和情感性上表现不同，但都非常追求精致。这种精致的语言表达在为教育理论提升内在品质和专业性的同时，为理解教育理论带来了很大的挑战。

从教育理论的总体状态来看，理解教育理论并不是一件容易的事情。这对教育理论的实践应用者来说如此，甚至对教育理论的研究者自身来说也是如此。因此，有必要专门探讨教育理论的理解力内涵及其提升问题。

（二）为了实践应用的教育理论理解力内涵

怎么样才算是理解了教育理论？这个貌似很直接的问题并不容易回答，为了实践应用的教育理论在理解上是有难度的。对不少人来说，理解教育理论看起来好像就是知道某个或某些教育理论。但是，对此可以进一步去追问：知道教育理论的什么算是达到了理解的水平？只是知道教育理论的结论性观点算不算理解了教育理论？知道了教育理论在文字中表述的所有观点及其关系算不算理解了教育理论？对教育理论的理解是否要包含对那些隐含在文字背后的假设的认识？如果教育理论的一个实践应用者知道了教育理论的直接观点、隐性假设及其内部关系，但不知如何定位这个理论和自身的关系，那么此时算不算理解了教育理论？在这些追问下，可以看出教育理论理解力的内涵边界并不直白，教育理论理解力的内涵需要用较为学理的方式得到理解。

在一本名为《理解之理解》的书中，作者迈森在导言中就指出：从定义出发来探讨理解将是一个不好的开头，关于理解的理论本身存在表征的、目的论的、语言学的、文本的、视觉的、神秘的、科学的、人际的、概念的、美学的、理性主义的、实用主义的和整体论的形式。[②] 分析到后来，迈森能够找到的积极共识只剩下以图式或隐喻的形式来看待理解可能具有的建设性的意义。[③] 之所以得出这个结论，是因为迈森看到关于理解的各种理论学说都是以隐喻或原型图式的方式来提出的，历史上

[①] 李政涛. 教育研究中的四种语言学取向：兼论通向语言的教育学之路[J]. 教育研究与实验，2006（6）：1-5.

[②] MASON R. Understanding understanding[M]. Albany：State University of New York Press，2003：1.

[③] MASON R. Understanding understanding[M]. Albany：State University of New York Press，2003：35.

比较典型的原型图式有观看、捉住、联结和聚集等。这些原型图式都对应各自的理解对象，很难形成具体的共识。如果对理解的理解只能取得这些结果，确定教育理论理解力内涵就可能成为不能完成的任务了。

幸运的是，教育理论是一种比较确定的理解对象，一种典型的以语言文字为载体的理解对象。面对这种对象，解释学传统中的理解观应该是一个比较合适的选择。迈森提出解释学理解观主要基于一种广义的解释观，这种解释观的原型是语言解释或翻译。[①] 在解释学的代表性思想家那里，理解经常被理解为一种主观性的过去与当前的调节或转换，通过想象来达到与理解对象的精神或意义的同一。伽达默尔(亦译作加达默尔)写道：每一个人首先是一种语言的圈子，这种语言的圈子同其他的语言圈子发生接触，从而出现越来越多的语言圈子。语言就像以往那样不断地在词汇和语法中出现，而且永远伴随着内部无限的对话，这种对话在每一个讲话者和他的谈话对象之间不断发展。这就是解释学的基本要素。[②] 在这段叙述中，伽达默尔以语言的形式阐释了理解中的要素：语言圈子、内部无限的对话和对话不断发展。在对解释学的研究中，有研究认为理解的内涵要点为：理解同时是人的自我理解；前理解或"先见"使理解成为可能；理解，是指人在某一时刻对理解对象和它与理解者之间的全部整体关系的把握；作品的世界和解释者的精神世界在理解中接触，融合为一个新的意义世界。[③] 在教育领域，金生鈜在专门探讨理解与教育关系的过程中，提出了关于理解的基本观点：理解是人存在的本体性条件，理解展开的是一个人的精神世界；人的理解建构了与世界的意义关系；理解具有历史性、语言性和反思性；理解是视域融合。[④] 在从哲学到教育学对理解的阐释中，理解拥有了自己的内涵要点：理解从理解者的前见开始，在解释中与解释对象对话是理解的要素之一，理解是在追求对解释对象的整体把握中实现对理解者与理解对象之间整体关系的把握，理解最终指向意义的建构和理解者精神世界的展开。

教育理论理解力可以在关于理解的内涵要点上得到理解，但是在此之前需要对

① MASON R. Understanding understanding[M]. Albany：State University of New York Press，2003：26.
② 加达默尔. 哲学解释学[M]. 夏镇平，宋建平，译. 上海：上海译文出版社，2004：17.
③ 殷鼎. 理解的命运：解释学初论[M]. 北京：生活·读书·新知三联书店，1988：20-95.
④ 金生鈜. 理解与教育：走向哲学解释学的教育哲学导论[M]. 北京：教育科学出版社，1997：40-52.

基于实践应用的教育理论理解力这一主题做些说明。有些人认为，教育理论理解力在理解者无论出于什么意图时在内涵上都是一致的。这种说法没有注意到理解在内涵上的独特性，即理解会因理解者的角色不同而产生不同的要求和内涵。试想一下，一个教育理论的理论应用者能够掌握某种教育理论的各种观点和内在逻辑，并明确它们与自己研究的联系，已经算是理解了这种教育理论。但是，这种情况放在教育理论的实践应用者身上就不行了，只知道某种教育理论而无法知道这种教育理论与自身教育实践的关系，这很难说是理解了这种教育理论。因为理解本身有反思性或存在性的特征，所以有必要把出于教育理论的实践应用目的而探索教育理论时产生的教育理论理解力确定为基于实践应用的教育理论理解力。从基本的语法来说，基于实践应用的教育理论理解力就是为了把教育理论应用于实践而对其进行理解的能力，其核心是在实践应用的角度下理解教育理论的各种能力。结合理解的内涵要点，这种能力可以包括以下四个方面的要素。

第一，以自身对教育理论和教育实践的前理解为基础。教育理论的实践应用者要想理解教育理论，就需要具备关于教育理论和教育实践的前理解。一个对教育理论没有一点基本把握的人不能理解教育理论，一个对自身教育实践没有掌握的人也不可能做到基于实践应用的教育理论理解。从理解本身来说，所有的理解都要从前理解出发，前理解可以是显性的也可以是潜在的，关键是要具有。对基于实践应用的教育理论理解者来说，这里的前理解除了那些关于语言文化的普遍成分之外，就是关于教育理论和自身教育实践的前理解了。有了这些前理解，基于实践应用的教育理论理解者才有了去进行理解的基础。

第二，以解释为方法。解释学认为理解是语言性的，对教育理论的理解能凸显这一特征。从形式来看，教育理论是特定的系统思想陈述。教育理论虽然以系统思想为内容，但必须以语言陈述为载体，而且这种语言是最为标准的语言而非广义的文本。在具体方法上，基于实践应用的教育理论理解就是要通过语言负载的意义内涵来解释教育理论。这里的解释主要是语言意义上的，是通过语言去得到认识的方法。各种语言甚至符号上的技巧方法是解释的技巧方法，在整体和部分之间不断循环是解释的基本套路。

第三，以整体把握教育理论及其与自身的整体关系为具体目标。理解是整体性的，这里的整体理解和把握分为两个必然的方面。一方面，教育理论的理解要追求对整个教育理论系统的把握。特定的教育理论是特定的系统思想陈述，其内部的各种思想及其陈述都是系统性地联结在一起的，各种显性和潜在的概念和命题相互联系而成为一个体系。对教育理论的理解，特别意味着不是对教育理论的一知半解，也不是"知其然，不知其所以然"的状态。另一方面，教育理论的理解要追求整体把握理解者与教育理论的整体关系。教育理论理解者为了推动实践应用进程，既要把新理解的教育理论和自身已理解的教育理论结合在一起，又要把新理解的教育理论与自身已理解的教育实践联系起来，只有这样才能实现对教育理论的真正把握。

第四，以建构意义和拓展精神世界为根本追求。从深层内涵来看，理解教育理论不只是认识教育理论，而是在理解中建构新的意义，并以此来拓展理解者的精神世界。基于实践应用的教育理论理解不只是让教育理论的实践应用者认识教育理论，而是要从根本上去追求在整体把握教育理论以及教育理论与实践应用者全面关系的基础上，构建教育理论的新含义和新价值，进而用这些新含义和新价值去丰富实践应用者的精神世界。可以说，基于实践应用的教育理论理解过程，是教育理论的实践应用者不断拓展自身精神世界的过程。

基于实践应用的教育理论理解力是一种既显性又隐性的能力，也是一种既技术性又艺术性的能力，总体上是一种复杂而综合的能力。这种能力在教育理论的实践应用中处于重要的起始阶段，是制约教育理论实践应用总体水平的核心因素之一。

(三)面向实践应用的教育理论理解力提升

基于实践应用的教育理论理解是一个复杂的过程，其对教育理论的实践应用者在认识和能力上有较高的要求，这个观点确实与不少人平时的认识不一致。在不少教育研究者和教育实践者看来，在教育实践中应用教育理论是一件很轻松的事情，不用那么费力。在这种情况下，如果教育理论不能直接或轻松地应用到教育实践中，就会被人看作"教育理论脱离实践"。李政涛在探讨教育实践的研究路径问题时，曾形象地描写过教育理论研究者经常具有的"空降假设"："既然实践人对理论如此渴望慕求，理论人只要乘着飞机，向实践的大地空降理论的种子和干粮，就能达到目的。理论人就是飞机驾驶员，只需要操纵按钮，或者在空中翻转盘旋，用'理论特技'换来大地上的实践人的仰视和羡慕的惊叹声。"①一切看上去就是这么轻松而自然，不需要特别的努力。其实，很多教育实践者有同样的感觉，认为只要在实践中遇到问题就能找到对应的教育理论，而且这些教育理论非常易懂易行，让人立刻就能知道如何去做。但是，从现实的状况来看，教育理论的实践应用不会那么自然自在。基于实践应用的教育理论理解具有复杂性，在从教育理论到教育行动的自然的过渡中往往存在一个被隐藏的易断裂点，只有确保这个点疏通才可能让这个过渡过程真正顺利起来。那些被誉为教育理论实践应用的经典范例中经常出现对教育理论的深刻理解。举一个例子来看，美国杰出教师雷夫曾经在我国引起很大的反响，在他众多的经典实践中就有创造性地运用道德发展六阶段理论的做法，他把道德发展六阶段变成：我不想惹麻烦、我想要奖赏、我想取悦某人、我要遵守规则、我想体贴别人、我有自己的行为准则并奉行不悖。② 从雷夫的这种做法中可以发现，经典的道德发展理论被内在地转化为既符合理论原有含义又与实践情境融合在一起的形式。这就是既把握整体教育理论又把握自身与教育理论的整体关系的一个具体展现。

推进基于实践应用的教育理论理解，有很多方面可以努力，如提升教育理论本身的质量、生产出丰富的教育理论和创新教育理论的表述，较为重要的努力是基于教育理论理解力的要素来探讨如何提高推动实践应用的教育理论理解力。从教育理论的实践应用者角度来看，提高教育理论的理解力需要加强五个方面。

第一，加强对自身教育实践基础的理解。如伽达默尔（亦译作加达默尔）所言，理解从一开始就包括了一种反思因素③。对教育理论的实践应用者来说，这种反思因素本身就意味着要以自身的主观世界为起点，要以自身对教育实践基础的理解为这个起点的一个核心部分。如果一个以实践应用为目的的教育理论理解者不能对教育实践基础有比较核心的理解，他对教育理论的解释就不能与自身发生关联，也就谈不上真正理解教育理论了。加强对自身教育实践基础的理解，一方面意味着要理解自身的具体教育实践是什么领域、处在什么样的状态、包括哪些要素以及如何相关、

---

① 李政涛. 论教育实践的研究路径[J]. 教育科学研究，2008(4)：3-7，19.

② 冯永亮. 像雷夫那样做教师：雷夫教育巡回活动走进乌兰察布暨教师专业化发展培训会侧记[N]. 中国教师报，2015-11-11(13).

③ 加达默尔. 哲学解释学[M]. 夏镇平，宋建平，译. 上海：上海译文出版社，2004：46.

与其他教育实践如何相联系，另一方面意味着要尽可能预先建构对教育实践内涵和属性的深刻理解。这些构成了教育理论理解能力的前理解要素的重要组成。

第二，拓展对教育理论的积累和元认识。与教育理论理解力前理解要素的教育实践部分相对，对教育理论的积累和元认识是另一个方面。从一般意义上说，无论出于什么样的动机去理解教育理论，如果没有一点理论的积累以及对教育理论的元认识，想整体把握教育理论是非常困难的。从教育理论的积累来说，教育理论的理解者只有越来越理解教育理论，才能较好地把握教育理论本身以及教育理论与自身的整体关系。如果自身没有积累一些教育理论，就意味着不能通过类比或对比的方式来理解所面对的教育理论，会很难把握自身与所面对的教育理论之间的关系。此外，理解教育理论的人如果不能对教育理论具有高位而深入的元认识，那么解释教育理论的角度就缺少了很多。在这个方面，教育学的研究对象、理论基础、理论性质、主要形态等方面都是可以尽可能去拓展的。例如：面对一个教育科学型的教育理论，能预先理解教育科学主要由描述性命题构成并指向教育规律的反映[1]，这对整体把握这个理论具有积极的作用。

第三，学习解析教育理论核心要素间的依赖关系。有研究对理解提出了一些非常好的观点：理解的过程是一种心理行为……是人的思想参与其中的活动；理解不是零零碎碎的，而是要看到整体；理解力的首要因素是掌握依赖关系。[2] 在这些观点中，"思想参与其中""整体"和"依赖关系"构成了一个核心的逻辑链，意思是通过思想投入理解对象来把握整体中的依赖关系。受此启发，提升教育理论的理解力就特别需要解析教育理论核心要素间的依赖关系。在对教育理论的结构要素的认识上，穆尔提出了一个关于教育理论结构的看法。他认为教育理论的核心结构是目的—方式，在这个结构中必然包括关于目的、人的本性、知识性质及其教授方法的三种假设。[3] 当然，这种教育理论结构只是一种类型的教育理论所具有的。以此为例，解析教育理论核心要素间的依赖关系就包括解析目的和方式之间的关系、关于目的的假设和目的之间的关系、关于人的本性假设和目的之间的关系、关于人的本性假设与

---

[1] 陈桂生. 教育学的建构：增订版[M]. 上海：华东师范大学出版社，2009：55.

[2] 林奇. 失控的真相[M]. 赵亚男，译. 北京：中信出版集团，2017：183-197.

[3] 瞿葆奎. 教育学文集：第1卷 教育与教育学[M]. 北京：人民教育出版社，1993：490-494.

方式之间的关系、关于知识性质及其教授方法的假设与方式之间的关系等。

第四，提升教育理论语言解释能力。教育理论是语言形式上的表述，无论是认识教育理论的意义，还是思考教育理论与自身的整体关系，都离不开高水平的语言解释能力。虽然现代教育理论在语言上主要有知识论、技术论、艺术论和存在论四种形式，但是多样化的语言形式本身并不意味着容易解释，特别是还要整体把握教育理论及其与自身的整体关系。解释知识论的教育理论语言的难度在于经常要基于所用概念网络关系来理解概念的内涵，而不是直接从语义学角度来理解内涵。技术论的教育理论语言看起来是好理解的，但是如果要深入解释内在的机制和原理是困难的。艺术论的教育理论语言的情感化和风格化会考验教育理论理解者的解释能力。存在论的教育理论语言需要解释者具有人生的积淀。对实践应用的教育理论理解者来说，多样的教育理论语言形式并不意味着只选择擅长的语言形式来解释教育，而是要努力掌握多种形式的教育理论语言。

第五，投入教育精神生活与世界。从关于理解的观点来看，理解不只是认识性的，还是存在性的。从理解的内涵来看，理解的最终追求在于建构意义和拓展理解者的精神世界。那么对基于实践应用的教育理论理解者来说，提高教育理论理解力的一个重要前提条件就是愿意投入教育精神生活与世界，而且能够投入教育精神生活与世界。可以想象，一个不愿意拥有教育精神生活与世界的人不可能去理解教育理论，也谈不上能够实现对教育理论的理解。其实，来自教育实践领域的不少教育理论实践应用者在这个方面是有缺失的，教育实践的具体性和直接性有时让人不去和不愿去投入内在的教育精神生活与世界，也就无从谈起通过整体把握教育理论及其与自身的整体关系来构建新含义和新价值，并以此拓展自己的教育精神世界了。只有投入教育精神生活与世界，基于实践应用的教育理论理解才有了根本的热情和动力。

可以说，基于实践应用的教育理论理解力是思想整体参与教育理论、思想在教育理论与理解者之间不断穿梭的能力，这种能力的提高将从根本上拓展教育理论实践应用者的教育精神世界。

二、教育理论实践应用者的问题意识①

在被"教育理论脱离实践"的质疑深深刺痛后，当代教育理论研究界有针对性地做出了多方面的努力，转变研究方式、下调研究重心、与实践者合作、提高培训能力等都是经常采用的努力方式。不可否认，这些方式确实在不同程度上使教育理论与实践的联系密切了，教育理论与实践的脱离问题在一定程度上得到了缓解。但需要注意的是，以上努力在从一般意义上拉近教育理论与实践之间的距离的同时，未必能在具体情境下有效地实现教育理论与实践的密切结合，教育实践的具体情境性经常会让从教育理论角度做出的各种拉近距离的努力因缺少现实针对性而效果弱化。因此，加强教育理论与实践的现实联系，还需要真正关注情境性的教育实践，需要把教育实践问题作为拉近教育理论与实践之间的距离的桥梁和纽带。

(一)何谓教育实践问题

爱因斯坦和英费尔德在《物理学的进化》一书中说道，"提出一个问题往往比解决一个问题更重要"②，这句话在很多时候提高了人们对问题价值的关注度，让很多人深入认识到明确问题对于科学研究甚至其他各类探索的重要作用。对教育实践的创新性发展来说，问题本身的这种价值逻辑是非常适用的。所谓教育实践的创新性发展主要是基于发展的突破性水平来说的，教育实践的发展根据是否已具有确定的方式可以分为常规性和创新性两种基本形式。在那种没有确定方式而需要新思维注入的情形中，教育实践就进入了创新性发展的轨道，教育实践在这个轨道上前行需要用明确的问题来引领。

明确的问题对教育实践的创新性发展来说至关重要，但明确教育实践问题本身就是一件不容易的事情。在分析专业实践困境时，美国学者舍恩特别关注到实践问题的模糊性带来的困难，他提出：我们越来越清楚地认识到，在真实世界里，实践问题并非以良好的结构展示在实践者面前。实际上，呈现在他们面前的根本不是问

---

① 本标题下的内容以《基于教育实践问题的教育理论实践应用机制》为题发表于《国家教育行政学院学报》2019年第9期，收入本书时有改动。

② 爱因斯坦，英费尔德. 物理学的进化[M]. 周肇威，译. 上海：上海科学技术出版社，1962：66.

题，只不过是杂乱而模糊的情境。在这种情形下，舍恩认为实践者面临的核心任务是设定问题，这个工作本身是非常个性化的，因为实践者具有的各种个体情况就决定了他们在设定问题时具有不同的思路和结果。① 可以说，舍恩在这里明确提出了设定专业实践问题时所要面临的两大困难：不确定的情境和个性化的问题设定。在舍恩看来，专业实践包含教育实践。舍恩所说的确定专业实践问题的困难在教育实践中存在，从教育实践的现实来看，一些常见的情况表明了确定教育实践问题的困难：在一些教育实践场景中，人们经常感觉到的是迷茫和困惑，而不是清晰的问题定位；在同一个教育实践场景中，不同的人对问题的认定不同。基于这些认识和现实，可以说，教育实践的问题本身有很多限制因素，破解这些限制因素本身需要对教育实践问题具有系统而精准的思路，因此对教育实践问题内涵的追问很有必要。

在教育研究领域，对问题的专门关注不算太多，一些研究在教育问题的内涵、分类和提出方式等方面进行了探讨。从把问题理解为"主客体相互作用过程的阻隔和中断"出发，周作宇先把教育问题分为教育科学问题、教育价值问题和教育实践操作问题，接着又根据问题来源把教育问题分为教育理论问题与教育实践问题。② 刘庆昌等人特别关注教育问题的分类，提出教育问题分类的依据主要有教育理论、活动理论和系统理论，其分类依据为结构—功能、目的—手段和系统—环境三个标准。③ 在认为教育学以教育问题为研究对象的前提下，黄甫全认为教育问题是"反映到人们大脑中的、需要探明和解决的教育实际矛盾和理论疑难"，发现教育问题的途径主要有实践归纳、文献综述和理论演绎，提问方式主要有科学式、价值性、发散性和质疑式。④ 张海波等人认为教育问题是"教育实践活动中的矛盾"，判定教育问题需要以教育理论为前提，教育观是其中的关键前提。⑤ 关于教育问题的这些已有研究在增进人们关于教育问题认识的同时，引发了许多的疑问。从确定教育实践问题的目标出发，这里关于问题内涵的疑问概括起来主要有：第一，问题的实质是什么；第二，问题

---

① 舍恩. 培养反映的实践者：专业领域中关于教与学的一项全新设计[M]. 郝彩虹，张玉荣，雷月梅，等译. 北京：教育科学出版社，2008：4-5.
② 周作宇. 论教育问题[J]. 高等师范教育研究，1994(1)：52-57.
③ 刘庆昌，李毓秋. 教育问题分类：一个新的研究领域[J]. 河东学刊，1998(3)：74-77.
④ 黄甫全. 关于教育研究中的问题意识[J]. 华南师范大学学报(社会科学版)，2003(4)：119-124，151.
⑤ 张海波，杨兆山. "教育问题"探析[J]. 教育研究，2011(11)：108-111.

的核心内容是什么；第三，问题怎么得到设定。这三个方面的回答将最终有助于确定对"何谓教育实践问题"的回答。

从以上引述的教育问题定义来看，关于问题内涵的理解可以说是有争议的，一类观点认为问题是主客体相互作用过程的阻隔和中断，另一类观点认为问题是矛盾和疑难。对何谓问题的回答不是简单地取两种说法的交集，而是要对两种说法做深入的追问。为了深入地理解问题的内涵，可以重点追问两个方面的问题。其一，从已有说法的共识来看，问题似乎是一种阻隔或矛盾，这里的疑问是究竟是谁与谁的阻隔或矛盾，虽然有研究提出了主客体相互作用过程的阻隔和中断，但没有言明。其二，从两种已有说法来看，问题似乎就是阻隔、中断或矛盾，这种观点似乎关注了较为根本的问题实质与源泉，但没有直指问题实际存在的状态。例如，很多学校存在各个部门在教育经费分配上的矛盾，但是如果对此习以为常，就很难明确说有了问题。有时即便满足了上述研究中提到的"反映到人们大脑中的、需要探明和解决的"要求，但是如果还存在"经费总量太少了""就是分配原则不公""分配的方法太低级"的多样化认识，也难说此时已经确定了问题。因此，"何谓问题与教育实践问题"需要在问题内涵的核心构成要素上得到回答。

从广泛的学科范围来看，逻辑学、管理学和思维科学都对问题本身和问题的分析与解决进行了直接的研究，并取得了对问题内涵的深入理解。关于问题的内涵，比较有影响的观点有：问题是根据对思维对象的某种已知而提出疑问，并要求回答而获得某种新知的思维形式[1]；问题就是理想状态和现实状态之间的差别[2]；问题的本质是期望与现状的落差[3]。相对于把问题理解为阻隔、矛盾的观点而言，对问题内涵的这些理解更加具体和周全。这些观点虽然单独来看还只是涉及问题内涵要素的若干方面，但是总体而言可以对应实质、内涵和如何设定三个维度。根据这些定义的启示，可以在明确教育实践问题的道路上做出比较总体性的内涵要点分析。

第一，从实质来看，教育实践问题是作为思维的结果对教育实践提出的疑问。

---

① 秦豪. 关于"问题"定义的探讨[J]. 苏州大学学报(哲学社会科学版)，1990(2)：18-22.

② 高斯，温伯格. 你的灯还亮着吗？：发现问题的真正所在[M]. 俞月圆，译. 北京：人民邮电出版社，2014：16.

③ 高杉尚孝. 麦肯锡问题分析与解决技巧[M]. 郑舜珑，译. 北京：北京时代华文书局，2014：7.

这个方面具体包括两层含义，一是教育实践问题是对教育实践的疑问，二是教育实践问题本身是思维的结果。第一层意思表达了教育实践问题必须达到疑问的水平和层次，也就是说如果不对教育实践中的矛盾产生疑问，就不能说存在教育实践问题，即便矛盾很大。第二层意思是说，教育实践问题从性质定位来说是一种思维结果，这意味着教育实践问题不是客观自然的存在，而会因人的思维而产生差异。

第二，从内容来看，教育实践问题是有关教育实践的理想与现状的差别。因为教育实践本身可以产生很多种不同类型的疑问，所以深化对教育实践问题的理解需要对疑问的内容做出解释。如果对围绕教育实践的各种疑问做概括，这里可以进一步把各种疑问都概括为关于教育实践的理想与现状的差别。在这种框架下，可以把各种教育实践疑问解读为一系列理想与现状的差别：深刻理解教育实践的理想与不深刻理解教育实践的现状之间的差别，追求高位教育实践目标的理想与教育实践目标定位低的现状之间的差别，追求高效率教育实践方式的理想与效率一般的现状之间的差别……

第三，从产生来看，教育实践问题的产生过程是对教育实践的理想与现状进行比较而得出疑问的过程。教育实践问题不是自然产生的，也不是凭空产生的，而是一个理想与现实、思维与感知交织的综合思维过程。结合对教育实践问题实质和内容的认识，教育实践问题设定的思维过程从教育实践的理想与现状的差别开始，运用思维进行基于综合分析和判断的比较，最终得出具体的疑问。在这个过程中，教育实践的理想与现状的差别是起点，比较思维是加工机制，具体的疑问是成果。

至此，教育实践问题的内涵可以概括为三个方面的要点：教育实践问题的实质是作为思维的结果对教育实践提出的疑问，教育实践问题的内容是有关教育实践的理想与现状的差别，教育实践问题的产生过程是对教育实践的理想与现状的差别进行比较而得出疑问的过程。相对于关于教育问题的既有认识，这三个方面要点的明确可以为在具体教育实践情境中设定教育实践问题奠定更为基本的认识基础，也为教育实践问题的具体设定指明了努力的方向。

(二)设定教育实践问题的思维框架

在日常进行的教育实践问题交流中，有一些现象值得特别关注：一些人提出的教育实践问题在另外一些人那里不能构成问题，一些人提出的重要教育实践问题在另一些人看来都是那个领域的边缘问题，一些人不认为有问题的事情在其他人那里构成了紧要的教育实践问题。此外，一些经常参加教育实践问题交流的人能够体会到不能轻易地对别人提出的问题全盘接受，因为他们有时会发现对方提出的问题本身相当偏颇，且容易误导人。以上这些情况的存在都表明：教育实践问题本身并不直白地存在，在教育实践中对问题的设定本身就有水平高低、合理与否之分。如何在教育实践中高水平地设定问题，这本身需要追问设定教育实践问题时要使用怎样的思维框架进行思考。

教育实践问题产生于思维加工过程之中，好的思维框架便于精准地定位问题，那什么样的思维框架比较适用于设定教育实践问题呢？回答这个问题需要回到对教育实践的理解上，只有理解了教育实践的内涵与要素，才能知道教育实践的现状处在何位、理想立在何处以及对两者差别的疑问该如何表达。"何谓教育实践"的问题在教育界有很多种回答。与人类认识实践本身的状况类似，关于教育实践的定义存在广义与狭义、伦理性与技术性之差别。在一个概念定义存在多样性选择的情况下，究竟怎么界定一个概念应该考虑研究的目的指向。在思考教育实践问题如何设定的背景下，对教育实践的界定要广义一些，这样可以把广泛的教育实践领域纳入研究的视野。另外，此处对教育实践的界定应该超越伦理性和技术性之争，因为教育实践问题本身既包括伦理层面又包括技术层面。在研究目的的这两重需求下，教育实践在本书中可以界定为教育之名下的行动，这样的广义定义具有超越历史特殊性和价值主观性的优点。①

在将教育实践界定为教育之名下的行动之后，对教育实践问题设定的思维框架探索可以推进到行动的思维框架问题上。怎么认识人的行动以及关于人的行动的思维框架问题在很多学科领域被作为核心的问题，其中有关社会行动的理论研究对这个问题进行了最为集中和整体的探索。作为横跨多个领域的思想家，韦伯对人的行动特别是社会行动做出了直接的原理性探索，特别从行动本身的思维取向上关注了行动的不同类型。在区分社会行动的不同思维取向的基础上，韦伯把社会行为分为工具理性的、价值理性的、情绪的和传统的四种类型。② 根据韦伯的具体解释，可以

---

① 余清臣. 何谓教育实践[J]. 教育研究，2014(3)：11-18.
② 韦伯. 经济与社会·第1卷[M]. 阎克文，译. 上海：上海人民出版社，2010：114.

对这四种类型做一个概括：工具理性的社会行动追求完全理性地权衡目的、手段和后果，价值理性的社会行动追求无条件地实践对终极价值的追求，情绪的社会行动决定于情绪和情感，传统的社会行动遵从习惯。可以说，韦伯的这些观点启示我们，对社会行动的思维要关注价值取向、目的、手段、后果和情感等因素，特别是价值取向、目的和手段。虽然主要作为经济学家被人们接受，但米塞斯的经济学代表作正标题是《人的行动》，由此可见他对人的行动的整体关注和系统探索。在把人理解为行动人并对传统行动认识论进行了批判性分析之后，米塞斯提出了行动范畴分析的基本框架：目的与手段、价值的等级、需求的等级、作为交换的行动。[①] 从米塞斯的论述中可以看出，在这些基本框架中，目的与手段是排在第一位的，其他几个方面都分别处于目的与手段格局中的不同位置。在帕森斯看来，在普遍化的行动体系结构中，有三组成分或因素：遗传和环境因素、在手段—目的关系的中介部分中包含的因素、在终极价值体系周围的因素。[②] 当然，还有很多学者对行动进行了专门的研究，这里引用的韦伯、米塞斯和帕森斯是其中比较有影响的代表。从行动的思维框架来看，虽然三人在具体观点上存在一些不同，但是他们的观点有基本的共识，包括目的—手段和价值观。根据教育实践作为社会行动的特点，这里尝试以目的—手段和价值观为核心要素，结合教育实践作为社会行动与环境条件之间的密切关系状况，构建教育实践问题设定的基本思维框架。这个思维框架有三个方面的基本构成：目的—手段思维是主体，价值观—目的思维和环境—手段思维是重要的辅助。

第一，目的—手段思维。无论是否介意目的—手段思维的功利化色彩，教育实践作为有意识的社会行动，对其进行问题设定时必须紧抓目的—手段这条思维主线。这个立场的根本原因有两个方面：一是在以追求行动合理性为核心取向的情况下，目的—手段思维是大部分教育行动的主要思维模式；二是目的—手段思维可以通过加入价值观要素来包容非功利化取向的教育行动。以目的—手段思维来设定教育实践问题，可以经过这样的一个思维过程：确定有关特定教育实践的目的、手段、目的—手段关系的现状或对这些方面的认识的现状，尝试提出有关特定教育实践的目的、手段、目的—手段关系的理想或对这些方面的认识的理想，尝试确定所提出的

---

① 米塞斯. 人的行动：关于经济学的论文[M]. 余晖，译. 上海：上海人民出版社，2013：103-109.
② 帕森斯. 社会行动的结构[M]. 张明德，夏翼南，彭刚，译. 南京：译林出版社，2003：810-812.

理想与对应现状的差别并将其表述成疑问。实际上，这个思维过程包括改变现实和提高认识两个层面，在现实中这两个层面分别对应两大类型的教育实践问题。

第二，价值观—目的思维。价值观可以具体解释为在主客体相互作用中基于客体对主体发展完善的效应而产生的基本认识和总体观念，具体包括关于价值是什么、价值尺度、价值等级等方面的总体认识和根本观点。价值观对行动的重要性主要体现在价值观对行动目的和方式的导向上，特别是对目的的导向上，如米塞斯所言："价值是行动人赋予终极目的的重要性。只有终极目的才被赋予主要和原始的价值。手段则是按照它为实现终极目的而作出的贡献来估价的，因而它们的价值是从其可实现的各种目的之价值引申出来的。"[①]价值观—目的思维主要用来认识和审视教育行动目的的合理性状况，这个思维的加入将有助于改变单纯的目的—手段思维的功利化色彩。以价值观—目的思维来设定教育实践问题可以经过这样的过程：确定有关特定教育实践的价值观基础、目的定位、价值观—目的关系的现状或对这些方面的认识的现状，尝试提出有关特定教育实践的价值观基础、目的定位、价值观—目的关系的理想或对这些方面的认识的理想，尝试确定所提出的理想与对应现状的差别并将其表述成疑问。

第三，环境—手段思维。手段是教育实践的重要方面，很多教育实践就是在手段方面出了问题，从而造成教育实践整体状况不佳。从定义来说，手段可以被定义为"用以实现任何目的、目标或意图的东西"[②]。这样的定义突破了把手段作为方法或技术的常规认识，手段不仅是方法和技术，还包括其中不可或缺的人力和物质要素。在对手段的这种理解之上，环境之于教育行动特别是对手段的影响就显现出来了。帕森斯认为环境在行动系统中可以作为"终极条件"而存在[③]，其实这是在把环境当作特定状况的各种影响因素。从教育实践的现实来看，环境对手段确实产生了不可忽略的影响，作为方法和技术的手段能否得到外界方法和技术的指导和培训，作为人力和物质要素的手段能否得到外界充分的供给，这些都属于环境影响的范畴。以环境—手段思维来设定教育实践问题可以经过这样的过程：确定有关特定教育实践的

① 米塞斯. 人的行动：关于经济学的论文[M]. 余晖，译. 上海：上海人民出版社，2013：107.
② 米塞斯. 人的行动：关于经济学的论文[M]. 余晖，译. 上海：上海人民出版社，2013：103.
③ 帕森斯. 社会行动的结构[M]. 张明德，夏翼南，彭刚，译. 南京：译林出版社，2003：811.

环境、手段、环境—手段关系的现状或对这些方面的认识的现状，尝试提出有关特定教育实践的环境、手段、环境—手段关系的理想或对这些方面的认识的理想，尝试确定所提出的理想与对应现状的差别并将其表述成疑问。通过环境—手段思维，人们可以对特定教育实践资源和时空机遇进行反思和调整，从而优化教育实践的手段。

这里给出的设定教育实践问题的思维框架的三个主要组成，是追求涵盖大部分教育实践领域和教育实践主要方面的思维路线，因而可以当作常用的思路。需要说明的是，这里给出的教育实践问题设定框架在具体层面上看起来可以用来设定一个个具体的教育实践问题，教育实践的问题还可以从具体层面概括、抽象到广泛、高位的层面。在需要对教育实践问题进行概括、抽象时，上述教育实践问题设定框架可以通过进一步组合来应对，但这些组合的核心组成依然是三种具体的思维形式。

(三)从教育实践问题出发的教育理论实践应用策略

在抱怨"教育理论脱离实际"的背后，一些人怀有这样的期待和希望：努力研究出或学到"不脱离实际的教育理论"，然后根据理论的主题和要求去指导、规范甚至塑造教育实践，最终实现教育理论与实践的统一。虽然教育理论与实践的最终结合是可以追求的目标，但是实现这个目标的路径只能是教育理论做出主要改变吗？如果只从教育理论的主题和要求去考虑教育理论的实践应用，教育实践在这个过程中处于什么位置？李政涛在描述教育理论与教育实践的传统等级观念时用了"四个根深蒂固的假设"这一说法，这四个假设具体是：等级假设，认为理论高于实践；趋同假设，认为实践应向理论靠拢；提升或拯救假设，认为实践"大地"需要理论"普降甘霖"；空降假设，认为理论人"乘着飞机"向实践"空投所需"。[①] 可以说，这四个假设的说法非常形象地描述出了教育理论高于实践的观念和印象。如果这种观念出现在教育理论的实践应用活动中，此时遇到的主要问题是：教育理论的实践应用到底要以教育理论为核心还是要以教育实践需要为核心？具体来说，这里提出的问题可以展开为：教育理论的实践应用是否只考虑教育理论到底想做什么或能做什么？教育理论的实践应用者是否只把教育实践的需要作为次要考虑？这些问题特别需要教育

---

① 李政涛. 论教育实践的研究路径[J]. 教育科学研究，2008(4)：3-7，19.

理论的实践应用者慎重思考。

事实上，上述问题的核心是教育理论生产方主导还是使用方主导的问题，这是一个早已存在的问题。同样的问题在企业生产中或服务业经营中经常出现，此类问题众多的解决范例可以带来一种基本立场的启示：以教育理论的实践能力为背景，以教育实践的需要为具体起点和目标。如果从宏观上看，教育理论的实践应用显示出以教育理论为主导，这主要是为了能够清晰认识各种各样的教育理论实践应用活动。在这种情况下，将使用的教育理论作为教育理论实践应用活动的分类标准是比较常用的选择。但是，这种以教育理论为线索来概括教育理论实践应用活动的做法并不意味着教育理论在实践应用中一定要成为主导，教育理论实践应用中谁为主导的问题需要进入具体过程来认识。

不少研究者特别强调教育研究的问题意识，这种观点在教育研究缺少针对性和表现出空洞性的情况下是非常必要的。同样的道理，教育理论的实践应用活动不能缺少针对性，特别是在具体的实践活动层面上。实践本身的一个典型特征就是情境性，很多要素会随着情境而变化，实践的任务和目标受情境的限制，教育理论在实践中的应用不能不顾及这种情境性。在教育实践中应用教育理论，用普遍化的教育理论来塑造教育实践会遭遇教育实践的强力抵制，教育理论在实践应用中需要尊重教育实践自身。从教育实践自身来看，教育理论介入其中的入口应该定位在教育实践问题之上。教育实践问题作为教育理论实践应用入口的主要原因可以概括为两个方面：一是教育实践问题是教育实践系统的相对薄弱之处，至少被人们当作薄弱之处，由此入手运用教育理论不容易面对抵制；二是教育实践问题既然作为问题被看待甚至被公认，本身就已经激起教育实践者的不满，此处被教育理论作为切入口容易得到教育实践者的认同。以教育实践问题为切入口，教育理论的实践应用活动可以采用以下三个方面的策略来增强效果。

第一，根据教育实践问题的指向甄别出可以应用教育理论解决的教育实践具体问题。在运用教育理论解决教育实践问题的过程中，最令人无奈的一个情况是被强求使用教育理论解决非理论性的问题。例如，不少教育理论者经常面对"怎么在缺少关键资源的前提下还能把工作做好"的教育实践问题。迪尔登在讨论教育理论的实践运用时指出：在与实践有密切关系的大量的思考中，只有一部分具有理论性，这就很好地解释了为什么在理论上可行的计划，在实践中却行不通。^① 他的这句话概括地表明了很多现实条件制约了教育实践的问题及其解决，教育理论只能对应其中一部分教育实践的问题。根据教育实践问题设定的思维框架，教育实践问题可以分为行动系统类型和认识类型。如果要在这两个类型中做出辨别，笔者认为认识类型的教育实践问题可以尝试在教育理论的应用中得到解决，教育哲学和教育科学的研究成果可以被拿去使用。对行动系统类型的教育实践问题来说，那些指向目的—手段匹配度、作为技术方法策略的手段、价值观提升、价值观—目的匹配度、环境—手段匹配度、手段选择的教育实践问题具有应用教育理论解决的可能，而环境条件不足的教育实践问题通常不属于教育理论可以解决的。从对教育理论的一般理解来看，应用教育理论能够拓展认识、提供技术选择、澄清思路和更新价值观，但实际条件问题不是教育理论应用能够解决的。

第二，根据教育实践问题的要素分析精准定位教育理论的实践应用目标。在辨别出可以应用教育理论解决的教育实践问题之后，下面需要面临的任务是精准定位教育理论的实践应用目标。教育实践问题是对教育实践理想与现状之区别进行思考而产生的疑问，教育理论在具体面对这些疑问时，需要精细而准确地定位教育理论应用于教育实践的目标。在可能使用教育理论解决的教育实践问题面前，需要考虑的问题是：到底这个问题的哪些方面或环节能够通过拓展认识、提供技术、澄清思路和更新价值观的方式来解决？解决这个问题，要在拓展认识、提供技术、澄清思路或更新价值观上单独或综合得到什么样的预期效果？为了回答这些问题，特定的教育实践问题需要通过解读疑问本身的形式做问题要素分析，如这个教育实践问题的理想、现状以及两者之间的差别。在确定这些要素之后，再从拓展认识、提供技术、澄清思路或更新价值观的角度思考解决问题的可能性。

第三，根据教育理论的实践应用目标选择教育理论和确定效果评价标准。在教育理论的实践应用中，没有选择出合适的教育理论是经常出现的问题，例如需要培养学生深度思考能力时选用了一般化的小组合作学习理论。在这种背景下，教育理论的实践应用活动需要特别关注教育理论的选择。从教育实践问题出发，教育理论

① 瞿葆奎. 教育学文集：第 1 卷　教育与教育学[M]. 北京：人民教育出版社，1993：551.

的选择肯定要为教育实践问题的解决服务，这个服务的核心指向就是能够实现教育理论的实践应用目标。此外，教育理论的实践应用还容易遭遇不当评价的问题，"成者英雄败者寇"的思维容易成为衡量教育理论实践应用效果的核心评价标准。再次需要明确：很多教育实践问题本身并不能通过教育理论的实践应用来完全解决，经常需要辅以现实条件的支撑。有时虽然教育实践问题最终没有完全解决，但是教育理论能够发挥的作用已经完成了使命，此时教育理论实践应用的效果就不能完全按照问题是否得到解决来评价。例如，有些学校的文化建设在思路上已经澄清，认识上已经拓展，价值观上已经更新，但是因为缺少必要的资金和人力而没有解决问题，此时如果认定是教育理论的实践应用效果不佳就缺乏合理性。

教育实践问题在教育实践改进的过程中具有重要的价值，本身能够作为起点引导教育理论的整个实践应用过程。以教育实践问题为起点的教育理论实践应用在应用范围、目标、理论选择和效果评价方面具有突出的特点和优势，从而使教育理论能精准地应用到具体的教育实践之中。

三、教育理论实践应用者的消费思维①

教育实践者越来越需要从教育理论的应用中获得专业上的滋养，成为教育理论的消费者是教育实践者踏上卓越之路的一个必然选择。教育实践领域流行的一个理念是"要成为研究者"，其依据主要是教育实践者因经常缺少得心应手的教育理论而必须亲自去生产它们。事实上，这样的生产是对教育理论的一种消费。提出教育理论实践应用者的消费思维，在实质上就是要阐明教育理论的实践功用、教育理论生产的主要状况以及教育实践者的教育理论消费思维。

（一）教育理论的实践功用

教育实践者从事各种教育实践工作，会产生很多方面的思想认识需求，这就是教育理论发挥功用的世界。以往的一些研究并没有把教育理论在这个领域中的功用说清楚，多是说教育理论对实践具有制度建设、技术操作和理性判断方面的作用，

<hr>

① 本标题下的内容以《如何成为聪明的教育理论消费者》为题发表于 2018 年 5 月 24 日的《中国教育报》，收入本书时有改动。

有时也说教育理论对社会大众、一线教师和教育管理者具有功用。很多说法没有阐明的主要原因是它们多针对功用的对象和领域，没有直接深入地说明教育理论实践功用的核心实质。事实上，那些还不能称为教育理论的常识和个人体验都可能在各种教育实践领域为教育实践者提供帮助。

从根本上看，教育理论就是有关教育的体系化陈述，也就是一系列逻辑相互联系的陈述。教育理论对教育实践的功用由此特别需要从陈述对行动的意义的角度得到内在的理解。一般来说，陈述对行动的意义主要在意、情、行三个方面。具体来说，人可以从特定的陈述中理解含义、体验情感和接受带有意图的影响力。这样的原理可以放在教育理论中，如"以学生为中心"这个陈述就同时具有以学生成长为中心设计和实施教育工作、尊重和爱护学生的情感、拒绝压制学生的影响力的含义。与同样作为陈述的常识和个人体验相比，教育理论相对更加具有逻辑性和体系性，即教育理论的陈述更具有逻辑理性的思考以及体系内的相互支撑性。虽然教育理论会有情感性，但是教育理论的情感性会受到逻辑理性思考的限制，其负载的情感水平只有在逻辑理性思考允许的范围内才会合理。

从效果来说，教育理论作为陈述体系对实践的作用主要体现在说明解释和规范建议之上。在教育实践者从教育理论陈述中理解、体验情感和接受影响力之后，各种具体的教育实践工作就可能因此产生四个效果：现象得到说明、机理得到解释、方向和行动得到规范、具体行动得到建议。说明就是指出是什么，这对教育实践来说是非常基础又非常核心的问题，"不知所是"在教育实践中是非常根本的问题。解释就是呈现各种关系，这可以让教育实践者明白教育内在的结构系统和秩序机制。规范就是给出方向和行动的规则，方向的规则让教育实践者知道应该追求什么，行动的规则让教育实践者知道行动的要求和流程。建议就是提出权衡情境后的行动方案要点，教育实践者可以由此得到具体的行动指南。教育理论对教育实践产生的这四个效果不是独有的，教育的常识和个人体验也可以产生这些效果。只是，推崇逻辑理性和体系化的教育理论在这四种效果上表现出不同的水平特征，总体上会相对更规范、更内在一致、更大规模和更标准化。

（二）教育理论生产的主要状况

如果不是抱着对理论和教育理论的绝对信仰，教育实践者就只有在对教育理论的生产环节进行了解之后才可能聪明地消费。这个道理放在日常用品的消费水平提升上同样适用。

　　教育理论的生产者主要是高等院校和专业研究机构的研究者，这是需要教育实践者了解的重要情况之一。教育理论生产者需要具备专业研究的素养，承担专业研究的任务。教育理论生产者作为专业研究人员，其素养体现为越来越深入的理论储备、越来越规范的操作和越来越专业的成果表达。从任务角度来说，教育理论生产者的任务主要以出版著作和完成课题项目为形式，辅助以政策建议和专利发明等。在教育理论生产者构成上，需要注意的一个重要情况是教育学学科之外的研究者可以成为教育理论生产者，哲学、心理学、社会学、人类学、统计学等很多学科都有专业研究者生产教育理论。教育理论生产者的这种构成状况从根本上意味着教育理论本身是庞杂的，教育理论生产坚持的标准主要由研究界确定。

　　教育理论的生产方式很多，不同的方式生产出来的教育理论在特点上并不相同。一般来说，教育理论的生产方式主要有演绎推理方式、实证科学方式、人文科学方式等。演绎推理的方式主要基于上位理论或现实经验通过逻辑推演的方法去生产教育理论，这个方面的代表是教育哲学研究和其他教育研究领域的理论性研究环节。实证科学方式主要基于不可辩驳的经验现象通过数理化加工的方法去生产教育理论，这个方面的代表是量化教育科学研究。人文科学方式主要基于对人文现实的质性分析去生产教育理论，这个方面的代表是质性教育研究。演绎推理研究得出的教育理论一般比较宏观，结论具有方向性和普遍性。实证科学研究得出的教育理论一般比较确切和精确化，结论具有确定性且标准化。人文科学研究得出的教育理论一般比较深入主观世界，结论具有人文性和细腻性。此外，这些主要的研究类型可以区分为不同的研究取向，如建构取向与批判取向。建构取向比较强调新教育理论的建设，批判取向比较强调对原有教育理论的修正或清理。

　　教育理论的呈现方式比较多样，总体上以规范性为基本趋势。总体上看，教育理论可以通过发表论文、出版专著、开展演讲、申请专利、创作文艺作品等方式来呈现。由于教育学研究越来越专业，高校和专业研究机构对研究成果的形式要求越来越统一化，论文和专著成为教育理论主要的呈现载体。论文和专著一般来说都有非常规范的结构要素规定和风格规定，一般包括背景、问题、方法、处理加工、发现或结论等方面。在教育理论的呈现中,过于主观化、庞杂以及不符合规范的内容一般不会呈现出来。即使有教育理论作品承认了缺陷和不足,也主要是依据教育理论生产的"行业惯例"来做的,多是展示给教育理论生产者同行看的。

总之,教育理论在生产上的主要状况表明,教育理论的生产主要是知识学术领域的事情。这个领域和教育实践领域虽有或多或少的联系,但它们并不总是紧密联系或一致的。

(三)教育实践者的教育理论消费思维

期待教育实践者成为聪明的教育理论消费者,主要意味着教育实践者在教育理论的使用中能够做出必要的努力和投入,能够做出个性化的选择和加工,能够指向自身最核心的需要。由此可以得出,教育实践者在教育理论的应用中需要具备以下五个方面的思维能力。

第一,能够评估教育理论应用上的投入和产出。有一点需要明确,教育理论在实践上的功用在不少时候并不是独有的,有些方面和程度上的功用是常识和个人经验可以替代的。所以,教育实践者的一些需求本身就要考虑是否需要通过教育理论的应用来满足。不少教育实践者喜欢在日常生活现象中迁移或者借鉴别人的经验,这确实是满足需要的一种方式。之所以要评估教育理论实践应用上的投入,一个根本的原因就是教育理论的获取本身需要努力和投入。这种投入既包括能力和精力,又包括财力、时间和机会。而且,教育理论在实践中的应用效果相对于投入来说是一种产出,这种产出是有一定限度的。聪明的教育理论消费者会判断教育理论消费所需要的投入到底是否值得,判断是否值得的核心标准是教育理论消费上的投入能否换得相应的回报,以及教育理论消费上的投入是否可以被替代。如果有些问题可以通过投入较少的其他途径来解决,那么教育实践者就可以使用其他途径。如果教育理论的实践应用投入较多而产出较少,教育实践者就需要思考是否要继续的问题。

第二,能够深入理解教育理论。教育理论的消费需要评估投入和产出状况,这要求教育实践者能够深入理解教育理论。教育理论本身具有体系性,体系的建设遵循逻辑理性。通常,教育理论都是按照生产的逻辑来呈现的,包括背景、问题、方法、处理加工、发现或结论等。但是,并不是所有教育理论的成分在教育理论消费环节都是需要掌握和应用的。作为教育理论的消费者,教育实践者需要整体理解目标教育理论的内在结构，至少要学会分清：哪些部分是表，哪些部分是里；哪些部分是结论，哪些部分是支撑；哪些部分是核心，哪些部分是外围；哪些部分相对有道理和质量，哪些部分相对一般和存在不足；哪些部分在理解含义、接受情感或体验影响力上有优势或存在不足。教育理论的消费者面对教育理论，就像营养师面对各种食材一样，要能够知道内在的构成以及不同组成部分的质量。

第三，能够比较不同的教育理论。教育理论的生产领域很多样，这就可能为教育实践者在特定主题的教育理论上带来多种选择。比如，在课堂教学提问行为的优化上，教师既可能找到关于教学对话的不同演绎推理，又可能找到关于课堂提问的实证科学或人文科学调查。由此，比较不同的教育理论就变得必要起来。当然，比较不同的教育理论需要建立在深入理解的基础上，教育理论的各个理解维度就是这个比较过程的可选择角度。比较不同的教育理论还要结合不同教育理论上的投入—产出状况，那些投入—产出状况好的就是可能选择的教育理论。

第四，能够对教育理论进行个体化加工。教育理论能否生产出来，主要是教育理论生产领域的事情，最终遵守的主要是教育理论生产逻辑。在根本上，教育理论生产逻辑是学术知识逻辑，这与教育理论的实践消费并不是相同的逻辑。在教育理论的生产中，虽然有些教育理论的生产环节深入教育实践领域，但是这种情况不一而足，有些教育理论在生产中很少与教育实践联系。可以说，教育理论在生产中并没有也不可能完全照顾到教育理论实践消费的逻辑。不少教育理论在基本假设、具体表达方式、不同主题的兼容性以及表达完整性上都可能与教育实践需要有距离。如果要在实践中运用教育理论，就需要教育理论的实践消费者做出个体化加工。教育理论在实践消费中的加工环节主要有：补充教育理论没有表达的内容，通过完善各种基本假设来调整结论，让教育理论表达贴近实践以及对接需要组合使用的不同教育理论。

第五，能够明确和坚守教育理论应用的实践目标和追求。对教育实践者来说，教育理论的应用是目的性活动，是为了解决特定问题或实现特定目标而进行的活动。在以往的教育理论实践应用现象中，一些教育实践者会在教育理论的应用中迷失目标和出离追求，有人因此变成了使用教育理论的实践"贴金"者、教育理论的挑剔评论者或见异思迁者。从根上说，教育实践者是为了追求高的实践工作质量才使用教育理论，而不是为了生产和把玩而使用教育理论。虽然之前提出的"教师要成为研究者"看起来有让教育实践者成为教育理论生产者的含义，但是教育实践者去做研究者时较多研究的内容是教育理论如何情境化和个体化加工，这可以看成教育理论消费的一个重要环节。只有明确和坚守教育理论应用的实践目标和追求，教育实践者的教育理论消费过程才会现实可行，最终的效果才会有品质。

四、教育理论实践应用者的教育实践目光与视野①

不少教育实践者常说教育理论"不接地气"。深究到底什么是"不接地气"，不少教育实践者给出的一个典型描述是：不少教育理论者高谈阔论，不考虑现实的情境，不考虑教育实践的需要。从这个典型描述中可以看到，"不接地气"的一个根本表现就是不了解现实的教育实践，进而不能根据对教育实践的现实认识来选择和调整教育理论的建构和应用方式。因此，解决教育理论的"不接地气"问题特别需要去认识现实的教育实践，以此为构建和应用教育理论的认识基础。

（一）对教育实践的当代认识问题

从历史发展来看，对现实教育实践的认识有两种基本的方式，一是日常的观察和体验，二是专门的研究。对现实教育实践进行日常观察和体验，这是最为便捷的认识方式，其优势是非常真切和方便，其劣势是容易受客观条件限制和不容易普遍化。从彻底地解决教育理论的"不接地气"问题来看，对现实教育实践进行专门的研究是必不可少的，这类研究的成果可以让整个教育理论界可靠、普遍地获得对教育实践的认识和理解。因此，需要对现实教育实践的研究思路进行必要的总体认识和反思。

实际上，教育理论研究者在建构教育理论时大多对现实教育实践进行了或多或少的认识，即便是那些以建构某种教育理想为中心目标的教育理论研究者也经常对现实教育状况表达一些理解和认识。虽然教育研究的方法总体来看很多样，但就专门研究现实教育实践的教育理论来看，这个领域主要形成了三大传统，分别是教育

---

① 本标题下的内容以《培育对教育实践的高位目光与普遍视野》为题发表于《南京社会科学》2017 年第 2 期，收入本书时有改动。

科学传统、教育解释论传统和现象学教育学传统。下面将分别对这三大传统予以说明与阐释，以期能对已有的认识思路形成较为全面的认识。

第一，现实教育实践的教育科学认识传统。在教育学领域，科学传统正式出现于 18 世纪末 19 世纪初自然科学蓬勃发展的时代，后来在实证主义思想指引和助推下成为研究现实教育实践的一个核心思路。在赫尔巴特那里，教育学需要成为科学，一个根本的思想是教育学要建立在对经验进行系统建构的学科之上，"因为一方面实践哲学已经开始被应用于经验；另一方面心理学不仅仅从形而上学出发，而且也从那种通过形而上学而得到正确理解的经验出发"。① 在 19 世纪实证思想产生并开始成为主流的科学思想之后，教育科学在涂尔干、桑代克、梅伊曼、拉伊等人的努力下奠定了以实验和量化为核心对现实教育实践进行研究的传统。涂尔干在论证教育科学存在的必要性时，提出了教育实践研究满足实证科学的三个标准：科学研究"必须处理那些得到证实、选择和观察到的事实"，"这些事实本身必须具有一种充分的同质性，可以根据同样的范畴归类"，"科学研究这些事实是为了了解这些事实，只是通过一种非常公允的形式去了解这些事实"。② 可以说，涂尔干的这个说法比较全面地表达了孔德提出的实证精神，具体包括真实、有用、肯定、精确和非否定。在教育科学传统对现实教育实践研究的基本主题上，布列钦卡的说法是"教育科学的目的在于获取有关教育行动领域的认知"③，对教育科学有自身独特理解的李政涛认为教育科学探究"生命·实践"世界的现象与事理本身以及它们与其他世界的现象与事理之间的互动生成关系。④ 虽然这两种关于教育科学研究对象的表述在具体上有所不同，但都明显认为教育科学是对现实教育实践进行研究的。总体来说，现实教育实践认识的教育科学传统主要以实证的方式方法对现实教育实践的现象和规律进行研究。

第二，现实教育实践的教育解释论认识传统。对现实教育实践的教育解释论传统发端于 20 世纪初兴起的人文科学思想，狄尔泰对人文科学的探索就是其中的一个

① 赫尔巴特. 普通教育学·教育学讲授纲要[M]. 李其龙，译. 北京：人民教育出版社，1989：190.
② 涂尔干. 道德教育[M]. 陈光金，沈杰，朱谐汉，译. 上海：上海人民出版社，2006：249.
③ 布列钦卡. 教育科学的基本概念：分析、批判和建议[M]. 胡劲松，译. 上海：华东师范大学出版社，2001：9-10.
④ 李政涛. 教育科学的世界[M]. 上海：华东师范大学出版社，2010：108.

代表。狄尔泰认为人文科学已经成为和自然科学并列的学科，人文科学的存在基础在于："用斯宾诺莎的话来说，他是作为一个王国中的王国存在于自然界中的……只有对他来说这种存在是一种意识的事实，因此生命的每个价值和目的都存在于他的思想活动的独立世界之中——每种行为的目的产生了精神的事实。"[①]人文科学对现实教育实践进行认识的一个根本做法就是去解释教育的人如何基于自身的理解来实施自己的行为，这与基于客观现象的实证方式是非常不同的。此后，韦伯的社会科学认识论和人类学的人种学进一步推动了以解释论思路对现实教育实践进行的研究，以解释为核心方式进行的教育社会学和教育人类学研究领域越来越活跃，教育质性研究、教育叙事研究等各种具体类型的研究越来越多。总体来说，教育解释论传统对现实教育实践进行认识的基本方式是通过关注实践者的自我理解与描述来提供对他们的行动和现实进行的解释性描述。[②]

第三，现实教育实践的现象学教育学认识传统。现象学教育学认识传统的思想基础是19世纪和20世纪之交出现的哲学现象学，这种哲学追求抛弃一切前提地对事物本身或现象进行直观分析[③]，胡塞尔提出的回到事物本身是这种追求的典型体现。现象学教育学对现实教育实践的研究可以在范梅南所著的《教学机智：教育智慧的意蕴》一书中得到管窥。范梅南在这本书中对实际经历的事例进行现象学意义上的直观、分析和描述，来提供整体理解教育学以及洞察专业教育者和儿童的生活世界的源泉。[④]现象学教育学追求注重基于教育现象的自我直观，追求摆脱传统、理论和观念的影响，如宁虹在论证现象学教育学具有"前概念"特征时所言，"'前概念的'并不意味着取消了一切秩序和联系，它只是突破那种概念的规定性的限制"[⑤]。一般来说，现象学教育学传统对现实教育实践的认识追求以现象学直观和现象学还原的方式来把握现实教育实践的本质和其中的本质联系。

虽然对现实教育实践的认识还存在常识的方式和传统形而上学哲学的方式，但是教育科学认识传统、教育解释论认识传统、现象学教育学认识传统构成了最为常

---

① 狄尔泰. 人文科学导论[M]. 赵稀方，译. 北京：华夏出版社，2004：7.
② 唐莹. 元教育学[M]. 北京：人民教育出版社，2002：346-347.
③ 赵敦华. 现代西方哲学新编[M]. 北京：北京大学出版社，2001：92.
④ 范梅南. 教学机智：教育智慧的意蕴[M]. 李树英，译. 2版. 北京：教育科学出版社，2014：12.
⑤ 宁虹. 教育的实践哲学：现象学教育学理论建构的一个探索[J]. 教育研究，2007(7)：8-15.

见且还在不断丰富发展的研究传统。回到要对现实教育实践进行认识的目的上来，需要追问的是：这三种传统带来了什么样的现实教育实践认识？能否帮助教育理论者"接地气"？毋庸置疑，现实教育实践认识的三种主要传统都生产了对现实教育实践的新认识和新理解，但这三种传统的特点是不同的：教育科学认识传统主要生产的是对现实教育实践的规律性认识，教育解释论认识传统主要生产的是对现实教育实践的多样性和人文性认识，现象学教育学认识传统主要生产的是由现实教育实践直观而来的本质和本质联系。

这三种认识传统对现实教育实践的认识能否帮助教育理论者"接地气"呢？显然，任何一个传统单独来看都还存在不足。丁钢在论述教育叙事研究的必要性时专门指出教育科学认识传统的不足，"教育研究越是精确，其与人类经验的联系则越少"①。同样，教育解释论认识传统在突出教育实践的多样性和人文性的同时，却在规律性和宏观性的认识上显示出不足。现象学教育学认识传统从根本上追求教育实践的直观本质性，在教育实践的丰富性或复杂性认识方面需要进一步补充和丰富。无疑，所有这些分析都指向一个根本的立场：真正能全方位支持教育理论者"接地气"的现实教育实践认识应该既包括规律性和客观性的方面，又包括多样性和人文性的方面；既能够展示现实教育实践的本质和其中的本质性联系，又能够体现丰富性和复杂性。简言之，对现实教育实践的认识需要追求高位而不模糊、宏观而不简化的视野。

(二)来自修炼的教育实践目光与视野

追求对现实教育实践进行高位而不模糊的认识，最容易让人想起的是对教育实践进行哲学认识。然而，对教育实践进行哲学认识是一条危机四伏的路，向这个方向进行探索需要从认真对待其所受的批判和质疑开始。

在传统上，对现实教育实践进行认识的哲学类型主要是关注世界本体论问题的形而上学，其对教育实践实在和本质的认识探求主要面临过于空泛和僵化的问题。在以形而上学哲学对教育实践进行认识的空泛问题上，丁钢对由思辨得来的教育叙述进行了批判和分析："在这种宏大的叙述中，直接关注现实和实践细节的变化往往有意无意地被忽略或过滤掉了。于是，理论如何联系实际，成为一个恒久而常新的

① 丁钢. 教育经验的理论方式[J]. 教育研究，2003(2)：22-27.

问题。因此，我们很难将这种貌似总体、完整的叙述联系到具体而复杂的实践操作层面。"①确实，在对教育实践的本体论追问中，那些情境性的、变化的、相对存在的教育实践要素会被排除在视野之外，但这些恰恰是教育实践的现实组成部分。在以形而上学哲学对教育实践进行认识的僵化问题上，石中英对教育研究中的本质主义信念的一系列批判性分析做出了比较深刻的剖析：本质主义使教育学研究"忽视了研究过程中使用的方法、工具以及学术语言方法的有限性、人工性，助长了教育研究过程中研究者对于研究对象的自大狂以及'镜式'隐喻和独断论的流行，阻碍了研究者对个人因素在研究活动中所起作用的反思和批判"②。可以说，在对教育实践的本体论探究中，认识的僵化问题的产生主要是因为坚持教育实践只有一个固定不变的本质，一旦特定研究被认为揭示了本质，那么这个研究结论就无须改变了。

但是，哲学只会对教育实践形成空洞和僵化的认识吗？对这个问题的反思需要回到何谓哲学的问题上来。何谓哲学？这确实是一个可以让喜欢寻根究底的人"发疯"的问题。孙正聿概括出当代并存的八种哲学观，分别是："普遍规律说""认识论说""语言分析说""存在意义说""精神境界说""文化批判说""文化样式说"和"实践论说"。③ 面对这些说法不一、角度各异的哲学观，回答什么是哲学的问题经常会让人思维凌乱、不知所云。然而，孙正聿在多样的哲学观中紧抓哲学作为把握世界方式的实质，提出的观点对我们这里所提出的问题富有启发。在与常识、科学思维方式的对比中，哲学作为一种把握世界的方式被认为其实质是"反思'思维和存在的关系问题'，也就是把'思维和存在的关系'作为'问题'进行'反思'"④。在这里，反思是"思想以自身为对象反过来而思之"⑤，反思的基本特征是超验性、批判性、综合性和前提性⑥。简言之，孙正聿认为哲学是对思维和存在的关系问题进行反思。根据这些理解，可以认为对存在进行认识的哲学并不必然对教育实践形成空洞和僵化的认识，因为哲学完全可以用反思的姿态来对待关于教育实践的各种认识，对这些认识进行

---

① 丁钢. 教育经验的理论方式[J]. 教育研究，2003(2)：22-27.
② 石中英. 本质主义、反本质主义与中国教育学研究[J]. 教育研究，2004(1)：11-20.
③ 孙正聿. 哲学通论[M]. 长春：吉林人民出版社，2007：32-55.
④ 孙正聿. 哲学通论[M]. 长春：吉林人民出版社，2007：116.
⑤ 孙正聿. 哲学通论[M]. 长春：吉林人民出版社，2007：190.
⑥ 孙正聿. 哲学通论[M]. 长春：吉林人民出版社，2007：208-213.

超验性、批判性、综合性和前提性的加工整合。

此外，还需要继续探讨反思思维和存在的关系问题能够得到什么的问题，因为只有明确了这一点，关于教育实践的哲学研究才能在目标上得到定位。从哲学的拉丁文本义来说，爱智慧或智慧是哲学最为根本的追求目标。但是，智慧作为哲学的目标本身过于根本或遥远，哲学需要在与智慧保持一致的同时形成较为具体的目标。当然，不同的哲学观对这个问题有不同的回答，与反思"思维和存在的关系问题"这一哲学观的内在一致的目标可以在古典哲学精神中寻找。从前苏格拉底时代考察到基督教初期，法国学者阿多给出了哲学应该是一种生活方式和哲学不过是为了智慧所做的修炼两个核心观点。面向世界的精神修炼旨在让我们超越自身，再一次地，超越我们片面的、局限的视角，从而让我们在宇宙的、普遍性的视野里看事物与我们个体的存在。[1] 阿多的这些观点对回答通过反思能达到什么的问题具有重要的启示，超越一词所指向的高位的目光和普遍性的视野是值得特别关注的。可以说，在现实教育实践的认识上，反思思维和存在的关系问题或对现实教育实践的各种已有认识，实际上就是不断超越我们片面的、局限的视角，从而拥有对现实教育实践的高位的目光和普遍性的视野，最终让我们具备获得教育实践智慧的内在基础。

从内容来看，获得关于教育实践的高位的目光和普遍性的视野就意味着对教育实践的形式和要素要有尽可能多的具体认识，并通过对这些认识的反思来获得对教育实践的整体性把握。具体来说，首先，在教育实践认识上，高位的目光和普遍性的视野意味着要超越片面的、狭隘的有限教育实践认识。其次，高位的目光和普遍性的视野意味着要为教育实践聚集广阔的思想认识资源。最后，高位的目光和普遍性的视野意味着要通过反思来获得包括教育实践统一性和多样性的整体性理解。概括起来看，教育实践的哲学包括关于教育实践的较多、较广和整体性的认识理解。这是对教育实践的哲学在内容上的总体定位。

教育实践的哲学在内容上还可以从教育实践的内在系统构成上得到理解。从广义来看，教育实践是教育名义下的行为。对教育实践的整体性的理解需要对教育实践这个动态系统的要素予以定位，以此为教育实践各类认识的聚集基础。在符号互

---

① 阿多. 作为生活方式的哲学：皮埃尔·阿多与雅妮·卡尔利埃、阿尔诺·戴维森对话录[M]. 姜丹丹，译. 上海：上海译文出版社，2014：116-117.

动论、现象学和人种志方法等系列新社会学思想的启示下，刘云彬着重从行动者对其情境的界定方式来解读学校生活实践①，具体包括前台、后台、自己等主题②。石中英和李政涛基于各自的视角对教育实践要素进行了分析。③ 从三位研究者的观点中可以看出，对教育实践要素的定位主要与其所使用的理论分析视角有关，这是造成差异的根本原因。在三位研究者不同要素定位的背后，存在他们共同关注的教育实践系统要素：环境要素、主体要素和行为要素。根据这个共识，并结合哲学和教育哲学常用的概念，教育实践的哲学在教育实践系统要素分析上主要使用人性、时间、空间、影响力、策略、伦理等概念。在这里，人性概念对应的是主体要素，时间和空间主要对应的是环境要素，影响力、策略和伦理主要对应的是行为要素。

教育实践的哲学以通过反思来获得的对现实教育实践的高位的目光和普遍性的视野为目标和手段，以人性、时间、空间、影响力、策略、伦理等教育实践机制要素为内容框架，来最终获得包容教育实践的统一性和多样性的整体性理解。

(三)修炼教育实践素养的基本途径与策略

从定位来说，教育实践的哲学是对教育实践世界进行哲学理解的研究领域。之所以不把教育实践的哲学称为教育实践哲学，是因为教育实践哲学这个名称还可以指教育的实践哲学，教育的实践哲学主要以实践哲学特有的概念、框架和范畴来研究教育的问题，可以看成一种教育的伦理学或解释学教育学。作为对教育实践世界进行哲学探索的研究领域，教育实践哲学本身既需要努力发展和建设，又需要深入且创造性地学习，特别是在关于教育实践的各类具体研究层出不穷的时候。

关于教育实践的哲学如何推进研究和学习的问题，需要特别注意对教育实践的哲学中的哲学的定位。在孙正聿哲学内涵观的启发下，教育实践的哲学对哲学的定位主要用哲学的思维方法来进行，把哲学定位为一种反思的思维方式。在对反思作为思维特征的理解上，他提出了超验性、批判性、综合性和前提性四个特征，这四个特征中的批判性能够集合其他三个特征并从根本上对应反思的特点。批判性思维已经成为一个研究热点，其定义和理解在不断刷新，较新的一个定义是：批判性思

---

① 刘云彬. 学校生活社会学[M]. 南京：南京师范大学出版社，2000：15.

② 刘云彬. 学校生活社会学[M]. 南京：南京师范大学出版社，2000：229-230.

③ 详见本书第二章"教育实践的要素"部分的相关论述。

维是一种对思维方式进行思考的艺术，该艺术能够优化我们的思维方式。^① 这个定义明显地体现了作为对思想进行思想、对思考进行思考的反思性活动与批判性思维的内在一致性。通过批判性思维来理解哲学反思的做法，同时符合教育实践的哲学追求高位的目光和普遍性的视野，以及追求包容教育实践统一性和多样性的整体性理解的目标定位。获得高位的目光和普遍性的视野的根本途径就是超越自己片面而偏颇的视野，这既是反思的过程又是批判性思考的过程。至此，我们可以认为致力于对思维方式进行思考的批判性思维过程应成为筹划研究和学习教育实践的哲学的基本思路。

研究和学习教育实践的哲学，其实质过程就是推进和学习对教育实践各种认识的批判性思考。一般来说，推进和学习对教育实践认识的批判性思考至少包括两个阶段：一是积累教育实践的各种已有认识，二是对教育实践的各种认识进行批判性思考分析。

在第一个阶段，教育实践的哲学的研究者和学习者要尽可能积累关于教育实践或特定教育实践要素的多样化研究成果。以研究教育实践的空间要素为例，研究者和学习者可以搜集：关于各类教育实践空间（如教室、楼道、操场等）的科学调查成果，关于各类教育实践者（如校长、教师）空间叙事的解释分析成果，关于各类教育实践者空间性活动现象的现象学直观分析成果，等等。当然，这三个方面是关于教育实践空间要素研究的三个主要研究传统的研究成果。此外，关于教育实践空间要素还有关于教育实践空间要素的常识性认识和其他不同哲学思想的认识，这些都是教育实践的哲学研究和学习需要积累的认识资源。因此，在研究与学习教育实践的哲学的第一个阶段，应尽可能积累不同研究思路和传统的各种教育实践及其要素研究成果。

在第二个阶段，教育实践的哲学的研究者和学习者就要对这些多样的认识进行批判性思考分析了。

对同一主题的多样性认识进行加工，这是哲学研究的基本工作和核心环节。这

---

① 保罗，埃尔德. 批判性思维工具（原书第 3 版）[M]. 侯玉波，姜佟琳，等译. 北京：机械工业出版社，2020：1.

种加工的基本方法是逻辑推理方法，如演绎逻辑方法、归纳逻辑方法或概念分析方法、现象学方法等。① 由此，可以使用的一种方式是把多样性的教育实践认识转化为多样性的教育实践命题，进而借助逻辑推理的各种方法进行加工并构建出新的整体性的教育实践命题。现在看来，这种处理方式还可以再细致一些，可以通过批判性思维的使用来细化对教育实践各种认识的加工过程。作为对思维的思维或对思想的思想，批判性思维本身可以从很多方面进行，最为核心的方面是对思维的组成元素进行思维标准的权衡，进而为各种认识的整体性组合奠定良好的基础。一般来说，思维包括八种元素或成分，分别是：目的(思考时总有一定的目的)，问题(回答或解决问题)，信息(使用数据、事实和经验)，解释和推理(做出推理和判断)，概念(依据概念和理论)，假设(基于一定的假设)，结果和意义(带来一定的意义和结果)，观点(有一定的观点)。② 仅仅知道了思维的元素对批判性思维来说是不够的，还需要结合确定的思维标准才能对思维做出评判。在思维标准上，好的思维一般具有以下特征：清晰性(可理解的、能领会含义的)，准确性(摆脱错误或扭曲，真实的)，精确性(精确到必要的详细程度)，相关性(与手头的问题相关)，深度(包含复杂性和多样性的相互关联)，广度(包含多重的观点)，逻辑性(组合后有意义的部分，没有矛盾的)，重要性(聚焦于重要性，不琐碎的)，公正性(合理的、非自私的或非片面的)。③

在确定思维元素和思维标准之后，在第二个阶段进行的对教育实践多样认识进行批判性分析的基本过程包括以下三个主要的环节。

第一，对教育实践的多样认识进行思维元素分析。不管是基于什么传统对教育实践进行的研究，其结果从根本上都可以视为一种具体的思维。针对这些具体的思维，教育实践的哲学的研究者和学习者需要把它们分析成思维的八大元素，主要提出的问题包括：这个思维为了实现什么目的，提出了哪些问题，搜集了哪些事实和经验，做出了什么推理和判断，根据什么概念和理论，基于什么样的假设，带来了什么意义和结果，坚持了什么观点。这个环节是必要的基础工作，只有完成了这个

---

① 余清臣. 逻辑的方法之用：论教育哲学研究方法[J]. 教育学报，2010(5)：12-16.

② 保罗，埃尔德. 批判性思维工具(原书第 3 版)[M]. 侯玉波，等译. 北京：机械工业出版社，2013：50-52.

③ 保罗，埃尔德. 批判性思维工具(原书第 3 版)[M]. 侯玉波，等译. 北京：机械工业出版社，2013：73-77.

工作，下一步的思维标准审查才能真正启动。需要强调的是，鉴于教育实践的哲学要对教育实践的各种认识进行思维元素分析，所以其第一阶段要积累的教育实践的各种认识应该是尽可能完整的研究思路而不是单纯的结论。

第二，对教育实践的多样认识的思维元素进行思维标准审查。在完成对教育实践各种认识的思维要素分析之后，教育实践的哲学的研究者和学习者需要对这些分析结果进行思维标准的审查。在审查过程中，思维的标准要渗透到教育实践各种认识的思维元素中去，要重点关注：目的的清晰性、概念与理论的精确性、事实和经验的准确性、目的与问题的关联性、观点的深度与广度、假设的准确性、结果和意义的重要性、解释和推理的逻辑性、观点的公正性等。实际上，这个环节是批判性思维的核心环节，也是反思的核心环节，这个环节是体现反思的批判性特征兼容超验性、综合性和前提性特征的地方。

第三，在教育实践的开放系统中拼接经过分析和审查的各种教育实践认识。在对教育实践各种认识的思维元素及思维标准进行批判性分析之后，最后一个环节是在教育实践的开放系统中拼接它们，以体现高位的目光和普遍性的视野。从教育实践内部要素的相关性和朝向未来的开放性来看，教育实践本身已经形成了复杂的开放系统，这种复杂的开放系统在系统论研究中被认为是多样性的统一：统一性和多样性的结合。[①] 其实，教育实践的复杂系统能够体现出一系列的结合：开放与封闭的结合、有序和无序的结合、统一性与多样性的结合……这里的结合既是相互联系的，又是并生共在的。因此，教育实践的开放系统观为教育实践的哲学研究者和学习者留下了巨大的时空，需要我们通过拼接教育实践的各种认识来充盈。这个过程从根本的追求方向来说，就是实现对教育实践的整体性理解。

以精神修炼的反思方式来把握教育实践的哲学中的哲学内涵，就不需要对教育实践的哲学的研究和学习做细致的区分，因为对它的研究和学习都是要在不断超越片面和偏颇的教育实践认识中，获得高位的目光和普遍性的视野，最终追求对教育实践的整体性理解。

---

① 莫兰. 方法：天然之天性[M]. 吴泓缈，冯学俊，译. 北京：北京大学出版社，2002：97.

五、教育理论实践应用者的教育实践判断力①

在"教育理论是否脱离实践"的争论中，越来越多的人意识到：现有的教育理论并非总是脱离教育实践的，在教育理论和教育实践的现实关系建构上还有很大的作为空间，特别是在教育实践中应用教育理论的方面。在教育理论的实践应用中，虽然很多教育理论研究者特别想把自己钟爱的理论作为实践的蓝图，但是现实中多数的情况是作为教育理论主要实践应用者的教育实践者已经有了自己的实践基础，而且这些教育实践并不能轻易被颠覆甚至被认识清楚。因此，在特定的教育实践基础上应用教育理论才是需要认真对待的一个问题，只有从特定的教育实践基础出发做出思考和筹划，才能让教育理论的实践应用现实而合理。

（一）教育理论应用背景下的教育实践判断困境

在具体定义实践和教育实践的过程中存在很多争议，因为这些概念在历史上被人们反复用来"装载"不同的东西。但是，无论是作为生活的实践，还是作为与理论相对的实践，抑或是作为与技术相对的实践，实践都有作为活动的底线共识。同样，在教育实践上，无论教育是名还是实，是理想还是现实，它终归是教育之活动。并不是说这些概念上的差异没有意义，事实上那些独到的理解在深化认识和开辟新空间方面具有非常明显的价值，只是笔者更想说的是，教育实践从根本上来说是一个个教育活动。在这个意义上，促进教育实践的发展就是要高水平地开展一个个教育活动。

在以往探讨教育理论促进教育实践发展的研究中，有一个比较常见的思路是让教育理论通过特定的环节或中介变成现实的教育活动。这些研究在思路上的一个主要共性是让教育理论成为教育实践活动的蓝图，倾向于从教育理论中得出比较自足的教育实践活动框架或思路。当然，这种思路对应用教育理论为个体或机构建立全新的实践框架来说是非常合适的，但是对处于具体情境并需要对情境进行回应的教

---

① 本标题下的主体内容以《面向教育理论应用的教育实践判断力》为题发表于《华中师范大学学报（人文社会科学版）》2023 年第 4 期，收入本书时有改动。

育实践者来说就不现实了。

对身处具体教育实践现实中的人们来说，所要进行的教育实践改变和创新都需要立足于自己的现状，都需要从自己所面临的形势以及已有的实践基础开始。在这样的情况下，教育实践者在追求教育实践的改进中需要进行的一项工作就是对自己的实践工作和所处形势进行判断，进而以此为基础来确定改进和调整的方向。很多教育研究者和实践者都意识到了判断力对作为教育实践者的教师所具有的重要意义。郭元祥明确指出教师具备专业判断力的必要性，认为："教师要有自己的主张和判断，不人云亦云，不抱残守缺，不做一个简单的模仿者，而是做一个有思想的创造者。"[①]在教育发展的背景下，一个又一个教育榜样、一通又一通教育理论都在招引着教育实践者去跟随和听从，但是理性的教育实践者需要思考的是自己身处何种形势以及自己做了什么。在反思大众媒体和研究者误导大众批评教师的过程中，特里普提出教师要在极端复杂和困难的情况下做出出色的专业判断，并认为教师在实践中需要具备的一个智力要素是通过有见识的、严格的和学术的分析来解释和判断一个人做了什么。[②] 这里所说的理解自己做了什么看似一个很简单的要求，其实对很多专业实践者来说并不简单。在实际生活中，有一类现象屡见不鲜：不同领域的专业实践者虽然拥有丰富的专业知识，但是在具体情况下并不一定理解和把握自己做了什么，从而导致做出了有问题的专业实践。

从实际来看，教育实践者把握自身的专业实践或者做出判断并不容易，一个根本的原因是教育实践有自在的、不同于理论逻辑的实践逻辑。在探讨人类实践时，布迪厄感慨道，"谈论实践不是一件容易的事"，"特别是谈论实践之看似最机械、最违背思维和话语逻辑的东西"。[③] 有研究者在反思知识分子与社会关系时看到，知识分子容易推崇专业理性而忽视实践中特别重要的情境，理性的方式容易被无条件地认为是最佳方式，而他们很少考虑到不同的情境中或许会有理性之外的其他方式，当大、中、小学里的教育者偏好某种"先进"的价值时，他们就会阻止学生按照父母

---

① 郭元祥. 做一个有教育思想和专业判断力的教师[J]. 教育测量与评价，2017(6)：1.

② TRIPP D. Critical incidents in teaching：developing professional judgement[M]. New York：Routledge, 2012：3-5.

③ 布迪厄. 实践感[M]. 蒋梓骅，译. 南京：译林出版社，2003：124.

所教育的价值来成长。① 以宏大叙事教育理论为基础来建构教育专业素养，容易出现的一个问题是忽略教育实践中非常重要但不容易被普遍化地认识的因素，如教育实践的情境因素和实践者个体倾向。

教育理论的实践应用从根本上追求对教育实践的提升，这在多数情况下势必要求从已有的教育实践基础出发对已有的教育实践进行改造，对现实的教育实践进行判断和把握不能缺少。但是，教育实践的复杂性，特别是教育实践与教育理论经常出现的逻辑错位使对现实的教育实践进行把握和判断变得困难起来，从而会让教育理论的实践应用者变得非常茫然。可以举一个例子，想应用主体性教育理论的教师如果不能判断自己严厉批评班里爱捣乱的学生的实践，他就很难在面对这个爱捣乱的学生的情况下真正开展主体性教育行动。在深化对判断力的理解的基础上，能够确定教育实践者所需要具备的针对自身教育实践的判断力内涵，是教育理论能够在实践中顺利应用的一个关键认识基础。

（二）作为关联和定位能力的教育实践判断力

在日常生活中，判断并不是一个特别罕见的概念。在普及教育和考试的时代，不少人看见判断一词的情形是在各种类型的试卷上，判断题是很多考试中一种比较常见的题型。在判断题中，判断看起来是一种认识活动，是一种为了鉴别对错的认识活动。逻辑学主要在鉴别对错的认识意义上使用判断一词，全称肯定、全称否定、特称肯定等判断都是指向是否具备某种属性的逻辑学表达。对判断概念的这些使用表明判断主要是一种认识活动，这种认识活动似乎还比较强调对错、是非和真假的标准。但是从更大的范围来说，判断是否只是一种认识能力，以及判断是否一定要以对错、是非或真假为核心标准，这是在深入理解判断和判断力内涵的过程中需要特别关注的主要问题。

在有关判断力的理解中，康德关于判断力的思想是一个里程碑，从追溯康德判断力思想出发来探讨全面而深刻的判断力内涵是非常必要的选择。在《纯粹理性批判》和《实践理性批判》之后，康德完成了《判断力批判》，这本著作通过对前两个方面思想的联结而使三者成为一个思想整体。康德在序言中就鲜明地指出了判断力在知

---

① 索维尔. 知识分子与社会[M]. 张亚月，梁兴国，译. 北京：中信出版社，2013：342-345.

性和理性之间构成了一个中介环节①，这已经明确地指出判断力不只是认识领域的能力，而是一种横跨知性和理性、认识和欲求、自然和自由的联结能力。在直接的定义中，康德提出判断力作为一种先天立法能力，具体可以解释为把特殊思考包含在普遍之下的能力。②他还指出了判断力的两种根本形式：如果给出了普遍，那么把特殊归摄于它们（普遍）之下的那个判断力就是规定性的判断力；如果只能看到特殊，还需寻求普遍，这就是反思性的判断力。③合目的性是反思判断力的原则和根据，根据合目的性的主观和客观，反思判断力分为审美判断力和目的论判断力。④这就是说在只看到特殊的判断中，要根据主观或客观的合目的性来选择审美判断力或目的论判断力，进而对特殊做出判断。而且，由于目的论判断力只是基于概念的一般判断力，康德相对看重审美判断力在对特殊进行判断活动中的位置和作用。康德不仅给出了关于判断力的理解，而且提出了在只给出特殊的审美判断活动中一系列特别重要的因素：作为能力的鉴赏、想象力、共通感、作为模态的例子。作为评判美的能力，鉴赏是能够进行审美判断的能力基础⑤，是指向单个事物的。想象力是一种认识能力，为判断的对象提供了一种广泛的构想⑥。鉴赏判断需要普遍的赞同，鉴赏判断需要共通感作为前提⑦。存在于特殊性之间的无法指明的普遍规则只有通过示范性的例子来展示⑧，这指示着特殊性的优先性。

从人类认识论的发展来看，康德提出并论述判断力问题的一个突出意义是提高了对特殊性或个别实践的认识地位。有研究在对康德判断力理论的解释中提到，"在两千多年的西方哲学史上，对'普遍性的追求'和'对个别事件的轻视态度'深深地制约着人们对知识的理解"，康德判断力理论的意义在于"规定性的判断力和反思性的判断力分别以不同的方式实现了普遍和特殊的联结"。⑨在强调普遍性的认识思维中，

---

① 康德. 判断力批判[M]. 邓晓芒，译. 北京：人民出版社，2002：2.
② 康德. 判断力批判[M]. 邓晓芒，译. 北京：人民出版社，2002：13.
③ 康德. 判断力批判[M]. 邓晓芒，译. 北京：人民出版社，2002：13-14.
④ 康德. 判断力批判[M]. 邓晓芒，译. 北京：人民出版社，2002：29.
⑤ 康德. 判断力批判[M]. 邓晓芒，译. 北京：人民出版社，2002：45.
⑥ 康德. 判断力批判[M]. 邓晓芒，译. 北京：人民出版社，2002：79.
⑦ 康德. 判断力批判[M]. 邓晓芒，译. 北京：人民出版社，2002：76.
⑧ 康德. 判断力批判[M]. 邓晓芒，译. 北京：人民出版社，2002：73.
⑨ 郁振华. 认识论视野中的判断力：康德判断力理论新探[J]. 哲学研究，2005(6)：88-94.

特殊性附属于普遍性，普遍性的阐释意味着特殊性认识的终结，那些在普遍性中没有涉及的特殊性因素被当作不重要的内容而加以抛弃。从这个角度来看，康德的判断力理论具有启蒙的意义和价值，有研究者称之为启蒙的第三要义，即关联不同的理性领域和统一不同的理性原则。①

康德的判断力理论奠定了理解判断力的基础认识，把判断力作为立法能力的抽象解释还需要得到进一步的时代化和具体化。在这个方面，内格特做出了比较有启发性的探索。内格特对判断力关注的基本逻辑是：政治的人是人的基本属性，人在集体生活中的定位定向需要事关安全保障。由于世界图景已经支离破碎，错误的普遍性普遍存在，定位定向的基本要求是从自身所处的特殊性开始认识世界，重建世界的联系，判断力就是从特殊性中得出普遍性并实现对自身进行定位定向的能力，是社会化的重要才干。② 可以说，内格特深刻地继承了康德的判断力思想，坚持从普遍性和特殊性的关系角度来确定判断力的基本内涵。他对判断力解释的一个重要创新是把判断力和定位定向的需要结合在一起，以定位定向来理解判断力的根本价值。在这一点上，内格特直接给出了这样的说法，"特殊性和普遍性的辩证关系是判断力的活动中心，对单个事物最终适于进行事例性反思，来为思维及行动定向"③。以定位定向来理解判断力既来源于康德判断力思想，又特别突出了判断力作为一种关联能力的基本功能。在这个方面的拓展和明确有利于在不同的具体领域阐释判断力的内涵。

基于对判断力内涵的探索，可以对教育实践者要具备的教育实践判断力做出具体的阐释。从总体上看，这里所说的教育实践判断力可以解释为在特定教育实践的特殊性与相应普遍性的关联中进行定位的能力。具体来说有以下三个方面的内涵。

第一，教育实践判断力以特定教育实践为出发点和对象。对特定教育实践进行判断，就要坚持特定教育实践的优先地位，要以特定教育实践为中心出发点，不能在事实上随意地以普遍性教育实践为出发点。特定教育实践是判断的对象，判断活动的最终结果要体现在针对这个对象的行动上。

---

① 韩水法. 启蒙的第三要义：《判断力批判》中的启蒙思想[J]. 中国社会科学，2014(2)：5-19.
② 内格特. 政治的人：作为生活方式的民主[M]. 郭力，译. 桂林：漓江出版社，2015：前言1-20.
③ 内格特. 政治的人：作为生活方式的民主[M]. 郭力，译. 桂林：漓江出版社，2015：265.

第二，教育实践判断力以建立教育实践的特殊性与普遍性的关联为核心过程。判断的核心机制就是特殊性与普遍性的辩证关系机制，因此进行判断需要建立起教育实践的特殊性和普遍性之间的关联。如果特定教育实践对应的普遍性明确，可以直接通过认知上的比较分析进行关联。更多的时候需要从特定教育实践中反思出一种普遍性，进而进行普遍性和特殊性的关联。

第三，教育实践判断力在根本上追求对特定教育实践进行定位。虽然康德在界定判断力时使用包含一词来表明判断的功能，但是在界定教育实践判断力时需要把包含明确化。这里的包含不是简单地判定是非和对错，而是要从根本上进行定位，即要确定特殊的教育实践在教育实践普遍世界中的位置，主要可以包括内外、正偏、新旧、类型和程度等多种维度。

根据这些具体内涵可以明确，教育实践判断力是一种综合的或精神系统层面上的能力，其过程所涉及的领域可以是非常具有跨越性的。

(三)教育实践判断力的具体机制与提升

判断力问题之所以紧迫和关键，一个重要的背景是常常缺少一个统摄一切的永恒性普遍法则或普遍规律，所以具有特殊性的事物就非常难以判断。那么，同样的道理在教育领域中也成立。假如教育领域具有统摄一切教育事物的永恒性普遍规则或普遍性教育理论，那么一切判断就是一种具体和普遍的比对，教育实践判断就非常容易了。然而，这样的情景在教育领域还没有出现，教育实践判断还比较困难和紧迫。

在教育领域，相对缺乏具有永恒普遍性的教育理论和认识是现实状况。一般来说，以往提供普遍教育认识的那些教育理论，主要是宏观的、抽象的教育理论。这类教育理论在追求普遍性的过程中，只能较多地使用抽象的概念和一般化的思考。这种抽象的概念和一般化的思考最容易出现的问题是摒弃而不是统摄具体的教育因素，因此那些拥有具体因素的教育事物并不能从这种普遍性的教育理论中获得普遍性基础，继而无法开展规定性的判断活动。有不少教育研究者已经关注到主要教育理论缺少真正统摄特殊性的问题。丁钢在论述教育经验如何被研究的过程中提出，"教育经验的复杂性、丰富性和多样性决定了任何一种预先设定的理论框架都会陷入叙述紧张"，"在这种宏大的叙述中，直接关注现实和实践细节的变化往往有意无意地被忽略或过滤掉了"。① 在批判教育理论研究中居于支配地位的本质主义信念时，石中英认为受本质主义支配的教育研究将"探究一般的教育本质及各种具体教育活动的本质设定为研究的主要任务"，但是这样做的问题是偏狭地区分了教育事物本身具有的多种特征。② 这些对教育理论反思的研究都从不同的角度指出了教育理论原来经常宣称的普遍性并不是统摄一切的普遍性，对教育事物的具体性进行忽略和筛选是通常的做法，因而它们不能成为具体教育实践判断的普遍性依据。

在规定性和反思性判断的分类中，教育实践判断需要在适时进行规定性判断的基础上深入实施反思性判断。在普遍性教育理论不足的背景下，对具体教育实践进行判断需要思路的选择。有不少研究在这种情况下比较崇尚使用现象学的方法对具体教育实践进行研究，追求通过不带教育理论视角的直观和还原来得到对教育的普遍规范性认识。正如邬志辉所指出的那样，"无论我们掌握了多少有关教育实践的理论性知识都不能保证我们在教育实践中智慧地行动"，要使用现象学"回到教育的日常生活世界"。③ 如果没有对直观和还原的自我限定，现象学教育实践研究遇到的问题是无限还原的问题，而限定之后的直观和还原只能是一种并没有那么完备的普遍教育规律探索。面对同样的特殊性认识和判断问题，康德对规范性和反思性判断方式进行分类以及在反思性判断中借助审美判断力和目的论判断力，为具体教育实践的判断提供了一个较为完备的行动框架。在康德判断力思想的框架下，教育实践判断的基本立场是适时使用规定性判断，同时要致力于对教育实践进行借助审美和目的论判断力的反思性判断。

教育实践的判断行动都在不同形式上关联了教育理论与实践，从而实现了教育理论在实践中的具体应用。下面具体分三种情况来说明教育实践的判断如何实现教育理论与实践的关联。

第一，教育实践的规定性判断。在教育实践判断的活动中，如果代表普遍性的教育认识是给定的，代表特殊性的教育实践是明确的，那么此时的教育实践判断就

①　丁钢. 教育经验的理论方式[J]. 教育研究，2003(2)：22-27.
②　石中英. 本质主义、反本质主义与中国教育学研究[J]. 教育研究，2004(1)：11-20.
③　邬志辉. 论教育实践的品性[J]. 高等教育研究，2007(6)：14-22.

是规定性判断。无疑，在将普遍性和特殊性进行比对的规定性判断中，实质上比对的双方就是代表普遍性的教育理论和代表特殊性的教育实践，教育实践的规定性判断就是通过比对把教育实践在指定教育理论中进行定位的过程。

第二，作为反思性判断的教育实践审美判断。如果教育实践判断活动只有教育实践的形式或现象，此时可以进行的一类判断是看具体教育实践形式是否在情感上与判断者的教育实践鉴赏力相契合，这就是教育实践的审美判断。在这种判断中，教育理论虽然不能直接作为依据，但是鉴赏力本身就需要以对教育实践的想象力和知性为基础，对教育实践的知性甚至想象需要将教育理论作为资源。此时，教育理论与具体教育实践的联结通过提高教育实践判断者的鉴赏力来完成。

第三，作为反思性判断的教育实践目的论判断。如果教育实践判断活动只有教育实践的自然实在，此时还可以进行目的论判断，特别是这些教育实践自然实在没法在情感上与判断者达到契合之时。在这种判断中，基本的做法是找出一个能够为这些教育实践自然实在提供依据的事物的先验概念，然后看教育实践的自然实在与这个事物的先天基础是否契合。在这种判断活动中，教育理论本身作为概念的提供者和事物先天基础的解释者而与具体教育实践发生联系。

在确认教育实践判断力能够内在关联教育理论和教育实践之后，教育实践判断力的提高问题就需要进一步考虑了。康德把判断力看作天赋能力，认为判断力是"只能得到练习而不能得到教导的一种特殊才能"[①]。即便泛化的教育定义早已可以把对练习的促进涵盖到教育的内涵之中，康德这句话也表明了提高判断力的难度和复杂性。在对判断的分类认识中可以发现，提高判断力要针对的是提高以鉴赏能力为核心的审美判断能力。怎样提高反思教育实践的鉴赏力，是教育实践判断力提升的核心内涵。

在教育实践判断力的提高中，一个基本的途径就是通过事例的形式。内格特认为培养判断力即把握普遍性和特殊性辩证关系的主要方式就是事例式学习，追求回到"人们的生活察知经验中，回到它们自身的关联及结合力中"[②]。在探讨教师专业判断力的发展中，特里普坚持采用关键事件的途径，这种可以称为诊断性教学的方式

① 康德. 纯粹理性批判[M]. 韦卓民，译. 2版. 武汉：华中师范大学出版社，2000：182.
② 内格特. 政治的人：作为生活方式的民主[M]. 郭力，译. 桂林：漓江出版社，2015：173-174.

符合比较强调具体化优秀教学的可观察特性和教师专业发展校本化的趋势。① 可以说，通过事例来促进教育实践判断力的提高既符合判断力对特殊性的内涵要求，又符合教育实践判断力强调练习的途径要求。在通过事例来练习提升教育实践判断力的过程中，练习者需要完成三个环节的任务：一是基于察知来描绘具体教育事例，强调基于公共觉察和感知的层次；二是基于对具体教育事例的存在根据的掌握情况差异(主要来自教育理论的积累)，对描绘出的具体教育事例进行情感/知性和理性的分类具体把握；三是得出对具体教育事例的合目的性反思结论，即主观性鉴赏的结果或客观性的合目的性结果。以某种新教学法出现的事例为例，对这个教育事例的察知：首先是基于公共觉察和感知的经验描绘出此事例，其次是基于对教学法的先验性掌握对此事例进行情感/知性和理性的具体把握，最后是给出对此事例的合目的性反思结论(包括愉悦感受、先验目的与现实性状的对应性)。

在教育实践判断力的提升中，需要特别关注一系列关键因素，如公众性、想象力、社会化和世界性。由于判断力追求共通性，也追求对普遍性的揭示，内格特认为判断力有四个特征和要素，即公众性、想象力、社会化和世界性。② 可以说，这四个要素的基础就是康德判断力思想的核心观点，也是筹划提升教育实践判断力的基础思维。教育实践判断不是个人基于口味的评判，要以共通性为标准，即评判者和其他人一致的认识和感受，这就要求教育实践判断者能够学会站在他人的位置上考虑问题。教育实践判断需要视野广泛的鉴赏力，需要能够设想评判对象与其他事物联系的可能性，否则既不能鉴赏又不能目的论地评判。教育实践判断力从根本上追求与他人的联合，而不是孤立于他人和社会，这是共通性要求的状态。教育实践判断追求以普遍性为依据，教育实践判断者因而需要追求对世界整体的察知，当然这主要在思维方式的意义之上。

教育实践是饱含特殊性的存在，对它的判断要特别强调反思。提升教育实践的判断力，需要在丰富认识的基础上提升关键能力并通过对事例的判断练习来实现。

---

① TRIPP D. Critical incidents in teaching：developing professional judgement[M]. New York：Routledge，2012：8.

② 内格特. 政治的人：作为生活方式的民主[M]. 郭力，译. 桂林：漓江出版社，2015：265.

/ 第六章 面向实践应用的教育理论研究创新 /

在直接探讨教育理论实践应用这项"技术活"的多个方面之后，关注的视野需要对准作为实施这项事务的对象的教育理论之上。从很多方面的推论来看，教育理论实践应用的质量与效果一定有教育理论自身的原因，因此提升教育理论实践价值需要对教育理论研究创新予以关注。需要注意的是，教育理论研究创新牵涉的范围和要素太广、太多，这里主要从普遍性和针对性的方面来选择关注教育理论创新问题，这是根据前述教育理论研究实践转向的核心需要来确定的关注点。本章主要包括对教育思辨研究的时代挑战与创新、教育研究问题意识的反思与澄清、教育学概念创新的问题与机制和教育事件研究方法的逻辑探索四个问题的探讨。

一、教育思辨研究的时代挑战与创新[①]

在提倡教育研究要有力推动教育发展实践的背景下，关于哪种类型的教育研究应该成为主流的问题引发了教育界越来越热烈的争论。在这场争论中，虽然有一些热心从事纯理论教育研究的研究者还在坚持维护教育思辨研究的中心位置，但是越来越多的研究者开始认为直指教育现实问题的教育实证研究或教育质性研究更应该居于核心的地位。

（一）关注现实的时代中的教育思辨研究危机

可以想见，关于教育研究套路的争论不会一下子结束，任何一种教育研究类型都不会很快消失或独大。笔者无意从教育发展的大局来试图决断哪种教育研究类型

---

① 本标题下的内容以《论教育思辨研究的时代挑战与应对》为题发表于《教育学报》2018 年第 5 期，收入本书时有改动。

应该成为主流或主导，而是想针对教育思辨研究在这场争论中所受到的批判和诘难做一些解释性和展望性的探索。对思辨研究的批判与诘难，并不是教育研究领域所独有的。从人类认识论发展的历史来看，近代以来特别是在进入工业主导的现代社会之后，思辨的认识方式就与社会主导的精神出现背离与矛盾，现代社会崇尚的现实精神为沉浸于逻辑思考的思辨研究带来了深刻的挑战。

在反思哲学研究现状时，有研究认为当前的趋势是以哲学现实化的名义进行反哲学的活动，而这个趋势出现的根源是一种关注现实的思潮。[①] 虽然关注现实的说法并不是一个很严谨的学术表达，但是其具有表征这个时代主导特征的形象性优势。总体上看，这个时代是一个疏远深刻性、神圣性和不确定性的关注现实的时代。在关于人类社会现代性的众多反思性研究中，关注现实的时代特征可以具体反映为世俗化、物化和技术化的社会发展取向。

相对于宗教或灵性生活占据中心地位的西方传统社会，现代社会的一个突出取向是世俗化。在对现代社会里的宗教和信仰状况的考察中，泰勒指出了现代社会作为世俗化社会存在的实质。在宽泛的意思上，泰勒用世俗时代表示政教分离和宗教信仰实践的衰落。在深入的层次上，他对世俗时代的理解是："在其中，超越人间福祉的所有目标的东西都被遮蔽，变得是可想而知的；或者更确切地说，这种遮蔽属于大众可以想象的生活之范围。"[②]所谓"超越人间福祉的所有目标"主要是指一种道德和灵性上的超越目标，具体可以解释为对完满和丰富生活的追求。泰勒关于世俗时代的这种定位和理解深刻地揭示了世俗化作为现代社会的一种基本取向，以及由此带来的整个社会关注现实而非超越现实的状况。

在对现代社会人的需求和支配力量的考察中，物化作为现代人需求满足的核心特征和社会运行的主要层次被揭示出来。现代社会的物化主要有两个方面的表现，一是人的需求以物质满足及与其伴随而来的精神满足为中心，二是以物质的生产与消费为社会核心层面。在对经济在社会中地位问题的考察中，波兰尼看到市场经济创造了一种新的社会类型，在这个社会中经济或生产系统被委托给了一个自动运行装置，一个机械性质的机制开始在人类日常活动中控制自然和人类资源，经济动机

---

① 吴宏政. 先验思辨逻辑[M]. 北京：人民出版社，2015：4.
② 泰勒. 世俗时代[M]. 张容南，盛韵，刘擎，等译. 上海：上海三联书店，2016：26.

在其自身世界中是凌驾于一切之上的。① 波兰尼深刻地揭示了经济在现代社会中所占据的核心地位，这种状况决定了物质而非其他要素在社会生活中的核心地位。对现代社会中的人来说，基于物质的满足成了主导的需求，消费社会成为现代社会的一个代名词。基于现代人的需求状况，关于消费社会的研究把人定位为消费者，并指出把个体当作不可替代的需要的领域，就是个体作为消费者的领域②，在对物的消费中追求满足是当代人的典型形象。在这样一个物化的现代社会中，不符合物化趋势的精神生活相对萎缩和异化，自由的思想活动被轻视或规训。

关注现实的时代特征经常反映为现代社会的技术化取向。科学技术在现代社会中的迅猛发展，使其越来越成为社会发展中的决定性因素。由此，技术以及技术化思维成为支配社会发展的一种决定性力量。在这种状况下，现代社会越来越明显地反映出遵循技术合理性逻辑而发展的根本特点。在这个方面，马尔库塞的观点较为深刻而直接，他看到社会控制的现行形式在新的意义上是技术的形式，在这种技术控制中一切矛盾似乎都是不合理的。③ 在现代社会中，技术的合理性越来越成为整个社会运行的支配性原则，那些不符合技术规范性和精确性的活动将受到越来越多的压制或疏离。

需要说明的是，世俗化、物化和技术化是对现代社会取向的理论性概括。不同地区由于发展程度不一，从而在这三种取向上的表现水平并不一致。从影响来看，关注现实所对应的世俗化、物化和技术化特征构成了现代社会发展的主要趋势和背景，社会的各种活动根据与这种趋势和背景的契合程度不同而得到了不同的对待。较为契合这种趋势和背景的活动会得到较多的支持，反之则会得到疏远甚至限制。无疑，在这种局面下，思辨研究是被疏远或限制的那类活动。作为一种研究活动类型，思辨研究追求深刻、超越、自由的思考，而直接处理可见现实经验的其他研究方式在表面上更精细化，这在现代社会中就导致了思辨研究发展的不利形势。当然，这里的情形对教育思辨研究活动来说是同样的。

就具体情况来看，虽然我国并不是社会类型意义上的现代社会原发的国家，但

---

① 波兰尼. 新西方论[M]. 潘一禾，刘岩，译. 深圳：海天出版社，2017：41.
② 鲍德里亚. 消费社会[M]. 刘成富，金志钢，译. 4版. 南京：南京大学出版社，2014：66.
③ 马尔库塞. 单向度的人[M]. 刘继，译. 上海：上海译文出版社，2006：10.

是工业化和市场经济的迅猛发展让我国社会呈现出比较明显的现代社会发展特征。世俗化、物化和技术化的取向在包括教育领域的社会各个领域中不同程度地明显反映出来，成为越来越普遍的社会意识和背景。在这种背景中，追求从本原、思想和宏观上把握事物的思辨研究包括教育思辨研究自然越来越因不符合时代特征而受到各种批评和挑战，面临着被边缘化甚至是被摒弃的危机。根据对研究要素的分析，当代教育思辨研究主要受到三个方面的挑战和批评，即问题虚空、论证主观和观点晦涩。

第一，教育思辨研究问题虚空。在教育思辨研究所受到的批评中，有很多是围绕着问题或问题意识进行的。在对教育研究问题意识的研究中，越来越多的研究者提出教育研究要有问题意识，而教育研究所要针对的教育问题经常被界定为教育实际矛盾和理论疑难。① 这种理解本来不会构成对教育思辨研究的否定和批评，但是在关注现实的时代背景下教育问题越来越被自然地特指为那些现实的或实际的教育矛盾。教育思辨研究比较普遍关注的本原问题、概念问题、理论逻辑问题就很难符合现实和实际的标准，由此招致了缺少问题意识或者问题虚空的批评。虽然不能说教育研究缺乏问题意识的批评完全针对教育思辨研究，但是教育思辨研究是这种批评针对的一种主要类型。这些批评通常列举的负面研究特征多是教育思辨研究所具有的，如从概念和理论观点出发进行研究和关注宏大叙事。与这种批评相伴随的是，那些针对现实或实际教育问题的研究方式得到了推动和提倡，教育研究"聚焦事关全局和长远的重大问题"成为当代教育研究发展的一个重要原则。② 这些都表明了对应抽象问题的教育思辨研究在这个时代的不合时宜性。

第二，教育思辨研究论证主观。主观与客观相对，认为教育思辨研究论证主观的人总体上认为教育思辨研究没有以确证的现象和事实为根本基础，而是以对概念和命题的逻辑思考和辨析为根本依据进行理论生产和认定。虽然教育思辨研究的逻辑推导要符合逻辑学的规则，但是缺少明确可见的现实证据在关注现实的时代并不是一个小问题。在这个方面，教育思辨研究被质疑的具体逻辑是缺少现实证据就会很难避免主观愿望和偏见对研究方向的"绑架"，因而这种质疑足以构成对教育思辨

① 黄甫全. 关于教育研究中的问题意识[J]. 华南师范大学学报(社会科学版)，2003(4)：119-124，151.
② 郝平. 提升教育科研水平 繁荣发展教育科学事业[J]. 教育研究，2017(1)：7-10.

研究彻底否定的理由。在有关教育实证研究方向的论证中，避免主观愿望和偏见的问题相对地构成了提倡教育实证研究的一个核心理由。[①] 在对当代教育研究的多种反思中，"沉溺于抽象理念王国中自说自话"[②]是经常批判的一个主要现象。当然，这样的现象普遍地在教育思辨研究中出现。论证主要是为观点提供证据进行证明的过程，也是观点生成的过程。在推崇现实或实际的时代，教育思辨研究在这个过程中过于依赖逻辑推理而必然会受到质疑和否定。

第三，教育思辨研究观点晦涩。在关注现实的时代，人们希望各种研究得出的观点是很多的人能够理解的观点，能够用易懂的普遍化语言表达出来的观点比较受欢迎。但是，教育思辨研究得出的观点恰恰与这种期待不符，观点晦涩和不易懂成为教育思辨研究受到的又一种批评。在提出教育思辨研究构成了宏大叙事或元叙事之后，有研究把教育思辨研究的结论概括为具有完整性、统一性和同质性的特征，并认为这已经成为教育理论不能联系实践的一个根源。[③] 确实，教育思辨研究所生产的观点经常具有这样的完整性、统一性和同质性特征，研究过程越深入则观点越抽象和凝练。很自然地，教育思辨研究的观点因为越来越从具体现实中抽象出来而变得晦涩难懂。在日常的学者交流中，不少学者对教育思辨研究的主要印象经常包括概念生僻和文章难懂。

可以说，大多数对教育思辨研究的批评都是具有一定事实依据的，教育思辨研究在实施的过程中确实会出现这样的问题：研究问题脱离现实，论证缺少确切的现实根据，观点脱离日常的层次。但需要注意的是，这些批评都站在了现实或实际的立场之上，都认为教育思辨研究不关注现实。在此背景下，确实需要反思教育思辨研究是否应该在关注现实的时代被疏离，也需要去追问教育思辨研究存在的独有价值到底是什么。因此，超越常识层面对教育思辨研究内涵和特性进行深入的探索是非常必要的一项工作。

(二)教育思辨研究的内涵与特性

思辨研究，从字面上看比较好理解，就是一种以思考和辩证为核心方式的研究。

---

① 袁振国. 实证研究是教育学走向科学的必要途径[J]. 华东师范大学学报(教育科学版)，2017(3)：4-7，168.

② 劳凯声. 教育研究的问题意识[J]. 教育研究，2014(8)：4-14.

③ 丁钢. 教育经验的理论方式[J]. 教育研究，2003(2)：22-27.

但是，依据严格的学术标准来给思辨下个定义并不是一件容易的事情。在各类人文社会科学研究方法教科书中比较难寻思辨研究或教育思辨研究的专门篇章和定义。尽管如此，古今中外还是有一些思想家和研究者直接对思辨研究和教育思辨研究进行了解释和定义，因而对教育思辨研究内涵的探索从这些已有的思考和研究开始。

在人类历史上，思辨研究是一种古老的认识形式。可以说，求理解是人类的一种本能，理解世界和自身是人类发展过程中的一个基本方面。陈嘉映对人类认识世界的方式进行了考察，提出人类起先在原始社会中使用感应思维来理解世界，后来发展到借助概括推论和依靠概念来揭示现实背后隐秘结构的宏大叙事阶段。① 可以说，这个说法比较简明地说明思辨研究产生的历史，思辨研究在思想史上的正式出现正是处于依靠概念来揭示世界隐秘结构的宏大叙事阶段。在人类思想史中，亚里士多德关于思辨的认识是非常具有开创意义的，虽然他的思辨被翻译成沉思，但这并不影响对思辨内涵的解读。亚里士多德在区分思辨科学、创制科学和实践科学之后，提出思辨知识以真理为目的，并进一步提出如若存在某种永恒、不动和可分离的东西，很显然认识它们的应该是思辨科学，故思辨的哲学有三种，数学、物理学和神学。② 虽然他没有直接给出思辨是什么的定义，但是这些表述非常直接地表明思辨在亚里士多德那里就是认识永恒存在的思维活动，也是最主要的形而上学认识方式。思辨的知识体系在西方近代哲学发展中得到了系统的完善，黑格尔在建构思辨体系和原则上做出了卓越的贡献，他对思辨的进一步理解是：思辨的东西……在于这里所了解的辩证的东西……因而在于从对立面的统一中把握对立面，或者说，在否定的东西中把握肯定的东西。③ 由此可见，黑格尔致力于在思维原则和方式层面深化对思辨的理解，并根据思辨的需要发展思辨概念。

孔德是实证主义的创始人之一，他对实证精神的论证正是在对思辨精神的深入理解之上进行的。孔德提出，我们所有的思辨，无论是个人的还是群体的，都不可避免地先后经历三个不同的理论阶段，通常称之为神学阶段、形而上学阶段和实证阶段。在此之前，思辨逻辑在于根据一些模糊的原则以或多或少的巧妙方式进行推

---

① 陈嘉映. 无法还原的象[M]. 北京：华夏出版社，2005：91-99.

② 亚里士多德. 形而上学[M]. 苗力田，译. 北京：中国人民大学出版社，2003：33.

③ 黑格尔. 逻辑学：上下卷[M]. 杨一之，译. 北京：商务印书馆，2021：39.

论。自此之后，思辨逻辑作为一项基本规则承认：凡是不能严格缩简为某个事实(特殊事实或普遍事实)的简单陈述的任何命题都不可能具有实在的清晰含义。概括来看，孔德认为思辨是根据逻辑规则进行推论的认识活动。怀特海在论证过程哲学的过程中，对思辨哲学和思辨图式进行了解读，他认为："思辨哲学致力于构成某种内在一致的、合乎逻辑的和具有必然性的普遍观念体系，以便使我们经验中的每个要素都能得到解释。"①怀特海的这个解释从目标和功能层面解读了思辨哲学，认为思辨哲学的核心目标是建立普遍观念体系，而功能是解释经验要素。在《哲学小辞典》中，思辨被定义为：从所谓先天概念和先天原则出发，应用逻辑的推导来建立一种理论体系。② 可以说，这个定义是对西方哲学思辨方式的一个总体概括。有研究从四个方面具体地解释了思辨研究方法的内涵，指出"思辨研究方法以个体的理性认识能力为基础"，"思辨研究方法以研究者的直观经验为研究出发点"，"思辨研究方法的研究方式是对概念、命题进行逻辑演绎推理"，"思辨研究方法以认识事物本质属性为目的"。③

在教育研究领域，思辨研究方式得到了一些研究者的关注，他们对应用于教育中的思辨研究的理解主要有：思辨研究"承认独立的精神实体的存在，并且认为这种存在是根本性的存在"，"本体的存在能够通过理性的方式来认识，这种认识又可以通过辩论来获得共识，所以能够获得普遍知识"④；"所谓思辨，是一个用猜想和逻辑推理对经验材料进行'由此及彼、由表及里'的思维加工过程，是对各种概念、判断及其相互关系的思考辨析"⑤。可以说，这两个对思辨研究的理解是具体的，但根本上都是对思辨研究经典理解的个性化表述。

纵观对思辨研究已有的解读可以看出，思辨研究在人类历史中出现很早，在认识上产生了一些重要的发展变化。对思辨研究下一个定义需要重点考虑如何处理不同历史时期对思辨研究的理解之间的差别和分歧。具体来看，思辨研究在历史的发展中确实已经形成了一些重要的共识，如以理性逻辑为原则，以推理为手段，以概

① 怀特海. 过程与实在：宇宙论研究[M]. 杨富斌，译. 北京：中国城市出版社，2003：3.
② 马全民，石峻，李炎，等. 哲学小辞典[M]. 北京：人民出版社，1990：86.
③ 彭荣础. 思辨研究方法：历史、困境与前景[J]. 大学教育科学，2011(5)：86-88.
④ 王洪才. 教育研究的基本方法论[J]. 北京师范大学学报(社会科学版)，2006(6)：21-27.
⑤ 冯向东. 高等教育研究中的"思辨"与"实证"方法辨析[J]. 北京大学教育评论，2010(1)：172-178.

念和命题为原料。与此同时，不同历史时期和不同角度的思辨内涵解读存在一个核心的分歧：思辨研究的目标到底是揭示永恒真理的普遍观念体系，还是仅仅思考辨析？面对这个分歧，可以有两种基本的立场选择：一种是遵循古典的立场，这种立场坚持思辨研究是为了建构普遍性的观念体系；另一种是自主调和的立场，这种立场把对概念与命题的思考辨析与普遍性观念体系统合成普遍性认识，而不强求这种普遍性认识是否成体系。考虑到广泛存在的思辨研究具体样式，从尽可能充分涵盖各种现实样式的思辨研究来看，思辨研究的目的定位需要选择自主调和的立场，即思辨研究追求建构普遍性认识。这种普遍性认识既可以是个别化的普遍性认识，又可以是体系化的普遍性认识，两者的关系可以看作个体和群体的关系。

至此，教育思辨研究可以界定为：通过对教育经验、概念和命题进行逻辑推理来获得普遍性教育认识的活动。在这个界定中，教育思辨研究有三个方面的具体内涵：教育思辨研究的原材料是能够通过逻辑推理加工形成普遍性教育认识的经验、概念和命题，教育思辨研究的途径和过程是逻辑推理，教育思辨研究的结果是对教育的普遍性认识。在内涵中，教育思辨研究最为核心的也是最为凸显个性的一个方面是作为途径和过程的逻辑推理。逻辑推理在教育思辨研究中的核心地位有两个方面：一方面是限定了教育思辨研究的原材料和结果，另一方面是作为教育思辨研究与其他研究方式显著区别的标志。

如前所述，教育思辨研究在这个关注现实的时代受到了不少批评，也因此陷入被边缘化甚至被摒弃的危机。如何应对这种现状是教育思辨研究的支持者需要深思的问题。从思路上看，教育思辨研究者应对被这个时代边缘化的危机有两个选择：一是阐明这个时代过于强调关注现实的片面性，二是论证教育思辨研究的不可或缺性和独有价值。第一个思路已经在哲学社会学研究领域中被广泛采用，这个方面的主要努力有：对现代性进行了批判和对后现代性进行了确证与助推，对技术理性或工具理性进行了揭示与批判，对消费社会进行了揭示与批判，等等。这些努力都表明了片面地突出现代性和强化技术化、物化、世俗化的关注现实取向是有问题的，现代社会的均衡发展需要对这些偏颇的取向和精神进行调整。现在需要着重实施的是第二个思路的工作，即论证教育思辨研究在教育研究中的不可或缺性和独有价值。

作为一种教育认识方式，教育思辨研究有其他研究方式并不具备的特性和功能，这些特性和功能总体上构成了教育思辨研究的优势。相比其他教育研究方式，教育思辨研究的特性有以下三个方面。

第一，教育思辨研究的原材料具有易得性。教育思辨研究的原材料主要是经验、概念和命题，当然它们中间核心的成分是概念和命题。之所以加上经验，这是因为教育思辨研究使用的逻辑包括归纳逻辑，归纳逻辑本身需要直接以经验为原材料。作为教育思辨研究的原材料，经验、概念和命题主要来源于已有的各种文本甚至是言论，这些文本和言论在实际研究中是比较容易得到的，观察、阅读和对话都是得到这些原材料的常见方式。经验还可以通过个体化的方式得到，个体的行动和体验是获得经验的常见方式。相对于教育实证研究和教育质性研究来说，教育思辨研究的原材料具有易得性。因为教育实证研究和教育质性研究不仅需要确保经验材料的可靠来源，而且需要使用规范而精细的方式来获得和加工这些材料，这些方面都可能遇到很多困难。

第二，教育思辨研究的手段兼具规范性和自由性。教育思辨研究的手段是逻辑推理，即使用逻辑进行推导。这样的手段本身不是无规范的，认为教育思辨研究比较主观还算可以接受，但是认为教育思辨研究很随意或者一定会被主观倾向"绑架"可就有问题了。逻辑本身就是一种严格的规则，不符合逻辑的推论本身不会被人接受。只有主观意愿本身符合逻辑规则，它才可能进入教育思辨研究的过程和结论之中，反之则不能。但是，相对于既要符合逻辑又要符合现实性和操作规则的其他教育研究来看，教育思辨研究具有更大的自由性。教育思辨研究只要符合推理的规则，过程就不会有问题，不需要时刻考虑这个过程有没有对应现实状况。有人阐述过数学和科学的核心差别，认为数学是概念，是头脑的产物，一旦被证明就确定了，科学追求脑子中的假设是否符合外面的世界。① 这里关于数学的认识可以套用在教育思辨研究之上，因为在一定程度上可以说数学本身就是思辨研究，只是它比起其他思辨研究更加严格限定使用规范化的概念——数字和符号。

第三，教育思辨研究的结论具有广阔性和深刻性。教育思辨研究是否关注现实？这是当代不少教育研究者追问的一个问题。从功能来说，教育思辨研究能关注教育

---

① 竹内薰. 假设的世界：一切不能想当然[M]. 曹逸冰，译. 海口：南海出版公司，2017：89.

现实，但不是只能关注教育的现实层面。教育世界本身既有现实的层面，又有未知和未来的广阔而深刻的层面。人类想长远地发展教育，就要既知道现实又能够对未知和未来的广阔和深刻领域有必要的认识和理解。比起紧盯教育现实的其他研究类型，教育思辨研究的视野更广阔，其结论具有广阔性和深刻性。教育思辨研究的结论具有广阔性和深刻性，主要是指教育思辨研究既可以得到对广泛的研究对象或研究对象的广泛方面的认识，又可以得到对研究对象的深刻认识。教育思辨研究之所以能够得到广阔性的认识，是因为教育思辨研究不固守可见现实经验，因此没有拘泥于可见现实经验的包袱。在这种情况下，教育思辨研究不仅可以思考存在的研究对象，还可以发挥想象力思考没有可见经验表现的研究对象，如可以思考事物的未来状态和未知状态。在《人类简史：从动物到上帝》一书中，赫拉利特别指出人类的独特之处是使用语言讨论虚构的事物，这是人类社会能够蓬勃发展的一个根本原因。[①] 这里的虚构实质上就是一种构想，是对人类可建构事物的期待和设计。人类社会发展需要基于想象的认识，教育思辨研究在这个方面的最大优势是能够兼容关于教育事物的想象性认识，这可以作为教育未来发展的认识基础。教育思辨研究除了因为富有想象力而得到广阔的结论之外，还可以凭借逻辑推理对广泛概念和命题的不断凝练而得到对教育的深刻性认识。教育思辨研究的研究结论不是就事论事的结论，其普遍性本身意味着一种深刻性。

教育思辨研究具有其他类型研究不可替代的特点和价值，特别是其因具有更大限度自由和想象的特点而能够得到对教育更广阔、更深刻的认识，这是非常宝贵的特性。正是在这种特性的基础上，教育思辨研究可以为教育未来的发展建构框架和指示方向。即便是关注现实的社会也需要面向未来的发展，也需要拥有对教育的广阔而深刻的认识。因此，教育思辨研究还肩负着远未消失的使命。

（三）当代教育思辨研究的精要开展

教育思辨研究今后的路在何方？关注现实的时代确实为教育思辨研究的发展带来了挑战，但是这种挑战并不是致命的。关注现实的特征虽然很明显，但它不是这个时代唯一的特征，任何社会对深刻理解、想象力和精神世界的需求都是不能抹杀

---

① 赫拉利. 人类简史：从动物到上帝[M]. 林俊宏，译. 北京：中信出版社，2014：25-26.

的。就教育世界的情况来说，教育世界本身就有不止于现实层面的广阔性，因此对教育世界的认识和理解不能囿于对可见经验的精细化加工。对教育世界的认识和理解不仅要有对可见现实的认识和理解，还要有对未知和未来领域的广泛而深刻的开拓和探索，这就是教育思辨研究存在的根基。虽然在对可见教育经验现象的认识处理上，传统的教育思辨研究并没有教育实证研究和教育质性研究精细化，但是教育思辨研究完全可以通过吸收它们的精细化研究成果来改善自身。而且，在那些可见教育经验现实之外的领域，教育思辨研究的广泛性和深刻性优势就能明显发挥。由于对应了这些不能抹杀的需求，教育思辨研究本身的特性构成了其能够且必须存在的内在基础和资本。只是教育思辨研究的特性没有阻止教育思辨研究被边缘化的趋势，其中最为直接的一些原因在教育思辨研究自身之上。

当代对教育思辨研究的很多批判，与其说是批判教育思辨研究，不如说是批判低质量的教育思辨研究。虽然概念生僻和观点晦涩的批评指向了一些高质量的教育思辨研究，但是这不足以成为教育思辨研究的致命问题。因为如果教育思辨研究能够展示出自身的特别之处，概念稍微生僻一点，观点稍微晦涩一点，顶多让交流和传播变得困难一些而已。高质量的教育思辨研究值得花较多的精力去理解和认识，一定程度上的生僻和晦涩不是致命的问题。此外，教育思辨研究还面临着论证主观和观点呆板的批评，而论证主观和观点呆板则明显是低质量教育思辨研究的特征。

教育思辨研究的原材料相对易得，使用逻辑进行推理的研究手段比较常规，这就造成了教育思辨研究没有多高的"门槛"，很多质量不高的教育思辨研究出现了。教育思辨研究的原材料是逻辑推理需要的原材料，演绎的逻辑需要概念和命题，归纳的逻辑需要现实经验。在质量不高的不少演绎性教育思辨中，经常出现的情况是：所使用的概念比较粗糙，没有使用精致的概念；没有关注到高质量的命题，只在已经被广泛接受的命题上打转。归纳推理的质量非常受经验数量和质量的限制，不少归纳性教育思辨研究只使用简单的经验，对广泛、精确的现实经验不关注，从而造成了归纳推理的粗糙。实际上，教育思辨研究与教育实证研究、教育质性研究等精细化现实经验研究并不矛盾，对这些教育现实经验研究结论的借鉴能提升教育思辨研究的质量。教育实证研究致力于探寻确凿无疑的知识，而这类知识最为核心的部分是对教育经验现象的科学揭示。教育质性研究虽然没有采用量化的方式，但是其目标主要是揭示人文性的教育经验。只有在大的范围内聚集对教育现实的深入认识，教育思辨研究中的归纳推理才能广泛而深刻。

此外，教育思辨研究使用的逻辑手段是经常出现问题的方面。人是有理性的动物，逻辑能力接近于人的本能。人人都拥有逻辑能力，但这并不意味着人人都有很高的逻辑能力。有学者指出：我们每做一个决定时都携带着太多的个人包袱——经历、梦想、价值观、所受训练、文化习俗等。[①] 管理学者西蒙在描述人的有限理性形象时，指出知识和价值观是影响决策理性水平的重要因素。[②] 这些观点表明了人的逻辑推理能力会受很多因素的影响，如果没有专门的努力，则很难保障教育思辨研究者使用的逻辑是高水平的逻辑。考虑到并不是每个教育思辨研究者都经过了逻辑能力训练的现实情况，一些逻辑错误或混乱的教育思辨研究的产生就不奇怪了。在逻辑推理上，除了使用的逻辑会错乱之外，还存在逻辑推理呆板的问题。教育思辨研究使用的逻辑推理通常不是一个轮次的，而是众多轮次的逻辑推理复合在一起的。非常富有想象力的创造性思辨结论通常并不来源于单一轮次的逻辑推理过程，而来源于众多轮次逻辑推理的巧妙结合。但是，现实中的不少教育思辨研究缺少富有想象力的创造性逻辑推理过程，从而造成了规范有余而精巧不足的情况，因而最终很难被人接受和认可。

高质量的教育思辨研究是充分彰显自身独有价值和优势的教育思辨研究，是充分发挥原材料易得性、逻辑推理兼具规范性和自由性等优势的教育思辨研究，是最终取得对教育的广阔而深刻认识的教育思辨研究。为达到较高的质量，可以认为当代教育思辨研究的开展需要通过三个方面来充分实现其精髓和要旨。

第一，修炼通透的逻辑思维能力和自由的想象力。人的因素是最为重要的，教育思辨研究的研究者因素因而是第一个需要关注的因素。逻辑是教育思辨研究的基本工具，逻辑思辨能力是掌握这个工具的能力。修炼通透的逻辑思维能力需要从思维要素、标准和特质三个方面来进行，需要掌握思维过程的主要层面。在批判性思维发展方面比较有影响的《批判性思维工具》一书给出了思维训练需要把握的标准、元素和特质：逻辑思维的标准主要有清晰性、精确性、准确性、重要性等，逻辑思

---

① 布朗，基利. 学会提问(原书第 10 版)[M]. 吴礼敬，译. 北京：机械工业出版社，2013：19.
② 西蒙. 管理行为·修订版(原书第 4 版)[M]. 詹正茂，译. 2 版. 北京：机械工业出版社，2007：75.

维的要素主要是目的、推理、问题、观念、观点、意义、信息和假设，逻辑思维的特质主要有谦逊、坚韧不拔、自主性、信心、完整性等。[①] 在逻辑思维能力上，最终期待教育思辨研究者达到的状态是通透，即一种通达而深入的状态。教育思辨研究的逻辑规范性保障了正确性，而自由性则是创造性的基础。进一步说，自由的想象力是教育思辨研究能够超越常规而凸显灵性的核心基础，因此教育思辨研究者需要具备自由的想象力。在想象力的理解上，米尔斯和泰勒的观点值得借鉴。米尔斯提出作为社会学的想象力"能够有助于他们运用信息，发展理性，以求清晰地概括出周边世界正在发生什么，他们自己又会遭遇什么"[②]。泰勒提出他所认为的社会想象是"人们想象其社会存在的方式，人们如何待人接物，人们通常能满足的期望，以及支撑着这些期望的更深层的规范观念和形象"[③]。虽然这些表述没有直接界定想象力，但还是可以从中找到理解想象力的一个核心框架：作为一种心智能力，想象力凭借自身的广阔认识活动范围而能够从已知世界出发对未知世界进行广泛的描绘。所以，想象力是一种特殊的心智活动，有很强的开放性，致力于对广阔未知领域的描绘。具备自由的想象力，就意味着教育思辨研究者可以充分调动心智能力从教育的已知出发来描绘未知的教育领域。

第二，选择和建构精到的概念体系。概念是思维的工具，也是思维的依靠，好的概念是逻辑推理质量的保障。在质量不高的教育思辨研究中，容易出现的一个问题就是概念繁多且质量低下。教育思辨研究的一个传统做法是从各种理论中借鉴概念，最后拼凑在一起。由于每个概念在产生时都有一定的背景，脱离原有背景而借用概念，容易出现的问题是概念内涵的变化和丧失。所以，有不少批评针对教育理论中概念过多而杂乱的问题。概念作为理论体系的核心要素，其核心的好坏标准是能否契合教育理论生产的目标和过程。在教育思辨研究中，概念应该既适用于逻辑推理，又能够建构对教育的广阔而深刻的认识。在哲学史上，黑格尔为了建构形而上学的真理体系，采用的核心做法是改造概念。具体到教育思辨研究来说，好的概

---

① 保罗，埃尔德. 批判性思维工具(原书第 3 版)[M]. 侯玉波，等译. 北京：机械工业出版社，2013：49.

② 米尔斯. 社会学的想象力[M]. 李康，译. 北京：北京师范大学出版社，2017：4.

③ 泰勒. 现代社会想象[M]. 林曼红，译. 南京：译林出版社，2014：18.

念就是精到的概念，也是能够形成体系的精到概念。所谓精到，主要是指精准而到位。精到既要求概念本身要精致，对能指和所指都有精心的思考，又要求概念是到位的，内涵符合理论的意图和追求。所谓能够形成体系，主要是指概念不能是孤立的。即便教育思辨研究的概念是从其他理论借鉴而来的，也要花工夫建构与其他概念的联系。对教育理论从其他学科借鉴太多概念的一些批评，实质上是针对借鉴概念后不努力建构与其他概念关系的批评。

第三，积累广泛而深刻的教育经验。教育思辨研究常用的两种逻辑是演绎逻辑和归纳逻辑，演绎逻辑通常能够保障结论的深度，而归纳逻辑主要起到建构结论的现实基础的作用。虽然教育思辨研究的特长在于获得对教育的深刻认识和广阔认识，特别是获得对还没有现实经验确证的教育领域的认识，但是无论是深刻认识还是广阔认识都从根本上以对现实的认识为保障。可以说，高质量的现实经验认识能带来高质量的深刻认识和广阔认识。在演绎逻辑中，虽然高质量的现实经验认识看起来没有参与其中的必要，但实质上现实经验认识在这个过程中可以起到检验和修正的作用。例如，在从人具有主体性推论到学生具有主体性的过程中，此时如果能够明确地看到很多学生还不是完全意义上的成人，那么这个演绎的结论就可以得到必要的检验和修正。在归纳逻辑中，现实经验的作用就很大了。如果掌握了对现实经验的大范围的调查结果，对现实的归纳推理就容易得到有质量的结论。因此，教育思辨研究要努力积累广泛而深刻的教育经验，以此来保障高品质的原材料供给和逻辑推理活动。

哲学的发展把哲学认识既向人的外部世界延伸，又向人的内部世界深入。与此类似，教育思辨研究作为一种哲学味很浓的研究方式，其特长是能够把人类对教育的认识向广阔和深刻的方向延伸。教育思辨研究之所以能够把教育认识向广阔和深刻的方向延伸，一方面是由于其不必时时背着被可见经验确证的沉重包袱而轻装出行，另一方面是由于其插上了自由的"想象力翅膀"。教育思辨研究的特长决定它应该追求广阔、深刻的教育思想，以此为教育世界的广阔而深刻发展奠定认识和理解的基础。

二、教育研究问题意识的反思与澄清[①]

关于教育研究的性质、取向和方式还存在不小的争议，但这没有影响教育研究快速发展的基本态势。教育研究在非常蓬勃地发展，具体体现在教育研究人员规模、方法式样和研究成果总量之上。具体来看，今天的教育研究相对以往的一个比较明显的差别是特别强调问题意识：强调从问题出发设计框架和围绕问题实施研究，并强调得出指向问题解决的研究成果。相对于以往教育研究的对象模糊的状况，当前教育研究的问题精确性是一个很大的改变。可以说，这种状况是不少研究者反复提倡"教育研究要具有问题意识"的结果。然而，在这种状况背后，存在需要很多教育研究者特别关注和谨慎思考的一个问题：当代教育研究对问题和主义的关注已经失衡，教育研究开始表现出过于实务化或具体化的倾向。这表明"教育研究需要具备明确问题意识"的观念到了需要反思和深化的阶段。

(一)问题式教育研究的实用化风险

教育研究要有明确的问题指向，这在很大程度上成为当代教育研究界的一个基本共识。在课题申报、成果发表和评奖、学位论文评审等一系列重要教育研究事务中，具有明确的研究问题成为一项基本的要求。可以说，当代教育研究在很大程度上成为问题式的教育研究，针对明确的问题进行研究、追求对明确问题的解答是这种问题式教育研究的突出特征。实际上，这种模式和状况并不是一直存在的。从教育研究的历史发展来看，并不是每个历史时期都如此强调教育研究要有明确的问题指向，有些历史阶段提倡围绕教育规律的主题来开展教育研究。因此，对问题式教育研究特征的分析和理解离不开整体理解和梳理教育研究问题式转变的内在逻辑。

一般来说，提倡教育研究要有问题意识的观点有特定的历史与现实背景。从那些比较有影响的提倡教育研究问题意识的著述来看，强调教育研究要有问题意识和推动教育研究进入问题式模式的动因主要有三个方面：一是科技发展的道路示范，二是理论思辨型教育研究的弊端反思，三是解决现实教育问题的迫切需要。这三个

---

① 本标题下的主体内容以《教育研究的问题意识：实用化风险及其应对》为题发表于《国家教育行政学院学报》2018 年第 5 期，收入本书时有改动。

方面分别对应外部示范、内在问题以及现实需求，三者构成了一个背景体系，这个体系中的所有方面联合推动了教育研究朝向问题式方向发展。

第一，科技发展的道路示范。近代以来，科学技术取得了突飞猛进的发展，其发展方式和道路因而得到了其他知识领域的密切关注。在对科技进步道路的理解中，问题被认为是科技发展的核心线索和实际抓手。在这个方面，科学家爱因斯坦等人和科学哲学家波普尔的著名论断是人们经常提及的。爱因斯坦等人在考察物理学的发展时指出："提出一个问题往往比解决一个问题更重要。"[1]波普尔在对科学知识进化的探索中提出了关于科学发展的著名观点，认为"科学只能从问题开始"，"科学和知识的增长永远始于问题，终于问题——愈来愈深化的问题，愈来愈能启发大量新问题的问题"。[2] 在科技因重视问题而进步的示范下，知识进步需要紧抓问题的观念开始广泛地影响教育学研究者。在提倡教育研究要有问题意识的过程中，黄甫全在引用波普尔观点之后提出："教育学的发展也是始于教育问题，终于教育问题，若没有教育问题，人们的教育研究活动就失去了直接作用的对象而不能进行和发展。"[3]

第二，理论思辨型教育研究的弊端反思。从教育学产生和发展的历史来看，以理论思辨为基本方式的教育研究主导了相当长的历史时期，很多教育理论就是在演绎和归纳中形成的。即便在自然科学范式的教育科学研究和人文科学范式的教育质性研究的有力冲击下，理论思辨型教育研究在教育研究界还广泛地存在，通过理论思辨方式产生的教育理论依然占据教育理论世界的重要位置。作为一种研究方式，理论思辨型教育研究长于深刻性和体系性，但容易让教育研究者因沉迷于概念、命题、原理和范畴之中而忽略现实问题。在这个方面，劳凯声指出，"学术研究脱离现实问题，沉溺于抽象理念王国自说自话"，"这种不良学风不仅正在消解问题，同时也在消解学科"，"在教育学的学科发展中这一问题尤其严重"。[4] 这些观点比较详细地列举了理论思辨型教育研究的主要问题，这些问题汇集到一起实质上构成了对理论思辨型教育研究的形式化批判。所谓形式化是指容易忽略实质内容和指向的倾向，

① 爱因斯坦，英费尔德. 物理学的进化[M]. 周肇威，译. 上海：上海科学技术出版社，1962：66.
② 波普尔. 科学知识进化论[M]. 纪树立，编译. 北京：生活·读书·新知三联书店，1987：184.
③ 黄甫全. 关于教育研究中的问题意识[J]. 华南师范大学学报（社会科学版），2003（4）：119-124，151.
④ 劳凯声. 教育研究的问题意识[J]. 教育研究，2014（8）：4-14.

这个问题发展到一定程度就会使研究进入很多人批判的概念游戏状态。

第三，解决现实教育问题的迫切需要。在当代，相对稳定发展的政治经济环境和迅猛的科技变革都提出了对教育发展的迫切需求，教育实践因此进入一个高速发展的轨道中。联合国教科文组织的《教育——财富蕴藏其中》序言开篇就提出："面对未来的种种挑战，教育看来是使人类朝着和平、自由和社会正义迈进的一张必不可少的王牌。"①在这种情况下，教育要扮演好社会发展助推器的角色，这是社会发展对教育的根本定位。可以说，教育需要通过变革来履行自身的社会使命。教育研究领域中的一个响亮声音是：教育研究要指向教育发展中的重大问题，教育研究要为国家与社会的重大教育需要服务。在提升我国教育科研水平的呼声中，根本的立场就有"紧扣时代脉搏、聚焦中国问题"和"要突出问题导向"。② 概括起来可以说，强大的教育发展现实压力让教育研究较之以往更加需要直面现实的教育发展问题。

在科技发展道路的示范下，在对理论思辨型教育研究弊端的批判中，在解决现实教育问题的迫切需求下，教育研究进入了一个越来越问题式的阶段。全面地看，问题式教育研究的基本取向是坚持以问题为对象和起点，以解决问题为目标，采用保障问题解决效率的研究方法和途径。从教育研究的发展现实来看，问题式的教育研究总体上丰富了教育研究的类型和方式，逐渐改变了教育研究的总体格局，提升了教育研究的直接针对性和现实贡献，使教育研究更显科学化或规范化特征。然而，问题式教育研究在对教育理论和实践发展发挥积极作用的同时，存在一个不容忽视的风险。如果不能很好地理解这种风险的实质，教育研究就有可能真实地陷入危险状态之中并因此产生巨大的损失。

从根本上看，问题式教育研究存在的根本风险是实用化风险。正常来说，教育研究因为强化问题意识而不断走向现实，从而内在地调和传统教育研究已经出现的空洞和艰涩问题。但是，从现实的表现来看，实用化风险的主要特征包括：过于偏重研究那些有直观表现的问题，过于偏重研究那些现在认为有用的问题，过于偏重使用那些有明确结论和解决方式的研究方法，所有的这些偏重倾向可能最终导致教

---

① 联合国教科文组织. 教育——财富蕴藏其中：国际 21 世纪教育委员会报告[M]. 联合国教科文组织中文科，译. 北京：教育科学出版社，1996：1.
② 郝平. 提升教育科研水平　繁荣发展教育科学事业[J]. 教育研究，2017(1)：7-10.

育研究的散碎化和单薄化。虽然从道理上来说，问题式教育研究并不必然出现实用化风险，不一定会让教育研究散碎化和单薄化，但是问题式教育研究的发展逻辑预埋了实用化风险。在问题式教育研究产生的背景中，对理论思辨型教育研究弊端的批判很容易让人拒绝那些不能确定直观表现的深层研究问题。不能确定直观表现的研究问题容易被认定为自说自话的主观问题，批判这类研究问题的结果就是研究问题的实际性被同时强化。在对科技发展道路榜样的学习中，实际性和有用性在选择教育研究问题时容易被进一步强调，因为科学发展，特别是技术发展特别崇尚以这两个标准来选择问题。现实教育问题的迫切需要无疑容易使问题式教育研究陷入实用化风险中，这里的现实和迫切需要直接对应了实际性和有用性两个具体取向。

当代教育研究方式进一步向经验研究偏重，加强了问题式教育研究的实用化风险，使教育研究散碎化和单薄化的可能性进一步增强。与问题式教育研究的转变相配套，当代教育研究方式向实际性和有用性方向侧重。在对思辨型教育研究艰深晦涩、主观随意、宏大粗糙的批判中，以教育经验为研究对象的实证教育科学研究和人文教育科学研究成为教育研究的重点发展方向。虽然这两类研究方式在具体做法上有很多差异，但是它们在强调从现实经验问题出发的方面是一致的。教育的实证研究强调客观性，"坚持以确凿的事实和证据为基础"[①]。教育的质性研究或人文科学研究关注人文性存在的教育现实，通过对其解释来揭示教育世界的人文性存在。从道理上说，这两类研究虽然都强调了对实际进行研究，但是它们在根本上都不是追求直接的有用，揭示教育世界的规律性存在和人文性存在才是目的。从现实来看，情况发生了变化。使用这两种方式的不少教育研究者比较自然地发挥了创造性，他们让这两类研究方式既服务于实际性问题，又服务于有用性问题，毕竟从实际性到有用性的发展比较直接。当代提倡这两类研究方式的教育研究者都在不同程度上出现了研究方式上的排他性呼声，这种排他性呼声主要认为只有从经验出发的教育研究方法才是真正的教育研究方法。当经验研究方式在教育研究领域进一步被偏重的时候，教育研究问题选择上的实用化风险进一步强化了。

从最终结果来说，问题式教育研究的实用化风险可能带来教育研究的散碎化和

---

① 袁振国. 中国教育需要实证研究[J]. 中国教育学刊，2017(2)：3.

单薄化问题，这种状态是教育研究领域要极力避免的。如何应对问题式教育研究的实用化风险，这需要从根本上进一步思考教育问题到底是什么。

(二)教育问题的内涵与复杂性

在提倡教育研究需要强化问题意识时，关于教育问题本身的研究成为必要的前提性探索。从已有的研究来看，对教育问题的研究主要关注了教育问题的内涵、教育问题的分类和教育问题的标准。尽管已有研究在这三个方面取得了一些共识，但同时在很多地方存在不少的分歧。

在问题和教育问题的内涵上，有关教育问题的定义相对一致地认为教育问题是一种主观反映出的矛盾和阻断，但还未清晰的是这种矛盾和阻断实质上是什么。在有关教育问题的分类上，已有研究提出了不少不同的观点：教育问题既可以分为教育认识问题、教育价值问题和教育操作问题，又可以分为教育理论问题与教育实践问题①；教育问题的基本类型概括为常识问题与未决问题、表象问题与实质问题、大问题与小问题"②。在教育问题的标准上，一般倾向于用真来表述合格的教育问题，而在真问题的判定上比较强调同时基于研究者意愿和社会迫切需要两个方面。③ 基于以上分析，有关教育问题本身的深入理解在具备了一定基础的同时，需要进行一些更为根本的追问和探索。

这里的探索还是从教育问题的定义开始。问题在中文语境中是个多义词，这是以往不少教育问题定义很少特别关注的一个情况。金生鈜在探讨教育研究的问题意识时结合这些英文单词做出了简洁的区分，主要意思是：topic 是主题，problem 是现实中存在的困难，issue 是研究的议题，question 是提出的疑问。④ 尽管问题在中文中有多重意思，但还要探求对教育问题的一个总体概括性理解。在以往对教育问题的定义中，已有研究多承认教育问题是一种主观反映出的矛盾和阻断，但没有具体回答是什么矛盾和阻断以及主观反映的具体形式。在探讨问题中的矛盾和阻断到底在哪些方面的思路上，逻辑学、思维科学或管理学对问题的一些专门研究可以提供

① 周作宇. 论教育问题[J]. 高等师范教育研究，1994(1)：52-57.
② 黄甫全. 关于教育研究中的问题意识[J]. 华南师范大学学报(社会科学版)，2003(4)：119-124，151.
③ 吴康宁. 教育研究应研究什么样的"问题"：兼谈"真"问题的判断标准[J]. 教育研究，2002(11)：8-11.
④ 金生鈜. 教育研究的逻辑[M]. 北京：教育科学出版社，2015：58.

重要的启示。

在具体理解教育问题的内涵之前，教育问题是否为教育专属的问题需要得到明确。不少教育学者注意到教育研究关注的很多问题从根本上看不是教育的问题，而是社会的问题。这个方面的常见现象是教育研究"经常会把教育问题和一般社会问题、管理问题、政治问题等相混淆"[①]。因此，在界定教育问题的范围时，是否把那些从根本上看不是教育的问题而是社会的问题的问题纳入教育问题的范畴，成了需要抉择的事情。在这个问题上，目的和追求应该成为关键的标准。如果是为了定位谁来解决问题更有效，把那些从根本上看不是教育的问题而是社会的问题的问题排除在教育问题之外，是比较合适的选择。如果能够把某些教育领域中的问题合理地确定为经济或文化问题，就有利于增强经济或文化领域人士的使命感和责任感。但是，如果要从全面关注教育、理解教育和推进教育发展的研究取向出发，以广泛的视野来界定教育问题是比较合理的选择。在广泛的视野下，教育问题是教育名义下的问题。

具体分析教育问题的内涵，有三个方面需要回答：内容是什么，形式是什么，来源是什么。结合已有的各类研究，可以把教育问题具体定义为对教育名义下的理想与现状的差别进行思考而得出的疑问。针对这个定义，可以具体做出三个方面的解释。

第一，教育问题的实质内容是教育名义下的理想与现状的差别。这里的差别是对矛盾和阻断的概括，主要增加了对那些没有针锋相对却有差异的情况考量。通过对教育问题到底是什么矛盾和阻断的追问，借鉴其他有关问题定义的理想状态与现实状态的差别或期待的状况与现状之间的落差的说法，这里把教育问题的实质内容确定为教育名义下的理想与现状的差别。这里的基本思路是：如果完全接受了现状，就不会有问题产生，即便现状在客观上具有太多的矛盾、缺陷或不足。把教育问题分为认识问题、价值问题和操作问题，这个观点在这里就可以解读为在认识上、价值追求上和操作方式上，教育的理想和现状产生了差别。从根本上说，理想与现状的差别才是问题产生的最根本实质，也才是教育问题能够产生的内容基础。

---

① 项贤明. 教育改革中的问题辨析[J]. 中国教育学刊，2015(1)：1-5.

第二，教育问题的正式形式是疑问。所谓疑问，主要是指通过语言表示的怀疑和不解。虽然教育问题在实质内容上是一种教育名义下的理想与现状的差别，但是如果这个实质内容没有以语言的形式最终表示出来，就难以说教育问题真正出现了。尽管从旁观者的角度或事后来看，教育名义下的某种理想与现状的差别确实存在，甚至这个差别的直接面对者为此苦恼和不满，但如果没有以语言的形式表示出来，此时就不能说教育问题正式确立了。有一种说法叫作发现问题，其实这个说法在暗示，即便存在但没有被表达的问题就不是完整的问题。以疑问为形式，这同时意味着教育问题可以很复杂。教育问题不仅可以在内容上很复杂，而且内容与形式的相对独立增加了它复杂的可能性和层级。

第三，教育问题的产生途径是思维。由于问题在实质内容上需要以理想和期待的存在为前提，且需要对理想与现状的差别进行语言上的表达，所以教育问题的产生途径从根本上可以确定为思维。没有思维，就没有理想和期待，也没有对现状的感知，更不可能确定理想与现状的差别和把这种差别表达为疑问的形式。在最为一般的意义上，思维是一种综合的认识加工过程，是借助于语言工具对事物的各种认识进行的概括加工活动。从根本上说，没有思维的人不会提出问题，思维水平高的人才能提出高水平的问题。

当对教育问题的内涵做出上述三个方面的解读之后，教育问题的一些核心属性就非常明显了。总体而言，教育问题自身具有客观基础性、主观建构性、社会规约性及总体上的动态复杂性。所谓教育问题的客观基础性主要是指教育问题在根本上不能不以客观的条件和现状为基础，纯主观的感受和想象不会确立教育问题的实质内容。所以，即便是教育认识上或理论上的问题，也需要以已有的认识或理论为基础。所谓教育问题的主观建构性主要是指教育问题从根本上源于提问者的思维活动，这个过程有非常强烈的个性化特征，必然体现出个人的思维创造性。教育问题因提问者的思维活动水平而或具象或抽象，或单一或概括，或直接或间接，或功利或超越。但是，教育问题并不是主观随意的，这和所有思维活动成果一样都要受到必要的规约。所谓教育问题的社会规约性，主要体现在教育问题在确立过程中要受到超越提问者本身的审视，这种社会性的审视主要包括：客观基础是否牢靠，主观建构是否合理，语言表述是否清晰准确，等等。总体上来看，教育问题的世界是不断变化的，因而是充满复杂性的，动态性、层次性和多样性是其复杂性的根本表现。现状在不断改变，理想在不断调整，思维和语言可以不断地升级和创新，作为结果的教育问题因此越来越多样化，越来越呈现出和自然世界一样甚至更高的复杂性。

面对充满复杂性的教育问题世界，如果教育研究过于偏重那些有明确实际性和直接有用性的问题，就容易出现失衡和单一的问题，容易被人为隔断多样化教育问题之间的有益联系。例如，教育实际性问题研究可以从教育理想性问题研究中得到目标和思路上的启迪，教育理想性问题研究可以从教育实际性问题研究中得到现状的定位。

(三)应对实用化风险的教育学原理研究

在大力提倡以问题为中心来进行教育研究的背景下，在加强教育研究关注实际问题和有用问题的过程中，反向考虑如何避免可能出现的实用化风险是非常必要的。实用化风险的最根本危险是教育研究的散碎性和单薄性，这就决定了应对风险的基本思路是加强教育研究的整体性和厚重性。哲学家巴迪欧在描述这个世界时说，这个世界本质上已经是一个特殊化和破碎的世界，破碎是为了回应事物的无数分支技术构造的需要，回应生产机器的需要，回应工资分配的需要，回应功能的技术多样性的需要。这个观点深刻地指出世界多样性必然带来的是世界的特殊化和破碎，面对这种特殊化和破碎必须做出普遍化的努力。在此背景下，教育学原理研究作为问题式教育研究实用化风险的普遍化应对方式需要得到根本的思考和审视。

教育学原理研究是应对问题式教育研究实用化风险的不二选择，这主要是由教育问题内在的层级性决定的。应对问题式教育研究的实用化风险，根本的做法就是加强对非直观实际的和非直接有用的教育问题进行研究，并以此统合和深化可能散碎和单薄的教育问题研究。在这个思路中，针对深入性和普遍性教育问题的教育学原理研究成了需要特别关注和思考的研究领域。这里特别提出教育学原理研究，还有一个直接的原因，问题式教育研究产生的一个重要背景是理论思辨型教育研究弊端的出现，而这种理论思辨型教育研究在传统上主要归属于教育学原理领域。现在需要思考的是：如何理解教育学原理研究的基本内涵，如何看待教育学原理研究与问题式教育研究的关系，如何理解教育学原理研究的必要性以及如何组织高品质的教育学原理研究。

在内涵上，教育学原理研究是对教育普遍特征和教育世界机制的研究。在现行的国家学科分类中，教育学原理是一个二级学科，从属于教育学一级学科。原理在《辞海》中解释为：通常指科学的某一领域或门类中具有普遍意义的基本规律。[1] 在这个解释中，普遍、基本和规律是三个核心的词汇。在对教育学原理学科性质和基本问题的研究中，有研究提出属于原理的教育学原理学科"通过经验世界本身来确立新的基本假设，运用分析的方法揭示出现象的普遍特征，它是建立于原理(原则)基础之上的演绎推理体系"[2]。在这个说法中，普遍成为特征的限定词，普遍特征成为教育学原理研究最终成果的定位。从根本上说，教育的普遍特征就是教育世界要素及其内在关系层面的核心特征，其实质为教育世界机制的特征化反应。因此，可以说教育学原理研究是对教育普遍特征的研究，也是对教育世界机制的研究。

从与当代问题式教育研究的对比来看，教育学原理研究是对普遍而基本的抽象教育问题的研究。在对教育学原理研究的主题定位中，问题和主义的区分是特别容易应用的一个思维框架，教育学原理研究在这个框架中明显构成了主义研究的典型代表。关于主义式教育研究，有研究做过一个较深入的分析，提出了主义式的学科取向教育研究在这些说法中的定位，"理论思维以概念范畴的形式来把握实践"，"理论总是抽象的，它必然不可能完全反映具体鲜活的教育实践"，"脱离教育实践的'学科建构'只能是空中楼阁，形式精美、体系严谨，但却毫无意义"，"应立足问题建构主义，立足主义解决问题"。[3] 在这个研究中，问题与主义共同构成了教育研究非常重要的研究对象。但是，这里有一个问题需要进一步思考：教育理论研究或教育学原理研究是否要从问题出发？这里的问题是否包括理论问题？在著名的问题与主义之争中，主义被理解为对主张的抽象，而问题被理解为一个个现实的问题。[4] 然而，胡适等人对问题和主义的这种理解需要一定的历史反思，毕竟深受实用主义影响的观点容易突出问题的现实实用性。从问题本身的内涵来说，教育问题有从实践到理论、从个性到共性、从具体到抽象、从现实到理念的类别之分。金生鈜特别强调：

① 陈至立. 辞海[M]. 7版. 上海：上海辞书出版社，2020：5424.

② 齐梅，柳海民. 教育学原理学科的科学性质与基本问题[J]. 教育研究，2006(2)：28-32.

③ 张海波，杨兆山. "问题"与"主义"：论教育研究前提的合理性[J]. 国家教育行政学院学报，2016(2)：46-50.

④ 胡适. 问题与主义[M]. 北京：北京大学出版社，2013：3-6.

教育的问题，不仅仅是针对现实中的问题情境，它还有可能纯粹地针对一个理性上值得探究的议题，针对一些错误的观念，或者是针对概念上的可能性存在。[①]从教育问题的内涵要素来说，教育问题的现状因素本身可以分为直观与理论的现状，教育问题的理想因素本身可以相应分为直观与理论的理想，而人的思维本身可以实现从个性到共性、从具体到抽象的加工。因此，理论性教育问题的存在是必然的。在问题与主义之争中，胡适等人把问题与主义作为对立的概念，这主要是建立在现实和实用的问题观之上的。实际上，这两者的对立可以看作具体问题与普遍问题的对立、实践问题与学理问题的对立、个性问题与共性问题的对立。从这个角度来看，教育学原理研究是一种特殊的问题式研究，只是它研究的问题是普遍而基本的抽象教育问题。这类问题有时需要从具体教育问题中提取出来，有时可以从已有的教育理论研究中承接过来。

从必要性来说，教育学原理研究的发展主要出自"一揽子"理解和解决具体教育问题的框架建设需要。为何要对普遍而基本的抽象教育问题进行研究？这是教育学原理研究的必要性问题。在对理论产生的人类历史考察中，陈嘉映从亚里士多德的人"天生求理解"的本性观出发，从人类理解世界的方式演变来考察理论的发展，他提出理论历史发展的一个基本方向是从解释表面的现实到解释现实背后的普遍机制。[②]在这个视角下，抽象概念和数字运算都不过是获得世界普遍机制的不同途径，两者在目的上没有区别。如陈嘉映所论，"抽象出共同点"是一种获得普遍性的方式。[③]研究教育问题离不开理解教育问题，理解教育问题不能停留在就事论事之上，否则繁多的具体教育问题会让教育研究者无法招架。在这种情形下，对教育问题进行普遍化、抽象化和基本化的处理必不可少。在这种处理过程中，各种专门的概念与数量都可以成为一种工具和手段，处理出的抽象教育问题形式因此不可避免地含有概念及其体系。那些直接从已有教育理论研究中承接的抽象教育问题具有概念化的特征。因此，教育学原理研究因为教育问题普遍化、抽象化和基本化而存在，也因为所研究的教育问题必须经过概念化加工而包含很多概念。蓝志先在回应胡适的

---

① 金生鈜. 教育研究的逻辑[M]. 北京：教育科学出版社，2015：62.
② 陈嘉映. 无法还原的象[M]. 北京：华夏出版社，2005：93-112.
③ 陈嘉映. 无法还原的象[M]. 北京：华夏出版社，2005：101.

文章中，特别提到了具体问题需要抽象的观点，他认为：故问题的范围愈大，那抽象性亦愈增加。[1]

从研究方式来看，教育学原理研究特别需要努力保障所用概念对教育世界机制的表征。传统的教育学原理研究容易出现内容空洞和自说自话的问题，其中最为核心的原因是所用概念对教育世界机制的游离。教育学原理研究针对普遍而基本的抽象教育问题，这些问题在最为根本的层次上来源于对具体问题的抽象。在这个前提下，高品质的教育学原理研究特别需要保障抽象教育问题的质量，特别需要做到表述抽象问题所用的概念能够表征现实教育世界的机制性问题。这个方面的努力具体可以分两种情况。一种情况是抽象教育问题需要从具体教育问题中摄取出来。在这种情况中，教育学原理研究者需要分析同类问题的共性特征，进而借助已有理论确定作为关键要素和机制的概念和概念系统，最终使用这些概念来表述抽象化的问题。在这个过程中，找出作为要素和机制的概念和概念系统是非常关键的环节。另一种情况是抽象教育问题来源于已有教育学原理研究。在这种情况下，教育学原理研究者特别要注意对已有研究中的抽象教育问题进行还原，从而去检验此前的教育理论研究者是否使用了合适的概念和概念系统，以及去判断这个抽象化问题是否根植于教育世界的机制之中。

三、教育学概念创新的问题与机制[2]

虽然不少人不那么满意教育学理论对教育实践的实际指导作用，但是很多人还是积极投入使用教育学名词为自身的教育实践描述和命名的过程。能够让自身的教育实践获得一个响亮的教育学名词，已经成为很多教育实践者期待的效果和努力追求的方向。在这样的背景下，教育学领域的研究者甚至整体表现出极大的名词创造热情，从而使教育学领域呈现出了持续而火热的名词浪潮。面对这个热潮，有为之狂热的，当然也有冷眼旁观的。这个现象和趋势是不是教育学发展的应有之义，这

---

① 胡适. 问题与主义[M]. 北京：北京大学出版社，2013：10.

② 本标题下的主要内容以《在教育学名词热潮背后：论教育学概念的创新》为题与宋兵波联名发表于《教育研究与实验》2018年第3期，此处呈现的内容是本书作者个人独立完成的部分，收入本书时有改动。

是教育学研究者需要认真思考的问题。回答这个问题需要从分析教育学名词浪潮的疑问之声开始。

(一)教育学名词、概念繁多之问

学术界对名词、概念过多和沉迷于名词、概念的警示具有一定程度的学科普遍性，很多领域出现了对名词、概念过多或沉迷于名词、概念的批判之声。早在1961年，管理学家孔茨就发表了《管理理论的丛林》一文，指出了多样化的管理理论已经构成了难以理解、令人沮丧、无法洞穿、让人迷惑和破坏性的丛林状态。虽然他在此并没有直接说出管理学名词或概念众多，但是这里的理论丛林已经包含了管理学的概念繁多之义。当然，概念丛林的提法在管理学中后来还是被直接提出来了，有研究直接提出企业社会责任的相关概念形成了概念丛林①。学术界明确提出名词、概念过多或沉迷于名词、概念问题的还有文艺批评和学风评论领域，主要的言论有：新时期文学批评使人眼花缭乱的现象之一，就是大量新名词、新概念的出现②；学术不是玩弄概念，不是纯逻辑推演③；社会学界似乎颇为流行使用一些花里胡哨的概念④。这些言论虽然并不一定以精确的量化研究为依据，但是在各自学术领域长期研究的学者足以凭借自己的研究阅历，去表达出对名词、概念过多和沉迷于名词、概念的忧虑和不满。

在教育学领域，对教育学名词、概念的警醒和疑问很早就出现了，既包括与其他学术领域存在共性的声音，又包括一些特有的指向。在1994年，教育学者肖宗六就写出了《请慎用新名词》一文，提出："现在教育报刊上出现了不少新名词，用来表述某种教育思想或教育方法……问题是有些表述既不严谨，也不科学，甚至滥用概念，这就不值得提倡。"⑤由此可以看出，教育学领域出现名词热潮或浪潮已经很有一段时间了，同时这些新生的名词被认为不科学和被滥用的问题较早就开始了，甚至可以认为两者是相伴随的。在反思教育研究学风时，劳凯声关注到了名词、概念热潮的问题，并认为这正是不良教育研究学风的一个主要表现，具体指出："一些学者

① 李卫阳，肖红军. 走出"丛林"：企业社会责任的新探索[M]. 北京：经济管理出版社，2012：48.
② 石明. 在新名词浪潮的背后[J]. 文学自由谈，1987(5)：122-125.
③ 陈先达. 学术不玩弄概念[N]. 北京日报，2014-09-22(20).
④ 王水雄. 学术研究岂能"创造"冗余概念[N]. 中国社会科学报，2015-03-23(A04).
⑤ 肖宗六. 请慎用新名词[J]. 江西教育科研，1994(5)：16-17.

过于注重学术包装，似乎只有'创造'一些新词汇、新概念，才能体现学术的深度和思想的深邃……字眼越来越生僻，概念越来越抽象，语言越来越晦涩，文章越来越难懂。"①这个研究比较突出地展示了教育学名词、概念热潮产生的一个内在原因，即教育学研究者对创造和学术深度的追求。教育学领域出现名词、概念热潮和滥用的现象得到越来越多学者的重视，学者从不同的角度提出了自己的问题。

在教育学领域对名词、概念热潮和滥用现象的关注中，不同的学者从不同的角度出发设定了不同的问题，并由此提出了不同的批评。概括起来，教育学领域提出的名词、概念之问主要有三个方面：泛滥丛生、虚空主观和原创缺失。

第一，教育学名词、概念泛滥丛生。在教育学的世界中，一个变化是名词、概念越来越多，而且它们之间的关系越来越难以厘清，形成了孔茨此前使用丛林来描述的状态。就国内教育学状况来看，素质教育、快乐教育、阳光教育、生本教育、幸福教育、生命教育、生命化教育、爱的教育、公民意识教育、生态教育等系列教育思想体系名词、概念层出不穷，教师专业化、管理人本化、教学主体化、德育生活化、校园智能化等系列教育具体事务发展取向名词、概念屡见不鲜，核心素养、创新能力、学会生存、人文素养、生活价值观、批判性思维等系列培养目标名词、概念让人眼花缭乱。这些教育学名词、概念不仅数量繁多，而且它们之间的关系比较难以厘清，如生命教育、生命化教育和生本教育之间就同时存在共识和交锋。石中英把教育学领域的这种现象称为"教育概念的丛林"，用"满天飞"来表达这种现象的核心特征，用"浪费"和"遮蔽"来指出这种现象可能带来的主要问题。② 确实，繁多的教育学名词、概念形成了剪不断理还乱的丛林状态，让人经常难以理解甚至产生不能洞穿的迷惑感。

第二，教育学名词、概念虚空主观。在面对名词、概念浪潮时，其他学科一些研究者明确提出名词、概念虚空和玩弄名词概念的问题，这样的问题也被教育学领域的研究者提出来了。劳凯声批评教育学研究存在概念抽象和热衷于创造概念的学风问题，其后果就是"学术研究脱离现实问题"③。这个观点从学风的角度直接表达出

---

① 劳凯声. 教育研究的问题意识[J]. 教育研究，2014(8)：4-14.
② 石中英. 穿越教育概念的丛林[J]. 北京教育(普教版)，2017(6)：20-21.
③ 劳凯声. 教育研究的问题意识[J]. 教育研究，2014(8)：4-14.

教育学名词、概念的虚空玩弄问题，虚空问题的根本表现就是脱离现实，而玩弄问题的实质则是根据主观意志来操纵。有研究在对教育学理论体系的检省中，彻底地认为，"教育学对绝大多数概念都处于熟知而非真知的状态，教育学中的'概念'体系只是一种理论幻象"[①]。能够得出这个结论的根本依据是众多教育学概念界定混乱，同一个概念在不同的研究中界定不同，甚至有些界定还非常空泛浅显。

第三，教育学名词、概念原创缺失。教育学被其他学科占领的问题，一直以来是教育学研究者心中的痛处，至少从赫尔巴特开始就明确提出了这个问题。可是，教育学名词、概念热潮依然没有避免这个问题，无论是那些教育思想体系的名词、概念还是事务发展取向或培养目标的名词、概念大多有明显的外学科特征。幸福、生态、生命、公民等概念有明显的哲学、伦理学、生态学、心理学和政治学根源，智能化、人本化、供给侧等概念有明显的信息技术、经济学和管理学等学科根源。仔细分析起来，成为热潮的教育学名词、概念确实从其他学科挪用和借用居多，而真正的原创新概念非常少。在这个问题上，陈桂生先生说得非常直接："教育学不是只把堪为其理论基础的学科中某些概念、命题，作为不证自明的'公理'，借以解释某种教育现象，而是'代替'别的学科去'证明'那些在别的学科中已经证明了的命题。"[②]还有文章尖锐地指出当代教育学研究的大问题都不是"整词儿"，而是"借词儿"，因而得出当代教育学"靠'借词儿'度日"的观点。[③]

需要承认，教育学名词、概念很快地增多是一个事实，至于是否已经成为浪潮和热潮可能有不同的意见。相对于之前比较慢的名词、概念的生成状态，把现在的状况称为热潮不能算是一个明显的问题。在热潮中，教育名词、概念中杂乱、交缠、虚空、主观以及原创不足的现象难以否认，似乎这里概括出的三个方面的问题是确定无疑的。自然而然，让教育学名词、概念整齐规范、立足现实、加强原创是需要努力的方向，确实不少教育学研究正在这么做。既然存在这些问题，似乎让教育学名词、概念热潮降温应该是实现教育学健康发展的一个目标。然而，这样并不是面

① 杨开城. 教育学的坏理论研究之一：教育学的核心概念体系[J]. 现代远程教育研究，2013(5)：11-18.

② 陈桂生. 教育学的建构[M]. 上海：华东师范大学出版社，1998：41.

③ 穆澄然. 靠"借词儿"度日的教育学[J]. 教育科学研究，2016(8)：1.

对这个现象的唯一思路，教育学名词、概念领域到底是否需要直接地把泛滥丛生、虚空主观和原创缺失当作需要解决的问题，应该是需要探索的问题。无论怎么说，教育学理论的发展本身必然会反映出名词、概念的增多，在增多中出现的一些交织杂乱和外借挪用现象不能自然而然地当作缺陷。总之，在努力解决问题之前，这里需要对怎么看教育学概念创新做出探讨，为这个领域的探讨增加背景认识。

(二)教育学概念创新的应然之义与时代特征

虽然思想中有名实之争，但是语言的功能作用并非都得到认可。在现实世界的很多领域，轻视语言的现象和倾向还是经常存在的。在我国传统文化中，虽然既有唇枪舌剑和舌战群雄的词语，又有名不正则言不顺的古语，但是很多领域的实际使用取向还是从根本上将语言作为现实存在的依附和反映。从根本上说，人类确实是语言的创造者和使用者，语言由此可以看成人的本质力量的对象化。但是，这只是语言与人关系的一个方面。语言一经创造出来，人就开始在思维和交流中受其很大影响，甚至可以称为受其塑造。从根本上来说，没有合适的语言作为载体和工具，思维就很难真实地发生和运转，也很难取得创新的结果。同样，在交流领域中，没有合适的语言作为载体，交流能否发生以及达成何种程度都是问号了。所以，从这个角度来说，语言作为对象化的本质力量反过来影响人现实的本质建构。话语实践的思想在分析哲学家和后现代主义哲学家的推动下取得了对人类语言本体性的深刻认识，其中一个核心的观点就是话语能够建构世界的七个方面：意义、活动、身份、关系、名利分配、联系、符号系统与知识。[①] 可以说，这七个方面已经涵盖了世界的主要领域和层次。

在日常生活中，人们一般会将教育学名词和教育学概念合用或相互替代，这种做法在一定程度上反映了语言使用的日常化状态。确实，语言在日常使用中比较遵循整体相似性的粗略原则，不会那么强调精细的差异。由于很多教育学概念看起来是名词，所以不少文章在谈教育学名词时涵盖了教育学概念，在讨论教育学概念时经常拿出的例子多是大家熟悉的教育学名词。在一定程度上，正是这种教育学概念的日常化状况，让一些研究者认为很多教育学概念根本不能构成概念，只能算是术

---

① 吉．话语分析导论：理论与方法[M]．杨炳钧，译．重庆：重庆大学出版社，2011：11-14.

语的层次。① 这样的状况意味着对教育学名词或概念的探讨应该坚持专业的视角和眼光，应该细致地分析认识，否则最终真可能没有多少专业性了。

在教育学领域中，教育学概念或教育概念是规范的说法，教育学名词则较为日常化。在专门探讨教育学概念分析方式的研究中，石中英虽然没有给出具体的教育学概念定义，却直接从概念作为思想的工具、材料和结果三个方面来诠释概念的意义。② 当然，精确地理解教育学概念，还需要具体的解读。一般来说，概念本身的理解都是放在逻辑学中的，都是从其与思维的关系的角度来进行解读的。但是，这样的做法会产生一个疑问：概念与词语有什么关系？这个问题还可以进一步分解为：概念是词语或名词吗？名词或词语一定是概念吗？事实上，关注教育学名词、概念问题的不少文章并没有对此给予回答，甚至对教育学概念本身没有给予正面的解读。顾名思义，教育学概念是教育学领域中的概念，对其解释要从界定概念本身的含义入手。在逻辑学中，概念是最为基本的思维成分。一般来说，概念经常被给予的逻辑学界定是"反映事物及其本质属性的思维形态"③。这样的一个定义确实指出了概念的实质，概念就是一种思维，用来反映事物及其本质属性。但是，如果只在这个层面来理解概念应该是有问题的。即便使用一个标准的语句来实现对事物和本质属性思维的反映，也不能说这是概念。对概念的界定一定包括概念的形式规定性，即"语词是概念的语言形式"④。综合这两个方面可以看出，完整的概念理解包括形式和实质两个方面，概念的形式是语词，概念的实质是事物及其根本属性思维的反映。以此为基础，教育学概念可以界定为在教育学领域中使用语词形式来反映事物及其根本属性的思维，教育学概念的实质是教育学领域中反映事物和根本属性的思维，教育学概念的形式是反映这些思维的语词。

教育学概念的增减从根本上受制于教育学领域中反映事物及其根本属性的思维增减情况，在具体形式上受制于人们是否选择和接受使用新旧语词来反映思维增加

---

① 杨开城. 教育学的坏理论研究之一：教育学的核心概念体系[J]. 现代远程教育研究，2013(5)：11-18.

② 石中英. 教育学研究中的概念分析[J]. 北京师范大学学报(社会科学版)，2009(3)：29-38.

③ 陈爱华. 逻辑学引论[M]. 南京：东南大学出版社，2013：15.

④ 陈爱华. 逻辑学引论[M]. 南京：东南大学出版社，2013：16.

的状况。根据这个框架，教育学概念在长期的历史发展中不断增多的基本趋势具有了历史的必然性。一方面，教育学领域中的思维在不断增多，对事物及其根本属性的理解在不断丰富，这些增多的思维需要以概念的形式存在，这就从根本上决定了教育学概念具有不断增多的必然性；另一方面，教育学领域中的已有语词需要根据增多的思维情况做出调整，其中必然的一种调整方式是创造出新的词语。之前，一些批评教育学概念泛滥的声音指出不少所谓新的概念本身就是旧概念的应然含义之一，因而创造新概念本身就是多余的事情。但是，这些批评的声音没有注意到，语词的世界并不只遵循唯实的规则，很多同义的语词本身可以同时存在并需要同时存在。就拿快乐教育这个概念来说，虽然反对这个概念的人认为教育本身就是快乐的，但是要意识到：之前的教育并没有让快乐的特征突出，强调快乐教育的思维和行动如果还仅以教育这个词来指称，本身就含义泛泛而没有新意，既不利于思维又不利于交流。在语词的世界中，语词本身的准确、精致、富有色彩和韵味都是非常重要的追求，并不能只以意义的实在为唯一标准。教育学概念不断丰富的历史必然性可以在学术发展的一般道路中，在思想史的本体思考中得到印证。在分析学术发展和学术概念的内在关系中，有研究比较深刻地指出："学术发展既是一种稳固模态，更是一个递进、跃动过程。"[1]学术概念是跃动、迁移的，所以对它的研究或描述就应当摒弃凝固化思维。与时俱进的学术发展必然带来学术概念的跃动和迁移。在思想史领域，概念史研究是一种新的思想本体观和研究方法论，这种思想的根本观念有"概念是对意义的聚集，这种意义是历史过程中人们的认知、思想和观念的体现和凝聚"，"看起来某个概念一直在被人们使用，或者在同一个时期被不同的人们所使用，但其含义却并非始终如一，可能已经发生了很大的变化"。[2] 概念史研究的代表人物之一斯金纳这样阐述基于概念的世界观：我们的概念构成了我们在努力理解中带给这个世界的一部分东西。这个过程带来的不断改变的概念化构成了观念争论的内容，因此去遗憾或去否定概念变化持续发生是没有意义的。[3] 这个观点在表达概念必然变化的同时，指出了概念在理解中改变影响世界的功能。

---

①　郑东. 学术概念的特质与学术发展的动能[J]. 河北学刊，2005(2)：27-30.

②　李宏图. 概念史与历史的选择[J]. 史学理论研究，2012(1)：4-7.

③　SKINNER Q. Rhetoric and conceptual change[J]. Redescriptions，1999(1)：60-73.

概念在历史发展中是必然变化发展的，教育学概念因而具有不断丰富的历史必然性。但是，这里并没有说明白教育学概念为何形成了热潮，而且没有解释清楚教育学领域为什么汇聚其他学科概念。当代教育学概念的热潮和教育学领域中其他学科概念的汇聚，有三个方面的主要原因。

第一，当代教育实践的革新。与教育学概念创新状况有关的教育实践革新主要有两个方面的情况值得关注：一是教育实践已经进行了很多方面的革新，二是教育实践迫切需要革新。谢维和在关注当代教育学概念创新和转型时特别指出，教育学概念体系需要适应教育实践的变化而与时俱进地改变自己，需要建构新的概念框架去"分析和解释教育活动的变化"和"说明在教育改革与发展中出现的各种新现象与问题"。[①] 这个观点提出了一个根本的思路，虽然是一种比较偏重实际的思维：教育学概念的热潮从根本上来源于教育事物的时代变革与创新，教育实践的革新一方面创造出了更多和更多样的教育事物，另一方面创造出了教育事物的更多属性及其相互的关系，对这些现象以及由此引发的问题的说明和思考都需要反映在教育学概念层面上。即便有些新的教育事物以及新出现的教育事物根本属性可以放在旧的教育学概念中，但是这种做法肯定不适合所有的教育实践革新，很多教育学概念的语词会因为反映过多的内容而出现虚浮和模糊化的问题。

第二，当代教育思维的迸发。与物理世界相比，教育世界是人类创造的世界，人文性是教育的属性。对人文性可以有很多理解，但归根到底都可以归结为对人的培养和树立。[②] 但是，有一个方面需要特别注意：虽然教育是人创造的人文性领域，但是教育本身具有很强的工具属性和地位，人文领域对人培养的目的主要来源于哲学、历史、艺术、政治学、文学、语言学等学科，教育是为实现这种培养目标而存在的。此外，人类建构教育世界不同于建构其他完全的精神性世界，对人的培养在过程上离不开人作为自然存在、生命存在和社会存在的基础与逻辑，这些方面构成了创造教育实践手段的制约和依靠。尽管教育学从赫尔巴特起就要避免成为被占领的领域，但是教育学在目的和手段上对其他学科的敞开性使教育学从根本上要接受

---

① 谢维和. 论教育理论发展的时代特点：教育概念体系的创新与转型[J]. 北京大学教育评论，2003
(2)：15-18，72.

② 吴国盛. 技术与人文[J]. 北京社会科学，2001(2)：90-97.

其他学科发展的影响。教育学的根本价值不是去拒绝其他学科的影响和渗透，而是把其他学科的思维成果转化为建构教育实践的目的和手段。在思想开放的时代，与建构教育世界相关的各种学科思维都在迸发式发展，教育学思维一方面要吸纳这些思维进展，另一方面还要创造出转化这些思维的教育学思维。这就是当代教育思维迸发的必然根源，也是当代教育思维和教育学概念吸纳其他学科思维和概念的根本原因。

第三，当代教育学话语实践的加速。福柯的话语实践思想给出了一个根本的启示，概念、知识、科学、主体在根本上来源于话语空间中的实践，而话语空间则是"由实际陈述(口头的和书面的)的整体在它们的散落和在各自所特有的层次上构成的"①。简言之，这个思想可以理解为概念实际形成于语言的现实应用。就教育学概念来说，能够助推其形成热潮的一个根本条件是当代教育学话语实践的加速。无论是在教育实践领域还是教育研究领域，人们通过语言进行的相互交流因为新的媒介平台而加速，有关教育思维的各种表达形式在加速的相互语言交流应用中得到确认、变形、消解或转换。这构成了当代教育学概念能够形成热潮的过程性条件，在这个过程中各种教育学概念创新的设想可以快速地得到确认、转换或消解。在这个过程没有加速的背景下，一个教育学概念的创新需要在较慢的话语实践中逐渐得到检验，当前这个过程已经大大缩短了时间。

(三)教育学概念创新的核心机制与立场

面对当代教育学概念的创新热潮，不少人的态度立场是谨慎的，有时甚至是反对的。在批评教育学泛滥或玩弄概念中，合理的地方有不少，确实有一些教育学概念的创新来源于游戏或求名的心态。但是，如果以过于唯实的态度来看待教育学概念的创新就明显出现了偏差，因为教育学概念是名实之名的存在，思维与语言本身的逻辑原则才是教育学概念的核心原则。因此，教育学概念创新的状况需要在明确教育学概念创新的核心机制中确定规则，进而明确看待教育学概念创新的基本立场。

从思维层面上说，概念是宏大思想体系的基础成分和工具，不断变化的教育事物及其根本属性的宏大思想是教育学概念创新的内在基础。从基本定义来说，教育

---

① 福柯. 知识考古学[M]. 谢强，马月，译. 北京：生活·读书·新知三联书店，1998：31.

学概念在实质上是反映出来的教育事物及其根本属性的思维，但这种思维并不是孤立存在的。教育学概念存在于一个能够自成体系的认识框架中，只有这个体系化的认识框架才能真正为单个教育学概念中的思维提供背景、支撑和广泛内涵。例如，教师专业化的概念存在于教育专业化的整体思维体系之中，这个体系为教师专业化提供了教育机构专业化的时代背景、教育专业知识和能力发展的支撑、教师专业自主的广泛内涵。虽然这个体系可大可小，但它是单个教育学概念所不可缺少的。正如社会学者米尔斯指出的那样，概念密集的一般社会学理论在概念中既要有语义意义又要有句法意义，这里的语义意义就是概念自身指代的意义，而句法意义则是概念关系中体现的意义。① 整体来说，教育学概念的创新在思维层面既需要自身具有实质意义，又需要被一个体系化的认识框架体系支撑。

在已有教育学概念意义更新中，家族相似是核心的机制和原则。批评教育学不科学和不严谨的人经常举出的一类事实是教育学核心概念是多义的，这些定义不仅非常多样化而且存在明显的分歧。这种状况甚至最直接反映在教育这个概念之上。在清理教育定义的过程中，学者索尔蒂斯认为寻找真正的教育定义只能"纯粹是口味的偏好"②。这种状况是否说明教育学不能构成一门有价值的学问呢？当然不能这么简单地认为。事实上，这种状况反映的是教育学概念意义更新而形成的多样化。就教育学领域来说，由于基本的要素不会经常变化，教育学思想的创新经常不是去改变这些基本的要素和结构，而是通过不断更新原有概念的定义而实现认识理解上的提升。从思路来说，教育学概念的意义更新是"旧瓶"装"新酒"的过程，"新酒"值得被"旧瓶"装的根本理由就是新的定义和概念的原有定义实现了家族相似。哲学家维特根斯坦在对日常语言的分析中提出了语言游戏的理念，并创造性地提出了同一概念的不同意义不具有共同性，而具有家族相似性，即具有家族成员之间的各式各样的相似性。③ 可以说，家族相似解释了教育学概念在保持语词不变的情况下如何更新的问题，即新版本的意义只要与原有某种意义之间具有相似性就可以成为这个概念

① 米尔斯. 社会学的想象力[M]. 陈强，张永强，译. 2版. 北京：生活·读书·新知三联书店，2005：35.
② 瞿葆奎. 教育学文集：第1卷 教育与教育学[M]. 北京：人民教育出版社，1993：36.
③ 维特根斯坦. 哲学研究[M]. 陈嘉映，译. 上海：上海人民出版社，2001：49.

语词的新成员。

在全新教育学概念的创新中，命名的社会性确认与隐喻是核心的机制。平克是当代非常关注思想与语言关系的学者，他在名著《思想本质：语言是洞察人类天性之窗》中提出了两个核心观点，"概念隐喻为人们指明了一种最显而易见的方法，人们据此可以学会如何推理出一个全新的、抽象的概念"[①]，"任何一个人名或事物名称都是先由人类历史上某个时期的某个人物凭空杜撰出来，并在随后被语言社团接受并流传开来的"[②]。这些说法实质上揭示了新概念创新的核心机制手段和环节，隐喻与命名的社会性确认构成了全新教育学概念创新的核心机制内涵。隐喻是最为普遍的语言生产机制，其根本的原理就是基于相似性的形象思维。语言的本质是符号，但是语言的符号不是自然的信号，而主要是基于人类的思考和建构来将符号的表层语词与内在意义相联系的。新概念的产生就是基于相似性原则找出内在意义与原有意义之间具有某种相似性的其他领域语词概念，然后或直接或组合改造后就创造出了新概念。比如，教育学中的教师专业化，这个概念的创造和教师与医生、工程师等专业的相似性密切相关。可以说，隐喻是相似性原则和思维在语言生产中的一种应用。此外，概念作为一种语言存在，本身虽然是建构的产物，但不是个人随意建构的产物。对概念来说，社会性认可才是最终能够成立的标准。无论什么样的新生教育学概念，都要经历从个体使用到社会性认可的过程。没有代表社会的群体性认可，个体意向中全新的教育学概念顶多发挥支持个人思维的作用，绝不能实现概念的交流和话语建构功能。比如，生命教育最终能够作为一个确定的教育学概念，就是因为被代表社会的教育群体越来越广泛地接纳，从而实现了教育学概念应有的交流和话语建构功能。

整体上看，教育学概念已经形成了一个具有相对自在性的世界。首先，教育学概念形成了宏大的世界。虽然有研究认为教育学没有多少严格的概念，但这种观点只就严格坚持科学化概念标准而言。事实上，教育学概念本身非常多，范围非常广

---

① 平克. 思想本质：语言是洞察人类天性之窗[M]. 张旭红，梅德明，译. 杭州：浙江人民出版社，2015：275.

② 平克. 思想本质：语言是洞察人类天性之窗[M]. 张旭红，梅德明，译. 杭州：浙江人民出版社，2015：327.

泛，任何一个教育学分支都对应一个相当广阔的概念群落。从坚持教育学概念的基本标准出发，一个语词和其所反映的思维就构成了一个概念，指代不同的思维意义的一个语词事实上也可以看成一个相对独立的概念。这样看来，教育学概念就更多了，"教育"之名下有一个概念群。其次，教育学概念世界在动态变化中。教育学和其他学科的内在关系及教育学在其中的定位，让教育学成为一个"加工装配"型学术领域。教育学领域的这种性质决定了教育学需要向其他学科领域广泛开放，其他领域的很多概念需要进入教育学研究领域。这是教育学概念世界动态变化的一个根源。再次，教育学领域是思维活跃、话语实践热烈的领域，这种情况决定了教育学概念领域快速的新陈代谢：有些概念会稍纵即逝，有些概念在不断蜕变中恒久存在。最后，教育学概念世界具有自在的运行规则。虽然总体来说教育学领域是人类建构的领域，但是这不是人类随意建构的世界。相对于人类个体的主观性，教育学概念世界的自在性表现在三个方面：一是个人不能决定教育学概念的生灭，二是教育学概念要遵循超越个人的语言运行逻辑，三是教育学概念的变化既要立足于现实教育实践的发展又要受其他学科的影响。这些推动了教育学概念世界形成一个具有自身规则的生态世界。

面对具有自身规则的教育学概念世界，一个比较合适的立场就是坚持生态化的立场，即以对待和培育生态系统的立场来对待它。具体说来，这个立场包括四个方面。

第一，承认动态多样性。当代教育学概念的动态多样性已经是不能否定的现实，让教育学退回到只有几个核心概念的状态，或让每个概念的语词只有一个确定的含义，都是不可能实现的。同样，教育学领域对其他学科概念的吸纳是必然的，即使抵制也基本上是无望的。这些都是消极角度的说法。从积极角度来说，教育学概念代表着教育学思维，也代表着教育实践认识和发展的支撑体系，教育学思维需要越来越多样化，教育实践同样需要多元、多样的发展。在这个背景下，教育学概念世界具有旺盛活力的一个根本表现就是动态多样性，这是时代发展的基本状况。

第二，实施"穿越"策略。动态多样性的教育学概念世界会给思考教育和推动教育发展的人带来混乱和迷茫，这是不能否认的现实。面对这样的问题，石中英提出了一个非常重要的策略选择，是"穿越"而不是"修剪"。针对"穿越"，他提出，"穿越教育概念的丛林，找到教育改革创新的正确方向"，"要用更多的时间和精力去寻找和解决真正的教育问题"。① "穿越"的策略就是带着目标来面对教育学概念世界可能的混乱，要带着目标来处理这种局面。事实上，纷繁复杂的教育学概念世界虽然会带来前进的阻碍，但也会带来更多的选择和可能。有很多教育问题在整齐划一的教育学概念体系中不一定能够解决，但是看起来纷乱的教育学概念可能带来希望。面对教育学概念丛林，带着目标和追求"穿越"过去，不失为一种良策。

第三，发挥内在机制的规范作用。承认教育学概念世界的动态多样性，并不意味着教育学概念可以随意创新，也不意味着任何教育学概念都是值得欢迎的。从教育学概念创新的核心机制来看，教育学概念的创新来源于内在机制的自身原则，这主要包括：教育学概念的创新要具有根源于合理认识框架的关于教育事物及其根本属性的思维；在已有概念中调整新的意义需要符合家族相似的原则；基于隐喻而来的全新教育学概念需要符合隐喻的逻辑，要接受社会性认可的检验。这些机制性原则在现实中的规范作用是非常明显的，教育学概念虽多却不是可以随意创新的。

第四，推动进化。面对动态发展的教育学概念世界，推动它的整体发展是非常必要的。如何建设出能推动教育实践发展的概念体系平台，如何能够为教育发展提供具有说明、解释、规范、指导等作用的教育学概念，应该构成教育学研究者推动教育学概念世界建设的最终目标。教育学研究者介入教育学概念世界建设的一个基本做法是在遵循教育学与概念世界内在规则的基础上积极推动进化。具体来说，教育学研究者可以丰富和加深对教育事物及其根本属性的思维和认识，可以根据家族相似、隐喻的原则机制提出教育学概念创新建议，可以通过积极介入教育话语实践来介入对教育学概念的社会性认可过程。

---

① 石中英. 穿越教育概念的丛林[J]. 北京教育（普教版），2017(6)：20-21.

四、教育事件研究方法的逻辑探索①

尽管关于教育特殊性和具体性的认识在不断增加，但是教育知识的主体部分还是针对普遍教育对象的一般原则和原理，这种状况越来越引发致力于在活动过程中认识和改进具体教育事物的人士的不满。在认识和改进具体教育事物的过程中，人们经常会发现普遍性教育知识很难涵盖具体教育事物的活动性、细致性和特殊性，而且如果强行应用这些知识还将导致认识和改进活动在深刻性和重点性上的不足。由此，越来越多的教育界同人开始关注具体的教育事物，通过加强对具体教育事物的研究来提升对其认识和改进的能力。然而，专注具体教育事物的研究并不是一件容易的事情，时常会出现随便性和表浅性的问题。对具体教育事物的研究不是怎么都行的随便研究，也不是就事论事地探究一番，这样既可能淡化研究的价值又可能造成散碎的局面。为了深入探索具体教育事物的研究方法问题，探讨以教育事件为研究对象的研究方法逻辑问题是比较重要的学术工作。

（一）教育事件研究的内涵与价值定位

面对改进行为活动的任务和使命，人们经常求助于经验积淀和理论指导。但是，这两个方面各有一些问题难以克服，经验积淀在时间上常常缓慢且容易使人出现主观偏差，而理论指导又使人经常出现大而无当的空泛感。所以，人们一直在积极探索具有直接性和针对性的改进方式。

在直接地认识和改进具体行为活动的探索中，关键事件技术是一种探索时间较长并且应用较为广泛的方式。根据关键事件技术核心开发者富莱纳根所述，源于20世纪40年代飞行心理实践项目的关键事件技术被他进行了社会科学研究化改造，由此提出关键事件技术包括一套收集对人类行为直接观察结果的程序，以这种方式推进其在解决实际问题和开发广泛心理原则方面的可能应用。② 从此开始，这种方式被不断开发、完善并在社会事务多个领域中使用，在这些社会事务的认识和改进中发

---

① 本标题下的内容以《教育事件的研究方法论：察知逻辑与推测逻辑》为题发表于《教育研究》2022年第5期，收入本书时有改动。

② FLANAGAN J C. The critical incident technique[J]. Psychological bulletin，1954(4)：327-358.

挥了重要的作用。例如，在服务研究领域，有研究者在关键事件技术应用的综述中指出：服务研究者已经发现关键事件技术是一个非常有价值的工具，由关键事件技术提出的分析方式经常产生比很多其他质性方式更严格限定的有用信息。[①] 从对关键事件技术的这些解释和应用回顾中可以发现，关键事件技术已经在认识和改进具体行为活动中发挥了有益的作用。关键事件技术的独特作用之处就是能够紧紧地关注那些包含核心因素的鲜活具体事例，从而既有利于聚焦研究目的，又能实现不让研究过于泛化的效果。虽然这类研究的实施者注意到，关键事件技术作为一种研究方式并不意外地面临着信度、效度、取样问题、事件选择偏差和分析解释模糊性等方面的质疑，但是立足于现实事件的关键事件技术在研究方式上有一些不可轻易被取代的优势。

在教育领域中，针对教育事件的专门研究与改进在国内外研究界早已出现。在国外学者中，特里普对关键教学事件进行的研究在这个方面很有影响，此研究最终的目的是发展教师的专业判断力。在叙述实施这个主题研究的动机时，特里普提出，对克服公众糟糕印象和取得自身工作专业地位的教师专业发展来说，仅仅通过工作经验来一般性或评价性反思技术专业能力是不够的，他们应该能够应用专业针对性的知识和能力去学术性地识别、描述、理解和解释自身的实践，去通过解说这些诊断来形成增进工作对象完满存在的专家级专业判断力。[②] 从这些表述来看，这个立场的相对独特之处在于特里普深刻地提到作为教师专业深层能力的判断力，把教学中的关键事件研究与专业判断力发展联系在一起，从而明显地体现出这种研究和改进方式的独特性。国内教育界有不少以教育事件为核心对象的研究，其中的一些典型实践或观点有：上海市长宁区从 2005 年实施探索了基于关键教育事件的教师行动智慧提升研究，并认为："关键教育事件研究实际上是一种对教学细节进行放大的研究"[③]；"教育研究是一个'复杂性'范畴"，"教育研究似乎就不能单单只注重教育的诸性质中的一个方面——规律，而更应关注——教育情境中的事件"[④]；"教育活动是由

① GREMLER D D. The critical incident technique in service research[J]. Journal of service research，2004(1)：65-89.

② TRIPP D. Critical incidents in teaching：developing professional judgement[M]. New York：Routledge，2012：7.

③ 汤立宏. 关注关键教育事件 优化教师教育教学行为[J]. 中小学管理，2006(12)：30-32.

④ 刘剑玲，文雪. 关注教育事件：教育研究的复杂性思考[J]. 上海教育科研，2005(1)：8-11.

教育事件构成的"，"教育事件是教师认识教育的本质和规律、生成教育机智和教育智慧的主要途径"①。根据这些表述，可以看出国内教育界对教育事件的关注主要出于两种原因：一是教育事件的细节性和具体性，二是教育事件具备的根本地位。相对来说，出于细节性和具体性的原因而关注教育事件是常见的传统思路，出于教育事件的根本地位而关注它则体现了教育世界根本理解方式的变化。事实上，教育界对教育事件的研究还时而采用个案研究的名义，单个的教育事件确实属于一种类型的个案。主要从事教育领域个案研究方法探索的斯泰克，在自己很有影响的案例研究方法著作中明确提出了对个案的界定：个案是一个具体而复杂的功能性事情。②尽管很多个案研究者承认个案可以是相对庞大的超过一般事件的系统，但是一个完整的教育事件作为个案是没有问题的。因此，教育领域的个案研究探索本身可以看作以个案研究为名的教育事件研究，而此处的教育事件研究方法探索可以视为对教育个案研究新思路的探索。

由于教育界内外在事件研究方面存在认识和行动的多样性，教育事件研究需要在内涵和价值方面得到综合化的澄清和整合，以期能形成合理而整体的教育事件研究基本理解。对理解教育事件研究来说，界定事件是一件比较困难的工作。关注事件的不同领域都对事件进行了比较个性化的理解，如哲学、社会科学和教育学等领域，这些典型的事件内涵理解包括：一个给定事件场的事件是多样化存在的，一方面是场所元素，另一方面是事件自身，事件介于空和自身之间，可以被说成一种超一(相对于情境)③；关键事件这一术语来源于历史，其主要是指在人物、机构或社会现象中标志重大转折或变化的事件或情境，关键事件主要是对日常事件的直接解释，这些日常事件发生在日常专业实践中，其能够成为关键是出于它们能够反映深层趋势、动机和结构的意义④；事件是指任何可观察的人类活动，其自身足以允许对实施行动的人做出推理和预测，一个事件能够成为关键，其必须发生在行动的目标或意

---

① 韩大林. 教育事件·教育机智·教育智慧[J]. 湖南师范大学教育科学学报，2009(4)：70-72.

② STAKE R E. The art of case study research[M]. Thousand Oaks：SAGE Publications，1995：2.

③ 巴迪欧思想体系中的空来自数学中的空集，其根本含义主要是多元性存在的可能空间，是开放的和新存在的起点；超一在内涵上主要是对可以划归为一类或一种的多元存在的超出。

④ TRIPP D. Critical incidents in teaching：developing professional judgement[M]. New York：Routledge，2012：24-25.

图对观察者来说足够清晰的情况下，事件的结果在效果方面足够确定[①]；事件是在显现和创造运动中存在的绝对且普遍的差异、矛盾及生成，具有本体论意义[②]。归纳起来，主要有三种典型的事件理解思路，对应哲学、历史学和社会科学三个领域。非常明显，这三种思路对事件或关键事件的理解存在三个核心立场上的认识理解差异：事件是普通的人类活动还是具有重大表征意义的人类活动，事件是否需要以可被观察为门槛，事件是显现常规的深层存在还是预示着对常规的根本超越。面对这些立场分歧，传统的简便做法就是选择其中一个立场甚至再提出一个完全不同的立场。当然，这种做法事实上并没有超越这些分歧，而是投身到分歧之中。此时，一个值得追求的做法是构建超越分歧的整体框架，把有分歧的合理成分纳入其中。这些分歧实质上反映了事件的多样性和层次性存在，这种存在框架可以比较清晰地表达为：事件在基础上是在日常中出现的人类活动，其作为事件被关注则是因为可以具有很大的意义；事件具有可被观察的直接方面，也具有超越被直接观察的现实方面；事件本身既可以映射深层的现实存在，又可以映射根本的生成变化，两者是可以独立和共在的可能性。因此，对事件可以做一个简洁的定义：事件是人们为代表或理解相关事物深层存在或生成变化而选定的人类活动。根据这个界定，教育事件研究可以理解为：通过对可能具有重大表征意义，在主体上可被观察的特定主题性教育活动进行探索，来获取对教育深层存在或生成变化的揭示。

教育事件对于认识和改造教育世界的重要意义可以从事化的思维内涵中得到深入而具体的阐释，其在总体上凸显了教育世界的活动性、过程性和生成性特质。在对事化思想的历史唯物主义内涵阐释中，徐瑜霞指出作为主体性基本维度的事化过程就是"在社会劳动与交换关系中塑造的普遍之'人'"。[③] 从这个认识出发可以进一步认为，现实的世界在根本上既可以视为人的世界和物的世界，又可以视为事的世界，因此对现实世界的理解和改进可以从人、物或事的维度来展开。相对于其他两种维度，从事的维度对世界展开认识和改进具有对人之主体性因素和物之客观性因素进行有机整合的特别优势，即从事的维度展开的认识和改进活动具有突出的活动性、

---

① FLANAGAN J C. The critical incident technique[J]. Psychological bulletin，1954(4)：327-358.
② 肖绍明."朝向事件本身"的教育研究[J]. 高等教育研究，2020(5)：10-17.
③ 徐瑜霞."事"中成己：主体性建构与物象化的内在性反思[J]. 哲学研究，2021(6)：23-32.

过程性和生成性特征。正是在这些认识和理解之上，结合已明确的事件内涵，教育事件研究的特别价值在此可以明确为察知现实和推测未来两个类型。与教育事件研究比较相关或类似的教育个案研究所具有的局限性不时得到研究者的揭示，如有研究就特别指出"个案说到底只是研究者用来窥探其自身与个案都安放于其中的那个世界的一个窗口"①。确实，对个案化的人、物或事进行的研究不能轻易反映世界或教育世界的整体性、全体性或完整性方面，但对个案化的事进行研究所得到的对世界或教育世界的活动性、过程性和生成性方面的认识具有不可轻易取代的价值。因此，教育事件研究所具有的察知现实和推测未来两种特别价值应该得到特别重视和应用。

在对事件进行特别关注的研究方式的探索和升级过程中，社会职业领域内不断发展的关键事件技术是一种类型的价值诉求代表，关键事件技术的发展从根本上源自对具体性和精要性的追寻，即体现察知现实方面的追求。对这个方面基本逻辑的理解可以从分析普遍理论的缺陷入手，米尔斯在对宏大理论的批判中就明确表达了普遍理论的常规缺陷。在对宏大理论的分析中，米尔斯认为宏大理论的核心问题是过于一般化的思维模式和概念上的空洞迷恋造成了无法回落到对现实的察知上来。②这样的宏大理论状态从根本上决定了它们不能在非常具体的问题上有实质性的认识和行动价值，对具体问题的认识和行动改进需要在具体的层面上实现精要的把握。这种思路的价值诉求既是关键事件技术发展的原因，又是一些研究试图通过对教学关键事件的分析来提升教师专业判断力的价值目标。

对事件进行关注从根本上来源于对未来发展的敏感和欢迎，即满足推测未来的需求。在这个方面，一个代表性思路是哲学和系统论中有关生成和运动的思想。随着对世界和自身认识的深入，人们越来越倾向于以复杂性和生成性的系统观来理解世界和事物的存在，这种观念的核心是认为世界和事物具有复杂的构成并处于不断生成的过程之中。在有组织的复杂世界和事物中，新特性和新属性的涌现是系统内整体与部分有机关系方面的基本效应，其基本原理模式是：系统一旦形成，涌现就

---

① 吴康宁. 个案究竟是什么：兼谈个案研究不能承受之重[J]. 教育研究，2020(11)：4-10.
② 米尔斯. 社会学的想象力[M]. 陈强，张永强，译. 2版. 北京：生活·读书·新知三联书店，2005：35-36.

以原进程中断的方式突然出现，它具有事件的秉性。[①] 因此，可以说一个新的事件可能就是一个新的系统性生成，这个新型的系统性负载着相对于原有状态的新特性和新属性。对此类事件的聚焦可以由此追寻事物的变化和未来，可以实现对事物进行超越已有状态即常态的预见性认识。这种事件研究的价值思路有一个基本观念前提，即在特性和属性上都能不断变化的事物并不会固守一成不变的普遍性规律和法则。

概括而言，教育事件研究可以具有两个层面上的价值追求：一是追求超越普遍认识的具体性和精要性，二是追寻超越常态的变化性和未来性。根据价值取向和行动逻辑之间的根本对应关系，教育事件研究的双层价值定位思路决定了其具有两个层面的研究路径，一种路径是对应超越普遍认识的察知逻辑，另一种路径是对应超出常态的推测逻辑。

（二）基于察知逻辑的教育事件研究方法论概要

深入探索人类实践活动的布迪厄曾感慨说："谈论实践不是一件容易的事。"[②]发出这样的感慨，一个根本的原因是人类实践活动的变化性，而且这种变化性是并不完全遵循理论逻辑的变化性。在同一问题上，亚里士多德早就提出："实践的逻各斯只能是粗略的、不很精确的。"[③]在探索教育实践的核心属性时，笔者曾认为教育实践最具活力领域的主要属性是自由性和情境性，对两者可以做出这样的理解：自由性代表着教育实践主体的精神主导性，情境性代表着教育实践状态的即时转换。但是，这样的观点只能说明对教育实践进行认识和研究比较困难，绝非就此说明教育实践活动不可研究。人类社会和教育领域中积累了越来越丰富的实践活动认识和理解，对实践和教育实践的把握水平由此得到了根本的提升，原来无法把握的方面和元素得到了把握，如人们看到了教育实践主体在有限理性水平上的思维方式。概括来说，对作为教育实践活动重要组成或代表的教育事件进行察知，至少这些方面可以作为认识基础：人类社会对实践者和教育实践者的人性状态、决策逻辑和心理因素积累了越来越深入的理解，人类社会对实践和教育实践的技术、方法和技巧积累了越来越丰富的认识，人类社会对实践和教育实践的环境因素及其与人类行动之关系积累

---

①　莫兰. 方法：天然之天性[M]. 吴泓缈，冯学俊，译. 北京：北京大学出版社，2002：101.
②　布迪厄. 实践感[M]. 蒋梓骅，译. 南京：译林出版社，2003：124.
③　亚里士多德. 尼各马可伦理学[M]. 廖申白，译. 北京：商务印书馆，2003：38.

了越来越根本的把握。从途径来看，实现教育事件察知的基础积累很多样，既有敏锐的体悟又有高位而深刻的推理，还有细致、严谨的经验研究。关于察知逻辑下的教育事件研究方法论，可以从教育事件察知研究的内涵与基础、对象限定、主记录建立与加工处理、分析层次与主要操作程序四个方面来明确。

1. 教育事件察知研究的内涵与基础

从基本含义来说，察知是观察了解，也就是通过观察来认识。这样的认识方式的核心就是从具体存在的事物出发，通过对具体事物的观察来得出直接认识，然后与更大背景下的更普遍性认识进行比较分析，从而获得更多认识。所以，对具体事物进行完整察知的前提条件有：对事物进行直接的认识，具有相对应的背景认识。内格特对事件察知予以最为根本的重视，认为事件察知认识法以走出特殊简明点、获得一般性关联反思为目标，定位定向的思维是具体思维方式，具体思维方式是关联式思维方式[①]，要以评判态度面对可认知的世界，并为此提供行动导向和判断力[②]。内格特对事件察知理解的总体逻辑可以被这样进一步阐释：对具体事件进行察知就是建立起事件的特殊性和普遍性认识之间的关联，这种关联的主要功能是对事件进行定位定向，个人在此过程中获得的是行动方向和判断力的提升。进一步说，对事件进行察知的过程就是对事件进行定位的过程，也是对事件进行判断的过程。当然，为对具体事件进行察知而实施的判断是在普遍性规则前提下的判断，属于康德所论的规定性的判断力。在对判断力的分类中，康德把这种给定普遍规则或知识前提的判断力称为规定性判断力[③]。在此基础上，教育事件研究方法论的察知逻辑可以理解为根据普遍规则或普遍性知识前提对特定教育事件进行定位和判断的逻辑。

具体到教育事件层面上，能够用于定位和判断教育事件的普遍原则或知识前提在现有状态下是很多样的，它们共同构成了察知教育事件的基础框架。在教育领域，可以为教育事件认识提供普遍原则或知识前提的基础主要有：教育方法和技术的原则或知识、教育实践活动的普遍事理(元素和关系)、教育实践主体意识和教育实践伦理价值的普遍认同、教育实践所处社会时代的普遍原理和原则。虽然这些方面都

---

① 内格特. 政治的人：作为生活方式的民主[M]. 郭力，译. 桂林：漓江出版社，2015：138.
② 内格特. 政治的人：作为生活方式的民主[M]. 郭力，译. 桂林：漓江出版社，2015：174.
③ 康德. 判断力批判[M]. 邓晓芒，译. 北京：人民出版社，2002：13-14.

在不断发展，状态不够完善，但是很多教育事件的发生并没有出离这些普遍原则或知识前提的范围，它们由此还能构成察知教育事件的基础。

2. 教育事件察知研究的对象限定

通过对教育事件的察知来获得认识，需要对教育事件本身有一定的要求，只有那些能成为教育事件的对象以及可以被察知的对象才是教育事件察知研究适合的对象。因此，教育事件察知的对象有两个基本标准：一是教育事件的完整性；二是教育事件的可察知性，即教育事件的主导属性处于已掌握的普遍性认识范畴中。在理解教育事件的完整性上，斯泰克提出的作为人类活动的个案定义可以作为核心的参考。斯泰克在理解个案时，特别提出了个案的具体性和边界性，并认为个案就是一个有边界的系统和一个整合的系统。[①] 参照这个观点，作为察知研究对象的教育事件必须是具有明确主题和明确边界的系统性教育活动。教育事件察知研究需要在普遍性中认识特定性或具体性，因此教育事件察知研究的对象要求不能出离现有普遍性认识范畴。前面提出的教育事件察知基础的四个方面从根本上提供了教育事件可察知性的范围，但是以此来把握教育事件是否可以察知还有点过于宏观和宽泛。从察知所需要的基本概念体系来看，可以提出一个教育事件是否具有可察知性的操作性标准：可以察知的教育事件是可以明确社会性命名的教育事件。能够被社会性命名就表明这个事件很大程度上在现有的分类体系中已得到定位，其最为主要的原因是其核心特性和属性具有已知的确定性。这意味着越拥有确定的核心特性和属性，或核心特性和属性的确定性越能为社会所认可，教育事件就越可以作为察知的对象。

3. 教育事件察知研究的主记录建立与加工处理

科恩等人在经验、推理和研究的区分中，提出研究是一种具有严密性的真理探寻活动。[②] 从经验和推理性认识方式经常会出现的对象游离或模糊状况来看，进行严密性的研究活动特别需要为对象建立一个确定性的记录，这是对研究对象的固定。通过建立研究对象的记录，研究对象一方面被以研究需要的方式确定下来，另一方面为研究的后续工作提供顺利展开的前提条件。按照卡斯皮肯的理解，研究对象的

---

① STAKE R E. The art of case study research[M]. Thousand Oaks：SAGE Publications，1995：2.

② COHEN L，MANION L，MORRISON K. Research methods in education[M]. 6th ed. New York：Routledge，2007：6.

主记录就是一种关于发生了什么的大规模言论,这种言论来源于任何观察者和参与者在理想情况下的报告。[①] 排除卡斯皮肯本身坚持的质性研究特殊性之后,他对主记录的理解可以转变为:能够为研究类型所接受的对研究对象是什么的尽可能充分的记录。在尽可能充分方面,卡斯皮肯比较坚持多方面的获得途径,即通过较多的观察者和参与者来得到,最终的标准是达到数据或信息的饱和。

对主记录所涉及的研究对象是什么和什么是研究类型所接受的这两个方面进行深入追问,研究者就可以把探讨带进研究方法论的本体论和认识论层次。关于研究对象是什么的问题,不同的本体论会给予不同的回答。按照孔德的考察,实证主义之前的神学哲学和形而上学分别把超自然因素和抽象物作为最为确切的存在,而实证主义认为最为确切的存在则是可观察的现象和事实。孔德的这个观点表明了不同研究方法论背后的本体论和认识论内涵,反映了不同研究方法论关于研究对象是什么和什么是研究类型所接受的这两个方面的内在回答逻辑。如果把不同的研究方法比作不同的机器或生命,不同的机器或生命所需要的原材料或食物就存在形式或层面上的差异。杜威深入考察了现代科学研究在对象定位上的不同,他认为现代实验科学关于实在的理解已经从对象(object)转变到素材(data)。[②] 杜威的这个观点非常具有启发性,自然科学研究和人文社会研究都在历史发展中逐渐实现了研究对象的微观化或成分化,原来只在完整对象层面的研究逐渐转移到对元素或成分层面的研究。所以,有研究提出关键事件技术的改进措施之一,就是使用精确的统计方法或解释方法来代替以往的内容分析。[③] 这实质上对应着在事件研究的主记录建立方式和加工处理方式上的转变。教育事件察知研究的主记录内容主要有三个方面:事理层面的要素、可确定的现象和事实、相关主体的语言文本。

不同类型的教育事件研究主记录内容与配套建立方式决定了不同的加工处理方式。如果只是从一般事理要素上建立教育事件主记录,那么随后的加工处理方式就只能是内容分析,如分析教育事件的操作程序、内容、原因、效果、感受、意思和

---

① CARSPECKEN P F. Critical ethnography in educational research: a theoretical and practical guide[M]. New York: Routledge, 1996: 87-88.

② 杜威. 确定性的寻求:关于知行关系的研究[M]. 傅统先,译. 上海:上海人民出版社,2004:96.

③ GREMLER D D. The critical incident technique in service research[J]. Journal of service research, 2004(1): 65-89.

归因等。如果是以可确定的客观现象和事实为主来建立教育事件主记录，那么随后的加工处理方式就可以采用量化的统计学方法。但是，对人文社会性突出的教育事件来说，通过言语文本的方式来建立教育事件主记录是应该采用的方式。这种方式通过收集很多观察者和参与者的描述和解说来构建教育事件相关内容和意义的记录，随后可以采用的加工处理方式就可以定为语义和语用分析，这是解释取向的加工处理方式。

4. 教育事件察知研究的分析层次与主要操作程序

在明确教育事件察知的基础以及加工处理方式类型之后，关于教育事件察知的层次就可以在总体上明确下来了。在对教学中关键事件的分析中，特里普提出的四种判断力和四个分析层次可以作为主要的参考观点。特里普提出专业性教学工作需要四种判断力以及相应的教学关键事件的四种分析层次，它们是：实践、诊断、反思与批判。① 借用这个框架，可以把教育事件察知研究的分析分为四个主要层次，主要包括：技术操作层、活动事理层、认同与道德层、社会原理原则层。在技术操作层的分析中，教育事件察知研究主要是定位已有的行为活动处于什么阶段和位置；在活动事理层中，教育事件察知研究主要是定位教育活动内在的构成元素及其相互关系的完整性和合理性；在认同与道德层中，教育事件察知研究主要是定位教育事件主体的身份认同状况及行为的道德性水平；在社会原理原则层中，教育事件察知研究主要是定位教育事件的社会意义和社会合理性。

虽然操作程序看似是研究方法的最核心成分，但是操作程序对研究方法论探讨来说并没有那么紧要，毕竟操作程序的重要性在很大程度上已经被研究逻辑、研究基础、主记录建立和加工处理等方面限定或取代了。总体来说，教育事件察知研究的操作程序完全可以借鉴传统的关键事件技术的主要程序，具体包括：总目标确定、计划与方案具体化、收集材料、分析材料、解说与报告。② 参照具体的观点，其中的每一步基本内容可以相应解读为：总目标确定环节主要进行根本目标的定位、论证与条理化；计划与方案具体化环节主要进行研究对象的确定、材料收集方案的确定；

---

① TRIPP D. Critical incidents in teaching：developing professional judgement[M]. New York：Routledge，2012：27.

② FLANAGAN J C. The critical incident technique[J]. Psychological bulletin，1954(4)：327-358.

收集材料环节主要使用访谈和观察等手段完成研究所需材料的收集；分析材料环节主要包括对材料进行多个层次的加工处理并得出结论，在分析中特别强调对目标教育事件的主导属性是否为普遍性进行确认，如得不到确认则可转移到推测逻辑研究中；解说与报告环节主要是对研究活动进行解说并写出报告。

（三）基于推测逻辑的教育事件研究方法论概要

对教育事件进行察知研究的一个基本前提是其主题或主导属性对应的普遍性基础或框架已经存在，这种普遍性可能是普遍的知识，也可能是普遍的原则。但是，这个前提未必一直存在，在结束察知之前教育事件能否真正实现察知并不可定。

具体来看，教育事件不存在察知所依赖的普遍性前提和基础有三种典型的情况或根源。一是已确立的普遍性被颠覆。在人类认识的历史上，曾被确定为普遍性的知识或原则但后来被推翻的情况比比皆是，孔德在论证实证精神中就否认了神学哲学和形而上学哲学奠定的普遍性，而后现代主义哲学家宣称了"哲学的终结"。事实上，教育领域的很多普遍性认识和原则是依仗特定的哲学思想或普遍观念而建立的，如果作为基础的这些哲学思想或普遍观念被触动了，那么其所支撑的教育普遍性就岌岌可危了。例如，如果认同复杂性世界的基本观念，那么教育界以简单性世界信念为中心逻辑而建构的普遍性知识和原则就不能成为察知教育事件的基础了。二是关于教育的普遍性认识在发展中，而且很多领域还没有真正确立普遍性的知识或原则。这样的情况在教育界非常普遍，可以说每一个被认为在教育普遍性方面填补空白的进展都反过来昭示着那个方面曾经缺失相应的普遍性认识。例如，在教育领域话语分析原则和方法没有确立之前，教育世界中的话语使用事件就缺少进行察知的核心知识基础。同样，教育政策的制定过程可以被称为"黑箱"，在这个"黑箱"还没有被普遍"打开"之前，对应这个环节的各种教育事件就缺少察知的普遍性基础。三是教育世界在建构和生成中，其普遍性因而也在建构和生成中。在对人类特性和发展史的考察中，赫拉利指出人类虚构的能力是推动人类社会发展的核心基础，能够设想未来为人类社会提供了目标和共同的意识基础。[①] 这样的道理在教育领域一样成立：教育领域是人类建构的世界，建构这个世界的逻辑并不是完全依从客观世界的

---

① 赫拉利. 人类简史：从动物到上帝[M]. 林俊宏，译. 北京：中信出版社，2014：25-26.

逻辑，而融入了人们的想象与期待。因此，教育世界作为人类社会建构的成果本身总是处于不断发展中，新的创造和建构总是不断出现。而且，这些创造和建构并不总是理性化的产物，中间包含了太多的偶然性、非理性和无序性。有学校尝试把监测注意力状况的人工智能技术系统用在课堂中的学生身上，这本身就是一个建构，而这个建构所主要对应的普遍性教育认识却是缺失的。新技术革命成果用在教育领域中的普遍性认识或原则缺失使这个领域难以成为教育事件察知的领域。

事实上，康德在分析判断力时就指出了没有普遍性存在的反思性判断问题，特别是只能依靠先验的合目的性原则进行的判断只能归结为审美判断或鉴赏判断。[①] 可以说，对教育事件的研究需要探索这样一种审美或鉴赏型的风格，这种审美或鉴赏风格的教育事件研究指向教育未来发展的推测性认识，这促成了基于推测逻辑的教育事件研究方法。为了比较起来方便，这个逻辑层次的教育事件研究方法可以从教育事件推测逻辑研究的实质和基础、对象限定、主记录建立与加工处理、分析与操作要点四个方面去阐明。

1. 教育事件推测逻辑研究的实质和基础

贝弗里奇曾说，具有天赋研究能力的旷世奇才不会得益于研究方法的指导。[②] 这样说的一个根本原因是这些旷世奇才主要探索的方向是前人未入的领域，研究的是前人未涉的对象，而任何已有的研究方法都是与特定对象相关联的。可以说，越是使用系统的研究方法，其研究的生产性就越强，而同时研究的开创性就越弱。谈及研究方法，很多人首先想到的是程序，但这只是方法的一个内涵维度。有研究者曾对研究方法的多个方法含义进行整理后提出：方法概念应是对科学认识中普遍使用的各种程序、途径、手段和原则的概括总结。实际上，各种方法大体可以分为两大类，指令性方法和启发性方法。[③] 这个观点可以说打开了对研究方法的新理解空间，由此可以认为，在教育事件研究中存在不同于察知这种刚性逻辑的启发性方法。在实质上，这种教育事件的启发性研究方法逻辑在根本上就是推测逻辑。推测在基本含义上是根据已知来想象未知，当然这个已知一定是远远小于或少于未知。所以，

① 康德. 判断力批判[M]. 邓晓芒，译. 北京：人民出版社，2002：27.
② 贝弗里奇. 科学研究的艺术[M]. 陈捷，译. 北京：科学出版社，1979：X.
③ 韩增禄. "方法"概念初探[J]. 自然辩证法研究，1986(4)：33-40.

这个研究逻辑完全不同于依靠普遍性的察知，它主要是通过特殊性来推测对应的普遍性然后去定位特殊性。贝弗里奇认为推测型科学家的方法是运用想象和直觉来得到解决方法，然后凭借实验和观察对自己的假说加以检验。① 如果进一步完善一下，教育事件的推测逻辑是基于对教育事件主导化特殊性或异质性的认识，以想象性认识和创造性设想为主导方式来获得假设性认识，最后对假设性认识进行可能的检验。

可以说，教育事件推测研究必须具有一个根本的实质基础，即在主体上具有明显特殊性或具有突出特性的教育事件出现了。如斯泰克所言，之所以使用艺术来指称自己对个案采用的研究方式，主要是因为个案研究是对单一个案的特殊性和复杂性进行的研究。② 当然，斯泰克后来展示的程序化研究环节还是很大限度地遵循了紧紧围绕个案特殊性和复杂性的原则。教育事件推测研究必须以具有明显特殊性或具有突出特性的教育事件为对象，这背后有一个根本的逻辑，这个逻辑可以在前面所引述的复杂性思想中得到解释：世界是变化着的复杂性世界，世界在变化中不断生成，而事件就是一个具体的变化，通过富有新特性和新性质的事件来窥见（即见微知著地探索）变化中的世界是一个根本的途径。因此，可以说教育事件研究的推测逻辑是一种窥见的逻辑，也是对新教育普遍性尝试性建构并由此对教育事件进行这个层面察知的逻辑。

2. 教育事件推测研究的对象限定

与察知逻辑研究一样，教育事件推测逻辑研究的对象是一个事理性要素完整的教育事件，是一个完整的、有边界的、有明确主题的系统活动。除此之外，教育事件推测逻辑研究的对象是在主导属性上不属于已知确定性范围的教育事件，即教育事件在核心上一定有突出的特殊性或异质性。在一定程度上可以说，在主题、事理要素、人际关系、行为方式等方面特殊性或异质性越鲜明、越深刻的教育事件，就越能够成为教育事件推测研究的对象。当然，这些都是教育事件推测研究对象限定的根本标准，除此之外还有一个最为具体的把握标准。在一定程度上可以说，教育事件越具有突出的特殊性或异质性，就越不可说。巴迪欧把突破常态的事件核心特

① 贝弗里奇. 科学研究的艺术[M]. 陈捷，译. 北京：科学出版社，1979：164.
② STAKE R E. The art of case study research[M]. Thousand Oaks：SAGE Publications，1995：xi.

征归纳为不可判定和不可区分，即对常态的超越。可以说，正是这种处于核心的不可判定和不可区分特征代表这类事件的独有价值，正是这类事件的存在决定事件的研究不能只放在既定框架下去察知。在巴迪欧看来，产生事件的三类情境是在根本层面上存在选择、距离和例外的情境，这都代表一种创造。这种教育事件研究对象的不可言说只是在开始阶段，可以说对其研究的过程是使其被社会化言说的过程。

3. 教育事件推测研究的主记录建立与加工处理

虽然教育事件推测研究要研究具有核心特殊性或异质性的教育事件，而且这类教育事件的核心特殊性或异质性使对其的言说都无法完全遵守常规，必须进行创造和生成，但是教育事件的推测研究还是要尽可能建立对其最为主要的记录。不可言说的事情如何记录？那就需要多补充艺术化的材料、方式和精神了。克罗齐认为：艺术即直觉。[①] 在他的思想体系中，直觉是通过想象得到的个体事物的意象。作为直觉的艺术与概念相对，这就决定了艺术方式构成了教育事件推测研究主记录建立的主体方式。当然，对艺术的理解不能狭隘，艺术不是摒弃一切技术和工具的活动，而是以艺术的精神调用已有技术和工具的活动。比如，书法艺术就使用了各种工具笔，现代影视艺术就调用了各种影视技术设备。所以，事理要素、可确定的现象和事实、语言文本都是可以收集的对象，此外还有影像资料和视听艺术作品。但需要注意的是，对这些对象收集方式的使用实质上是调用。这就意味着教育事件推测研究的主记录建立方式一定要以对教育事件特殊性或异质性的直觉或意象记录为主导，凡是能够有助于记录和表现这种直觉和意象的方式都可以作为备用。举例来说，对使用摄像技术记录和分析学生注意力的教育事件进行推测研究，由于这个教育事件的特殊性和异质性是新式技术和装备对学生注意力状况的摄入，这个教育事件的主记录需要紧紧围绕新式技术和装备对学生注意力状况摄入的特殊性和异质性，因此可以采用摄像、录像、再现性艺术表达等各种方式记录观察者和参与者对此事件的各种感受和反应。

由于教育事件推测研究需要处理通过直觉表现出的教育事件的特殊性或异质性意象，所以这种教育事件研究的具体加工方式主要包括感受、想象、鉴赏、命名、

---

① 克罗齐. 美学原理·美学纲要[M]. 朱光潜，等译. 北京：人民文学出版社，1983：172.

分析、推理、假设等。在这些加工方式中，感受、想象和鉴赏要紧紧抓住由教育事件的多种特殊性或异质性意象构成的艺术性内涵，命名、分析、推理和假设主要负责对特殊性或异质性的普遍性进行尝试性建构。可以说，教育事件推测研究就是通过捕捉忠诚于教育事件本身的特殊性或异质性，进而实现对普遍性的更新或构建。在这个过程中，捕捉原来不在已有普遍性视野中的特殊性或异质性教育事件就成了这种教育事件研究的主要功能特性。

4. 教育事件推测研究的分析与操作要点

在对全新事件的认识上，巴迪欧提出了事件哲学的基本理念。在从单一事件到关于多的真理的发展轨迹中，巴迪欧强调了命名和力迫的操作，以及忠诚与期待的态度。在这个逻辑中，命名主要是对具有特异性的事件建立确定性的认识起点，而力迫主要是通过预测新普遍性来使事件得到说明。基于这样的思路，对教育事件的推测研究需要包含对目标教育事件的鉴赏性认识、确定特异性和触发已有普遍性三个核心任务。因此，教育事件推测研究的操作特别需要包含对目标教育事件的鉴赏、确定目标教育事件的特异性、以目标教育事件的特异性触发已有的普遍性三个核心操作，总体可以沿着这样的步骤：总目标确定、研究计划与方案设定、收集对象材料与鉴赏性认识、确定特异性（如无主导的特异性则转移到察知逻辑研究中）、推测性分析建构（核心操作为预测新普遍性）、解说与报告。可以说，正是这三个核心研究任务和核心操作构成了教育事件推测逻辑研究的主要特殊之处，特别是触发已有普遍性这一阶段让这个研究逻辑与以往的多种个案研究逻辑有了核心的区别，即教育实践的推测研究强调使用教育事件的特异性去触发所属教育领域的各种已有普遍性模式的新属性。

这里以应用人工智能设备监测学生注意力状况的事件为例来说明这类研究的整体过程：①确定应用人工智能设备监测学生注意力状况是探索教育装备的应用原理和底线的总目标；②确定对此事件所涉相关主体能给出的语言文本、视频图片、再现性艺术表达进行推测性探索的总体实施方案；③收集相关材料，开始对此事件中的人工智能设备直观特征、师生的直观反应和后续感受、师生的实际行为等方面进行鉴赏性认识（注重直接性、直觉性和情感性的认识）；④在对此事件积累的各种鉴赏性认识中，确定此事件不同寻常的主导特异性，如智能化表情监测设备对学生心理的深度侵入性和后续影响；⑤推测教育装备应用活动的新原理和底线，如教育装备在学生心理层面展开直接和精细使用，教育装备需要保障师生心理世界中生命体的安全性，等等；⑥对整个研究过程和内容进行详细解说并形成报告。总体上看，教育事件推测研究在核心操作环节设置上主要强调了贴合事件本身、创造性思考和想象性建构等倾向，使整个研究展现出强烈的艺术性。

/ 结　语　实践价值视野下的教育理论发展 /

一

马克思主义思想理论让我们深入认识到理论与实践之间的辩证关系。在今天，如果再说"教育理论脱离实践"，越来越多的人可能不会同意。具有不同意见的人经常有两种主要类型，一类是教育理论研究者，一类是教育实践工作者。具体来看，有些教育理论研究者之所以会不认同"教育理论脱离实践"，主要是因为当代的教育理论太多样了，情况肯定不同。如果说教育哲学理论脱离教育实践还不会招致太多教育理论研究者有力反对的话，那么广义的教育技术理论研究者肯定会觉得冤枉。在教育实践工作者方面，反对的原因多是他们已经从教育理论学习中受益。因此，再只是简单批判教育理论脱离教育实践已经不合时宜了。对这个问题的关注需要回到能作为一个领域的教育理论与实践关系问题上。

在教育理论研究中，教育理论研究者对待已有研究基础确实会持有不同的立场。第一种是确认—阐释的立场。这种立场倾向于找出自己认为正确的或经典的教育理论，然后对这些教育理论进行整理或组合从而再次提出，经常还会对这些教育理论进行新视角或新条理的阐释。对这种立场，如果以"没有创新"的理由来否定就有点过于草率了，因为能把已有的特定教育理论从宏大的教育理论世界中选择出来再让大家去认识和理解，本身就是学术研究的一种基本工作方式。如果选择的这个教育理论确实质量很高，这就有慧眼识珠的创新性。再加上，如果后来进行的新视角或新条理阐释有新意的话，这个立场的创新性就更大了。当然，这只是一种选择，这个立场的前提是已有的教育理论已经足够充分、有品质。第二种是批判—重构立场。要是从批判一词的深层含义来说，批判完全可以是建构性的，至少可以从根本上服从于建构的目标。但是，这里所说的批判主要是指这种立场：从审视已有研究成果的不足和缺陷入手，然后对这种不足和缺陷进行新思路的修正或重构。当然，对待已有研究基础还可以选择第三种立场——承接—深化的立场，即"接着说"。"接着说"是承认已有研究成果的根本方向，在此基础上对已有研究没有涉及的问题进行研究，以深化对这个问题的探讨。

在"教育理论与实践关系"问题上，三种研究立场都是可以选择的。既可以采用确认—阐释的立场对已有关于教育理论与实践的某些理论进行再现和阐释，又可以采用批判—重构的立场分析已有研究的不足并另辟蹊径来探索。当然，如果要是对已有研究中出现的总体方向认同的话，就完全可以选择"接着说"的立场开展研究。在对已有研究成果进行分析之后，本书选择对教育理论与实践关系问题基于已有研究成果采用"接着说"的研究。

二

关于教育理论与实践关系问题，以往的研究主要形成了三种方向：一是论证教育理论与教育实践的内在一致或共生共存的关系，并在此基础上规范教育理论的生产；二是指出教育理论与教育实践的相互独立性，以此消解这个问题；三是指出应该架起沟通教育理论与教育实践之间的桥梁。

不可否认，在日常教育生活中，确实存在一些教育理论脱离实践的现象，但是不少研究者认为这种脱离实质上并不是必然出现的，而是教育理论研究方式或类型出了问题。教育理论与教育实践的统一，这在以往的研究中主要有从根本上统一、共生共存或在实践哲学意义的理论上两者统一三种观点。从这些论述两者统一的观点来看，教育理论与教育实践虽有表面的分离，但是如果看到根本的层面、摆正根本的关系或者从实践哲学的思路来建构教育理论，这种分离就是无须多虑的。然而，现实的一个需要是在具体的层面上把教育理论与教育实践相联系。

有些研究者认为教育理论与教育实践本身就相互独立，他们主要采用的思路是分别指出教育理论的抽象性、逻辑规范性、普遍性和教育实践的具体性、复杂多样性、情境性，然后通过对比来说明教育理论与教育实践存在相互独立的必然性。这种研究结论是让人悲观的结论，也是让人冷静的结论。虽然这种结论已不大可能有继续深入或延伸的可能和必要，但是其对教育理论与教育实践各自的内在特征的透视是比较有启发意义的。

架起教育理论与教育实践之间"桥梁"的研究主张是比较有影响的一种主张。这类研究经常受理论层次学说影响，把教育理论分为基础理论和应用理论之类的层次，这种层次化的分类观点指示了一条道路：教育理论脱离教育实践的问题的产生主要是因为教育理论中缺乏应用理论的层次，由此应用性教育理论应该得到充分的重视和发展。这种研究本身是非常积极的，但让人感觉既美好又遥远，开发应用性教育理论不是一下子能完成的。需要注意的一个问题是有些教育理论难以出现应用的形式，因此如何以积极的态度朝这个方向进一步推进是"接着说"立场的挑战。

建立教育理论与教育实践之间的联系，虽然中介理论可以作为一个思路的选择，但是还要考虑是否存在更现实可行的方式。纵观教育理论与教育实践关系问题的"桥梁"研究，有一个取向值得反思：以往的研究比较愿意从教育研究的角度出发思考这个问题，现在看来它们有点缓慢也有点不全面。如果要建立教育理论与教育实践之间的"桥梁"，可以从教育实践的视角进行努力。因此，本书从加强教育实践的角度出发来尝试构建教育理论与教育实践之间的"桥梁"，或者主要以教育实践的需要为根本出发点来把两者联结起来。这种立场可以概括为教育理论的实践应用。教育理论的实践应用在理想状态上就是充分实现教育理论的实践价值，其基本思路是探讨不同的教育理论在何种程度上能够满足哪些具体实践需要。在这个思路中，对教育理论内涵的探索是必要的，教育理论的形态及其发展是需要考虑的，教育实践的内涵需要系统研究，教育实践对哪些教育理论有哪些需要同样需要说明。但是，只有这些探讨还不够，这些探讨只是理论上的逻辑分析，还需要探讨教育理论在教育实践中有哪些应用途径和教育理论的实践应用者应具备哪些核心素养，以及教育理论为了更好地实现更大价值还需要怎么发展。以上这些就是本书的基本思路，即从教育理论实践应用的角度在机制上联结教育理论与教育实践。

<h1 style="text-align:center">三</h1>

探讨教育理论在教育实践中有何用以及如何使用，实质上是在价值的主题和维度下讨论教育理论与教育实践的关系问题。在价值的主题和维度下，教育理论作为价值关系的客体或对象能够在教育实践作为价值主体的各种需要中找到作用点，即在教育实践的整体格局中寻找教育理论的合适位置。这是从思考教育理论与教育实践之关系问题到探讨教育理论的实践价值问题的思路转变，是对研究中的"接着说"立场的实践。相对于中介理论式的"桥梁"说，此探索有重构的含义。

在教育实践中探讨教育理论应用问题，这不是简单的。如果教育理论非常容易应用于实践，"教育理论脱离实践"的声音就不会那么响亮。既然在教育实践中应用教育理论不容易，那么这个问题是否足够难以探讨而没有前途呢？对这个问题的回答当然是否定的。教育理论在教育实践中难以应用，可能性很多，影响因素也很多，重要的是这不是一个必然普遍存在的问题。一般来说，多是教育实践者抱怨或声称教育理论在教育实践中难以应用，当然也有具有忧患意识的教育理论研究者看到教育实践者意见后发出同样的声音。然而，教育实践者并不是都认同教育理论难以应用，除了一部分坚信教育理论能够引领自己教育实践的信仰者，现实中确实存在能够深刻应用教育理论来帮助自己的教育实践者。考察那些能够很好地应用教育理论的教育实践者，会为思考教育理论如何在教育实践中应用的问题提供重要的启示。审视究竟哪些教育实践者能够很好地应用教育理论，可以得到一系列具有启发意义的回答，他们是：一群深刻理解教育实践的人，一群能够找到与教育实践精准契合的教育理论的人，一群能够对教育理论进行变换的人，一群能够主动和教育理论研究者交流的人……

在对现实所进行的思考中，对在教育实践中如何应用教育理论的思考可以得出一系列关键的环节：深刻理解教育理论，深刻理解教育实践，深刻理解教育实践的需要，把现有的教育理论与教育实践的需要进行对应，通过建构基础途径联结教育理论与实践，确定教育理论实践应用的技巧策略与素养基础，筹划教育理论面向教育实践需要的发展方向，等等。本书把这些关键环节都变成了一个个章节，试图在借鉴相关理论资源的基础上，把这些问题说得透彻一些，把这些问题想得精到一些。

无论怎么竭尽全力，还是感到能力的局限。无论在教育理论和实践的理解上，还是在应用途径的筹划上，抑或是在教育理论的发展方向思考上，都有捉襟见肘的局限感。幸运的是，有很多长辈和老师的指点，有很多研究同行的启发和帮助。很多教育实践者朋友不时提出新鲜出炉的教育实践问题，提醒笔者去关注和思考。期待在这条道路上还能有更多长进以回报大家，也期待有更多的同人一起携手共建富有实践意义的教育理论世界。